清武英利
Kiyotake Hidetoshi

# 石つぶて

## 警視庁 二課刑事の残したもの

講談社

〈僕が新任だった頃、ある係長が二・二六事件の将校を称え、「警察官もまた国家のために奉公することこそ、男子の本懐とすべし」という趣旨のことを言いました。

その人はとても実直で僕の好きなタイプの人でしたが、僕はそのとき、この「急訴事案」に駆けつけ、反乱軍の兵士に射殺された警察官の話をし、警察官の本質はそこにあると反論しました。

時代の状況がいかなるものであれ、治安を守るそのことこそ警察官の役割である、そしてそれに対する見返りなど微塵《みじん》も期待しない、歴史上に無名の士としても残らない、「石礫《いしつぶて》」としてあったに過ぎない。僕は奉職しているかぎり密かにその覚悟だけはいつも持っていようと、思っています。

僕がいま勤める交番は、旧産炭地の疲憊《ひはい》からいまだに抜け出せないでいる、いやむしろ、複雑に潜行し、自浄の糸口さえ見当たらぬ地区を受け持つ単独勤務の交番です。

一見平和に見えますが、一触即発、凶悪事件へ連なる兆候は多分にあります。警察官の役割は大であると密かに思っています〉

——ある警察官からのメール

# 石つぶて

警視庁　二課刑事の残したもの　目次

ブックデザイン／鈴木正道（Suzuki Design）

# 石つぶて

警視庁　二課刑事の残したもの

# 序章　半太郎

廣瀬日出雄は、大正の終わりに生を受けた白面の控え目な男で、「半太郎」を自称していた。学校、軍隊、就職とすべての経歴が中途で終わっており、「普通の人の半分しかできなかったから」というのが、その理由である。彼が米寿の節目に自費出版した自叙伝も、表題をあえて『人生半太郎』とした。

彼の為すことがしばしば事半ばで終わったのは、その資質や勤勉さに問題があったからではない。道を進もうとすると、その先には決まって、彼の力ではどうにもならない出来事が待ち受けていたのだった。

郷里は、信州最北端の長野県下水内《しもみのち》郡栄《さかえ》村である。伯父は辺陬《へんすう》なこの地の村長と消防団長を兼ね、父は村議で、「萬屋《よろずや》」という屋号の小さな造り酒屋を営んでいた。

日出雄は長男だったから使用人と二人の子守に囲まれ、跡取りとして特別に育てられている。尋常高等小学校の同級生の大半は、梅干しや味噌漬けが弁当のおかずだったが、彼の弁当には魚やタラコが詰まっていた。「坊」と呼ばれ、翳《かげ》のない進取の気性を備えていた。

その彼の道を阻んだ一つが、太平洋戦争である。

彼は、積雪日本一を記録した山間《やまあい》の小学校からただ一人、県境を越え、新潟県の旧制十日町中学に進んでいる。卒業後、上京して、東京の西神田にあった理数系の「研数専門学校」に入学した。その途端に召集令状が届いた。

金沢の東部第四十九部隊に入隊し、さらに幹部候補生として予備士官学校に入学すると、今度は半年後、終戦の玉音放送が流れる。

紹介する人があり、大蔵省造幣局の東京支局用度係、終戦連絡調整中央事務局秘書課を経て、外務省事務官の職に就いた。ところが、ここも五年足らずで辞めてしまっている。それが「俺はいつも半人前だった」という述懐に結びつくのだが、本当のところは、これもまた本人の責任ではない。

そんな「半太郎」にも自慢話があった。

それは外務省にいるころに、戦後の日本を導いた内閣総理大臣・吉田茂の秘書を務めたことである。吉田と連合国軍最高司令官ダグラス・マッカーサーの面談やパーティに立ち会ったこともある。歴史的な場面の片隅にいたのだ。といっても、本人の弁は次のようなものだ。

「ある会合の後で、マッカーサーがマントを羽織ろうとした。俺が後ろから着せてやろうとしたら、これが裏返しでね。マッカーサーはニヤリと笑ってくれたが、吉田のじいさんにはこっぴどく叱られたよ」

そして、秘書といっても、目黒公邸詰めの第七公設秘書官だった、と知人に打ち明けている。正式には、秘書官の補助役で、実質は「お犬係だった」というのである。

外交官出身の吉田は、戦後初の東久邇宮稔彦《ひがしくにのみやなるひこ》内閣と、続く幣原喜重郎《しではらきじゅうろう》内閣で外務大臣を務め、一九四六年五月、総理に上り詰めている。ワンマン宰相と呼ばれたが、外交こそが敗戦国日本の命運を握ると考え、一時、外相を兼務していた。

吉田はその二年後、第二次吉田内閣を組閣すると、政治家が押しかける永田町の総理官邸ではなく、港区白金台にあるアール・デコ建築の旧朝香宮邸（現・東京都庭園美術館）を借りて目黒公邸とした。建築面積が一千平方メートルを超し、鉄筋コンクリート造り二階建て（一部は三階建て）、地下一階の華麗な造りである。

総理官邸は埃っぽく、べとべととして不衛生だ、というのがその理由とされたが、旧朝香宮の戦後の暮らし向きを案じた昭和天皇から、「借りてやってくれないか」と頼まれたようだ、と吉田の家族は書いている。貴族趣味の吉田好みの館で、居室や二階書斎などはフランス人建築家が内装し、天井は高く光にあふれて、美しい庭を抱えていた。

一方の廣瀬は外務省に入省後、初めは会計課調達室購買係として配給品の調達を担当していた。やがて、日本を占領していたＧＨＱ（連合国軍最高司令官総司令部）との打ち合わせや目黒公邸で開かれるパーティで忙しくなったため、公邸への出向を命じられる。

吉田は一九五一年九月、サンフランシスコ講和会議出席のために訪米し、土産にケアン・テリアというテリア種の犬を二匹連れ帰った。高い知能と狩猟本能を備え、吉田のように頑固な犬だった。そのつがいはサンとフラン、その子はシスコと名付けられる。

問題は、公邸で誰がその犬のお守りをするのか、ということだった。

廣瀬の記憶では、親犬は吉田がいるときは威張り、留守のときには机の下で小さくなっている犬だった。飼い主を見分け、使用人には時々かみつく厄介な犬だ。

さらに面倒なことに「お犬様」をどう扱うのか、廣瀬たちが「じいさん」と呼ぶ吉田はじっと見ているのである。動物好きな宰相で、犬をどう扱うかによって人間も嗅ぎ分けられると思っているふしがあった。

「お前がやれ」

「いやいや、私はご遠慮申し上げます」

同僚同士でお犬番を押し付け合い、結局、若い廣瀬のところにお鉢が回ってきた。

「俺はお前の世話をするために役人になったんじゃないぞ」

犬に向かって彼はぶつぶつと不平を言ったが、どうにもならない。

総理がいないときに腹の立つことがあり、廣瀬は机の下にいた犬を蹴飛ばした。すると、すぐ外へ逃げていき、やがて騒ぎになった。

目黒公邸の隣は六万坪（二十ヘクタール）の広大な自然公園で、タヌキやムジナが出た。公邸の庭自体も広くて緑が深いので、闇に呑まれると捜すのが大変なのである。午後十一時ごろまでお犬様を全員で捜す羽目に陥り、

「どうして逃げ出したのか」

「とにかく見つけ出せ」

と大問題になった。

〈私も蹴った手前責任を感じました〉と彼は書き残しているが、見つかるまでにかなり時間を要し、吉田の前に出てきた犬は足を引きずっていたと言われている。廣瀬が知人に漏らしたところによると、「お前のために大騒ぎになったんだ」とまたもや蹴飛ばしたのだという。メーデー事件、破壊活動防止法反対デモなどが続いた一九五二年、騒然とした世情にあって、出世を焦らない廣瀬は割合のんびりと生きていたのだった。

その人生を一変させたのは、短気な吉田の「ばかやろう」の一言である。

それは一九五三年二月二八日の衆議院予算委員会の席だった。吉田は国際情勢をめぐって、社会党代議士の西村栄一から挑発的な質問を受けているうちに激昂した。

「総理大臣は興奮しないほうがよろしい。別に興奮する必要はないじゃないか」

西村が言い返すと、かんしゃく持ちの吉田はカッとなった。小柄だが、負けるということを考えただけでも悔しくなるという質《たち》である。

「無礼なことを言うな」

「何が無礼だ」

「無礼じゃないか」

「質問しているのに何が無礼だ。答弁できないのか、君は!」

なおも西村に食い下がられて、とうとう吉田の口から「ばかやろう」の言葉が出てしまった。

吉田は部下の外務事務次官や秘書官だけでなく、何かというと「ばかやろう」と悪態をつく癖があった。後になって吉田は三女の麻生和子にこう漏らしている。

「あのとき、まるでおれが、ばかやろうってどなったみたいにいわれているけれど、どなりやしなかった。人には聞こえないだろうと思ってつぶやいたのが、マイクにのってみんなに聞こえてしまっただけだよ」（『父　吉田茂』新潮文庫）

だが、どう言い訳しても国会で発した言葉が消えるわけではない。

「国民の代表をつかまえて、ばかやろうとは何事だ」と大騒ぎになる。さらにこれが内閣不信任案に発展し、吉田はいわゆる「バカヤロー解散」に踏み切った。

泡を食ったのは公邸の廣瀬たちである。

「じいさんのことだから、きっと議員に罵声を浴びせ、壇上からコップぐらい投げつけたのだ」

廣瀬は確認もしないまま、ずっとそう思い込んでいた。目黒公邸の部下たちは確認どころではなく、派閥争いのあおりも食って、上を下への大騒ぎだったのである。この一言を契機に、吉田は少数与党に転落した。

廣瀬によると、吉田に近い官僚や仕えた事務官たちは、吉田のイニシャルを取って、外務省で「Y印」と呼ばれていた。それはひとつの派閥と見なされ、「バカヤロー解散」の後、Y印は次々と在外勤務となった。干されたのである。権力者が去ると、権力の周辺にいた者が一掃されるのは珍しいことではない。むろん廣瀬もY印の一人だ。

彼は考えた。

——どうも自分には役人生活は向かない。学歴もないし、キャリア採用でもないから先も見えている。お犬番はこりごりだし、複雑な派閥争いも嫌いだ。よし、これを機に外務省を去ろう。

そして、上司に「辞職します」と宣言してしまった。その前年に結婚していたから、遊んではいられなかった。

「短気を起こすな。辞めてどうするんだ」

「新婚早々、君はどうやって食べていくのか」

上司や同僚に止められたが、考えた末のことで、前言撤回というわけにもいかなかった。

田舎のぼんぼん育ちのためか、廣瀬は普段、恬淡《てんたん》として優柔不断に見える。彼は借入資金課から伝票を持ってくる辻本智恵子という職員を好きになり、交際していたのだが、途中で結婚を諦めてしまっていた。外務省という職場はまだ保守的な空気に満ちていた。後年にそれは、「他人の恋愛は問わず」という、不倫や不正を許容する雰囲気に変質する。その歪《ゆが》みについては後述するが、いずれにせよ、当時は職場恋愛を育むようなところではなかったのだ。

父は気持ちを伝えるのが下手な人でした、と長男の廣瀬史雄は言う。

「だから母親（智恵子）に対しても自分の純粋な愛情をそのまま出せなかったんじゃないですか。真面目で固く、情に厚い人です」

だが、辻本の同僚たちはそこがわからない。優柔不断だと日出雄をなじった。

「顔は男らしいけど、廣瀬さんのやることは最低です」

「何のことですか」

「あなたは辻本さんに好意を持ちながら、ぐにゃぐにゃしていてはっきりしない。どういうわけですか」

「いや、そうじゃないんだ。安月給で、経済的に自信がないので諦めたんですよ。彼女にどこまでも苦労していくという気持ちがあれば、すぐにでも決めます」

こんな風に女性たちに背中を押され、急転直下、結婚を決めた。

ところが、ぐにゃぐにゃに見えたその廣瀬が、「バカヤロー解散」を機に辞職宣言をしたことで追い込まれ、背水を意識した。そこでようやく、彼の中に眠っていた商才が頭をもたげてくる。ちなみに妻となった智恵子は廣瀬の力を見抜いていたようだ。

「なぜオヤジと結婚したのか」

と反抗期の史雄に問われ、照れ笑いを浮かべながら答えている。

「いい人はみんな戦争で死んだ。残っている人の中で経済力を考えると、お父さんだったのよ」

商売に目覚めた廣瀬は、大蔵省や外務省のコネクションを生かさない手はない、と考える。役所の人脈だけが彼の資本である。

最初に思いついたのは、アメリカで流行りだしていた貸しオムツ業だった。

——きっと商売になるだろう。でも、日本ではまだ時間がかかるかもしれない。

明日の暮らしを考えると、日本では時期尚早だし、必ずしも役所のコネを生かすことにはならない。そしてたどりついたのが、外務省の一室で商売を起こす特殊な事業であった。

「公用品梱包運送業」——。言葉にすると簡単だが、それは外務省会計課のコネクションを最大限に生かした新規ビジネスだった。

廣瀬が目をつけた部屋は外務省の地下一階にあった。「梱包室」と呼ばれている。そこは会計課が管理し、正式には「外務省大臣官房在外公館課購送班」と言う。外交交渉の窓口である在外公館にあらゆる備品を送り届ける部署である。秘密と言うほどではないが、関係者以外は立ち入ることのできない部屋だ。

「私の辞職をお認めいただいたうえで、在外公館の梱包輸送を任せてください」

廣瀬は上司たちに掛け合った。自分を外務省御用達の公用品輸送業者にして、梱包室を使わせてくれというのだ。

「本当にできるのか。君はそこまで身を落とせるのかね」

上司は驚いてそう言った。戦争に負けても、役人の官尊民卑の風潮は変わらなかった。ノンキャリアであっても外務省職員から出入り業者になるということは、一段低いところに落ちるということだった。

「やりたいです。必ずやります」

「そこまで君が考えていて、間接的にでも役所のプラスになるのだったら、いいだろう」

そんなやりとりがあって、ようやく辞職願は受理された。円満退職は同時に、外務省に根を下ろしたビジネスの始まりを意味した。

彼は一〇〇万円の資本金をかき集め、辞職と同時に、霞が関に近い西新橋に「朝日運輸株式会社」を設立している。「朝日のように昇っていくぞ」という思いを込めていた。

ＮＨＫラジオの連続放送劇『君の名は』が大ヒットしていた。国民がその悲恋物語に酔う純情な時代だった。

日本の外交は、終戦の五年後の一九五〇年から再生しつつあった。

まず、領事関連業務を行う機関として、ニューヨークやサンフランシスコなどに「在外事務所」を設置することが認められ、業務が再開されていた。翌年、サンフランシスコ平和条約を締結すると、日本はようやく主権と外交特権を取り戻した。国際社会に復帰したのだった。

それは占領下から脱して、ＧＨＱの指示で閉鎖されていた在外公館が各国に設置できるようになったということである。日本と国交を回復する国は急増し、旧植民地国も次々と独立するにつれて、大使館や総領事館、領事館の数も増えていった。

すると、必要になるのが備品である。もっぱら国内で調達し、外務省の梱包室で壊れることのないよう厳重に荷造りして送り届けなければならなかった。

調達品は食器に始まり、食料品、家具、事務用品、絵画、書画骨董などの室内装飾品、そして金庫に至るまで膨大な数に上った。

しかも、外務省は日本を代表する最高級品ばかりを選んだ。和食器ならば、京都萬珠堂の清水焼、香蘭社の有田焼、大倉陶園やノリタケの金の縁取りをした食器といった具合だ。日本画を取っても、横山大観ら一流画家を一人ひとり訪問して制作を依頼している。

書画の額装はもっぱら東京港区の岡村多聞堂に、ガラス製品やタンブラー等も、万国博覧会で入賞した各務クリスタル（現・カガミクリスタル）に、それぞれ依頼して、これも丁寧に梱包していた。

当時、横浜の業者に外務省の職員を派遣して作業していたが、発注ミスが多かったという。廣瀬はそこに目を付けた。会計課調達室購買係にいたから、仕事の進め方や下請けの手配も熟知していた。

二〇〇七年に新社長として事業の後を継いだ史雄は、「父が外務省ＯＢで、信頼できるということがあったのでしょう」と語る。

「大使ら外交官のプライベートな荷物も運ぶわけですから、場合によっては梱包している間にいろんなものが出てくる可能性があります。他の業者だったらちょっと面白そうなものを抜いたりされるかもしれないとか、いろんな不安があるでしょう。『元外務省の廣瀬さんとこでやらせとけばそういう心配はない』ということだと思います。

今でこそ海外で現地調達できますけど、昔は日本で食べ物から何からすべてを調達して梱包して送っていたんですね。それに、大使だとか公使という人は名家の方が多いですよね。そうすると代々続く茶道のセットとかは、それこそ二重三重、特殊梱包って言うんですが、普通の梱包じゃなくて、どこから振動があっても、耐えられるように糸で釣るような特殊な梱包をしなければならないんです」

廣瀬の最初の大仕事は、一九五四年のサンパウロ市制四百周年記念事業であった。ブラジルはその約五十年前から日本人の移住が始まった世界最大の日系人居住地だった。この祭りを記念してサンパウロ市南部に百二十ヘクタールの広大な公園が造成され、桂離宮を模した「日本館」が建設された。日本から庭園の資材や茶道具、祭り神輿《みこし》などが次々と船積みされていった。

この梱包事業のうまみは、業務拡大が見込まれるうえに、外務省のコネがない限り、新規参入が難しいことである。そして、外務省との随意契約が約束されていた。

国や地方公共団体が業者と結ぶ契約は入札によることが原則である。ただし、災害など緊急の場合や少額の契約の場合、あるいは外交又は防衛上の重要機密にかかわる場合は、随意契約――つまり、役所の判断で最適と思われる相手方を任意に選んで結ぶ契約方式が認められていた。

この公用品梱包運送事業を踏み台に、廣瀬は倉庫事業や発展途上国向けの政府開発援助物資輸送、病院用の医薬品、医療器具などの海外向け輸送、さらに外務省内の事務用品調達――と次々に手を広げていく。

彼が「じいさん」と慕っていた吉田茂はこう話して聞かせていた。

「見ててごらん、今に立ち直るよ。かならず日本人は立ち直る」

その言葉通り、日本は輸出立国を目指して復興の道を歩き始める。廣瀬は「ばかやろう」の一言をきっかけに、モノが海外へと流れるその風向きに気づき、霞が関から吹く風に乗ったのだ。

「私は何をやっても半人前なんですよ」

廣瀬はその後もそう言い続けたが、梱包室から始めた一連の〝外務省ビジネス〟だけは「半太郎」で終わらせまい、と思っていたようだ。

史雄はこうも話した。

「私たちは父のことを先代と呼ぶのですが、こだわりがありましたね。バカヤロー解散で無職になった。それで職に困って、とんかち一本、裸一貫で先代が始めた梱包の仕事ですから。その後いろんな仕事をやりましたが、創業のときの苦しさなんて我々には到底理解できない厳しさだったようです。カネはない、人はいない、そしてトラブルづくし。家になんて帰ってこなかった。だから、外務省の仕事は愛着がすごくあって、『とにかく、赤字になってもやれ』と言っていましたよ。それに恩義や義理に強いこだわりがあって、裏切られると火のように怒りました」

その強いこだわりは、誰もが思いもよらない形で現れる。古巣である外務省の秘密を暴く発火点となっていった。発火するのは、外務省ビジネスを始めて四十八年後のことである。

# 第一章

# 捜査三課の魂

# 1　溜まり場

「猿は木から落ちても猿だが、代議士は選挙に落ちればタダの人だ」と言ったのは自民党副総裁だった大野伴睦《ばんぼく》だが、同じ自民党でも元総務会長・水野清の場合は、自ら代議士の椅子を捨てて力を余したために、タダの人にはならなかった。

水野は元総理・宮沢喜一が率いた自民党宏池《こうち》会に属していたが、政界を引退したことで、派閥からも離れ中立の立場になったと判断されたのだろう。旧田中派でそれほど親しくもなかった総理の橋本龍太郎から頼まれ事をした。

「無役となったのだったら、永田町への置き土産に行政改革をやってくれないか」

そう求められ、引退から二ヵ月後の一九九六年一一月、内閣総理大臣補佐官兼行政改革会議事務局長に就いている。行財政改革は橋本内閣の看板であり、生命線でもあって、橋本自身も「火だるまになって行革に取り組む」と宣言していた。

橋本は社会党の村山富市から政権を奪還した五ヵ月後に、税収確保のために三％の消費税を五％に増税することを閣議決定している。国民の不満を逸らすためにも強大な権力を握る官僚社会に切り込み、財政赤字の削減と中央省庁の半減を成し遂げる必要があった。

水野は古希を少し超えたところだった。元ＮＨＫ記者で筆よりも弁が立つ。腹を立てると官

僚たちを面罵《めんば》し、政界疑獄事件などの騒ぎに首を突っ込んでいたから、

「あんたはいつか刺されるわよ」

と妻の陽子に注意されていた。中央省庁の既得権益の壁を突き崩す行革は、元政治家の残り火を燃やすには格好の仕事であった。

九回も当選させてくれた旧千葉二区の地盤は他人に譲ってしまっている。そのころ党内で親しかった元代議士中尾栄一の実子・賢一を養子に迎え、下総《しもうさ》地方の支援者たちへの引き回しも終えていた。

水野は一男一女に恵まれていたが、長男はサラリーマンに、長女は台湾の実業家と結ばれ、いずれも全く政界進出の意欲がなかった。千葉の農民票を拠り所にしてきたので、彼の後継者は泥にまみれる覚悟がなければどうにもならない。

それに、カネの苦労は自分だけでたくさんだ、という気持ちもあった。

事務所費から秘書たちの人件費、文書費、盆暮れの付き合いに至るまで、保守系の政治家は特にカネがかかった。元総理の田中角栄や元自民党副総裁の金丸信のように、強引に賄賂や大口の資金を集めると、汚職や脱税、政治資金規正法の摘発が待っている。だから、水野は小口でコツコツと政治資金を集める、ということを肝に銘じていた。

それは、田中角栄に反旗を翻して、昭和最後の総理に駆け上った竹下登に学んだことである。竹下は、ロッキード事件で五億円の収賄容疑で逮捕された田中の側近だった。巨額の資金

をかき集める角栄を反面教師に、竹下は旧田中派で学んだ独自の集金術を身に付けていた。目立たぬように、そして政治資金規正法にも触れないように、名門企業から建設業界まで薄く広く小口で集める手法である。

しかし、水野のように派閥のトップではない身で、小口でもカネを集め続けるのは容易ではない。カネの匂いのするところには落とし穴があり、領袖から派閥議員に回ってくるカネにしても、油断すると先輩がピンハネするような世界だったのである。業界の金庫番に頭を下げ、職務権限や業界の意向に配慮しながら、闇汁会など地元集会、勉強会、政治資金パーティを時機を見て開かなければならなかった。

思い通りにならないことも多かった。政治資金について触れると、一九八三年に建設大臣（現・国土交通大臣）に就いた後、選挙も近いので業者を集めて政治資金パーティを開きたい、と建設省幹部に尋ねてみた。待ちに待った大臣ポストであり、カネも入り用だったのである。とたんに、今はやらないでください、と真顔で諭された。

「私たちが責任を負いますので、現職（大臣）の間はどうか自重されますように」

水野が大臣を退任すると、その言葉の通りに官僚たちはゼネコン業者に声をかけ、政治資金パーティを開いてくれた。狡猾《こうかつ》とも言えるその知恵と業者を動かす政治力に、水野は舌を巻いた。

腹立たしいことも一度ならずあって、周囲の人々には、

「政治家は家業にするもんじゃないよ」

と漏らしていた。政治家を辞めるにあたっては党内のごたごたもあったらしいのだが、結局、水野が日ごろから話していた通りの始末をつけたので、あんたを見直したよ、と褒める支援者がいた。

水野家が政治を家業にしなかったのは、彼の出自にも関連がある、という支持者がいた。父親はトルストイに強い影響を受けた作家の水野葉舟《ようしゅう》（本名・盈太郎《みつたろう》）である。

葉舟は与謝野鉄幹に師事し、柔らかな女性描写を得意にした。『悪夢』『微温』『おみよ』『壁画』など、男女の不安定な心理や恋愛を繊細な感覚で描いた作品を残している。一方で、高村光太郎や窪田空穂《うつぼ》らと親交を結び、宮沢賢治に求められて、『注文の多い料理店』の書評も書いた。光太郎は同じ一八八三（明治一六）年生まれで、ともに東京の下谷で幼年を過ごしたこともあり、葉舟の生涯の友となった。光太郎は葉舟の追悼文を書き、そのなかで〈水野君の小説集小品文集等は大てい私が装本した〉と記している。

その二男の清は、一九二五（大正一四）年二月、葉舟の後妻である文子との間に生まれている。葉舟が東京から千葉県印旛郡遠山村（現・成田市）の開墾小屋に移住した翌年のことである。葉舟はトルストイの思想に共鳴して、三里塚御料牧場の一隅で半農生活に入っていたのだった。

ところが、清は文子に手を引かれて東京に戻っていく。

「こんなところにいては時代に取り残される」

というのだ。やがて、清は東京府立十中（現・都立西高校）から、宮沢賢治の母校である盛岡高等農林学校に進み、学徒出陣。そして戦後、東北大学経済学部を卒業してＮＨＫに入局している。

父が開墾した三里塚に戻って衆院選に出馬するのはそれから十三年後だが、父親以前をたどっても、政治とは無縁の家系だったのである。それが清の代になって政治とかかわるようになった。

ただし、この物語で重要なのは、清が政治家となって小口の支持者から相談を受ける立場となったことである。それがやがて発覚する事件を解きほぐす糸口となる。事件の発覚までにはいくつもの事実と偶然がうねり、重なっていた。


水野の東京事務所は、千代田区平河町一丁目にあった。「孤高の王国」と呼ばれる最高裁判所の裏手にあたる。静かな路地を入って平河天満宮に突き当たり、その筋向かいの細長い雑居ビルの六階だ。

代議士辞職と同時に、水野は国会議員会館の部屋を引き払い、成田の事務所も半ば閉めている。東京暮らしが長くなるにつれて、成田の実家より東京のマンションで過ごすほうが多くなっていた。このため、平河町の東京事務所が引退後の仕事場になるはずだったのだが、前述のように行革担当の総理補佐官に就いたことで、水野は永田町一丁目にある総理府（現・内閣府）の行革事務局長室に毎日通うことになった。そこは総理大臣官邸から東側に一本道を隔てた永田町の心臓部だった。

しばらくすると、この行革事務局長室に、官僚や政治部記者とは明らかに異質の男たちが出入りするようになった。

いずれも硬く鍛え上げた体軀《たいく》と、鋭い目つきの持ち主だった。彼らはたいてい皇居桜田門の方向からやってきて、水野を「センセイ」と呼び、声高に話した。出された菓子を食ったり、「あんまり美味くないな」と言いながら、総理府の食堂から昼食を取って食べたりして、時間を潰しているように見える。

男たちの評判は芳《かんば》しいものではなかったようだ。彼らはひとりずつふらりと訪れ、二回り以上も年上の水野に臆することもなく、

「いやあ、ご苦労さまですなあ」

軽口を叩いたり、女性職員をからかったり、

「センセイ、議員を辞めてもご精勤ですねえ」

などと馴れ馴れしい物言いをしたりする。

慇懃《いんぎん》無礼な印象さえ与え、変な奴がとぐろを巻いている、と評判になって、職員が入ってこなくなってしまった。当の水野は、

「行革というのは一種、上のほうの役所と政治家の権力闘争なんだが、連中はそれをちょっと見たいということもあるんだろう」

と鷹揚《おうよう》なものである。

「それは若干、邪魔だなと思ったよ。でもまあいいやと、俺のほうはその隣で電話をしたりしていたよ」

男たちは部屋を訪れた幹部や職員に進んで名刺を出すようなことがない。従って、素性や訪問の理由をつまびらかにすることはもちろんなかった。

「あれは警視庁の刑事たちなんだよ」

水野がそう漏らすことがあっても、職員たちの間に新たな疑問を残すだけだった。

「刑事たちがこんなところで何を捜査しているのだろうか？」

水野の事務所が、アンダーグラウンド情報の交差点になっていることは、官僚や政界関係者には知られていないことだった。

もともとは、平河町の東京事務所が彼らの知られざる〝溜まり場〟となっていたのだが、水野が総理府にいる時間が長くなったために、彼らの姿が永田町で見られるようになったのだった。その溜まり場のメンバーには、警視庁の捜査員だけでなく、水野の地盤だった千葉県警捜査二課の捜査員や新聞社の社会部デスク、雑誌記者も交じっていた。

彼らにとって、水野は実に重宝な情報源だったのである。

水野は長い間、宏池会の重鎮で自民党千葉県連会長を務めていた。さらに農林族議員の古手で、建設相の後も一九八九（平成元）年に自民党総務会長や総務庁長官、一九九四（平成六）年には同党行財政調査会長と、重要ポストに次々と就き、政界だけでなく中央省庁の裏事情に精通している。厚い壁の向こうにある中央省庁の噂と資料が、彼の事務所で簡単に入手できたのだった。

水野に依頼すれば、非公開の各省庁の書類がすぐに事務所に届く。中には、「秘」と印の付いた資料も交じっていた。おまけに、水野は事件や行革絡みの話になると面白がって訪問者の話に耳を傾け、そこから役所に「これはどうなっているんだ」と電話を入れた。父親は高村光太郎や宮沢賢治と親交を結んだ水野葉舟先生でも、その二男の清センセイはＮＨＫ元記者という野次馬根性がいつまでも抜けなかった。

彼はＮＨＫ名古屋中央放送局の経済部を経て、東京の社会部で第一方面担当の警察回りをしたこともある。

警視庁は当時、東京二十三区を七つの方面に分けており、第一方面は東京の心臓部である千代田、中央、港の三区を管内とした。銀座や有楽町、日本橋、大手町という歓楽街とビジネス街を守備範囲としている。記者たちは、皇居前の丸の内警察署の中に、「柳クラブ」という記者クラブを置き、そこを拠点に周辺の事件や街ネタを自由に拾っていた。

彼は一年ほど銀座界隈を歩いてそれなりに楽しく仕事していたが、意地悪な上司とぶつかった。しまいに「何を言ってんだ！」という捨て台詞を残し、結婚して子供もいたのに後先考えず辞めてしまった。

　何事にも引き下がらぬ性格なのである。その直前に知人の紹介で農林大臣を務めていた赤城宗徳を知って、ＮＨＫ退職後、農林大臣秘書官に納まり、三十九歳のころ、衆議院旧千葉二区補欠選挙に打って出た。

　旧千葉二区は「金権選挙」で有名な土地柄で、町議選などの期間に、自宅の玄関を少し開けておくと運動員がカネを置いていく、と言われていた。水野のライバルだった自民党議員の宇野亨は一九七九年の衆院選で有権者約十一万人に一票あたり約二〇〇〇円を配って、総額二億五〇〇〇万円の買収費を使っている。検挙された運動員らは千六百九十五人。警察の手錠が足りなくなってしまった、という逸話まで残っている。肝が据わっていなければ、選挙など戦えなかった。

　だが、へこまない明るい性格と、水野清という単純かつ覚えやすい名前が政治家に向いていたのだろう。一九六七（昭和四二）年の二度目の衆議院議員選挙で初当選し、一回だけ油断もあって落選してしまったものの、成田市を中心に北総の農村の地盤を固め、後年は八万票から十万票を集めてトップ当選を続けていた。

　自信満々で官僚をさほど恐れることがない。機嫌のよいときには捜査員や社会部記者を事務所に呼んで、芝居じみた聴取を演じた。

「君の代わりに俺が取材してやるぞ。何を聞けばいいんだ？　俺だって記者だったんだからな」

そう言って、事務所に建設省や厚生省、通産省などの役人を呼びつけた。そして、役人がやってくると、

「おっ、来た、来た。さあ、君はだな、衝立《ついたて》の向こうで聞いていればいいよ」

そうして、捜査員や記者を衝立の向こうに配置し、大声でヒアリングを始めるのだった。

政官財界の生臭い話や下世話な話が大好きだったのである。政界フィクサーと呼ばれるような人物とも交友があった。情報を持つ者の事務所訪問は歓迎され、筆頭秘書の佐々木も穏やかな人物だったから、いつしか情報を求める人間が寄り集まる場所になっていった。

政治部記者と違って、捜査員や社会部記者たちがもたらす情報は、水野の政治活動や集票にはさほど役に立たない。真偽不明のドロドロとしたネタが流れつくことも多いし、それらを下手につつくと騒ぎになって敵を作ることになる。

しかし、水野はソファから大柄の身を乗り出し、眼鏡の奥の目を輝かせて、時にメモを取った。そんな物見高い気質が身上だった。彼自身の表現を借りると、「やっぱり好きなんだよな」ということになる。

# 2　御意見番

〽串にささって　だんご　だんご
3つならんで　だんご　だんご
しょうゆぬられて　だんご　だんご
だんご3兄弟

「だんご3兄弟」のタンゴ系のリズムが、水野事務所のテレビからのんびりと流れていた。一九九九年秋、水野が政界を引退して三年が過ぎている。

前年に参院選挙で惨敗した橋本内閣が総辞職し、水野も総理補佐官兼行革会議事務局長を退任していた。それでも橋本が公約にした中央省庁再編は何とか実現し、それまでの一府二十二省庁を一府十二省庁体制へと導いていたので、彼はそれなりに満足はしていた。

官界や経済界は、後に「失われた二十年」と呼ばれる金融不況と混乱の荒海にもまれていた。失業率も急上昇している。あれやこれやで平河町の水野事務所は少しずつ訪問客が少なくなってきていた。そこへ、大きなガラスドアを押して小柄の紳士が控えめな笑顔を現した。

紳士は水野の広い机を囲むように配置された茶のソファに腰を落ち着け、時候の挨拶を終えると、問われるでもなく話し始めた。

「霞が関は変わってしまいましたね」

「そうだな」

「特に外務省は、私のいたころとは全く違います」

「ふうん、そうかい」

「ひどい職員たちが大手を振って歩いているんですよ」

紳士は口を尖らせた。外務省の梱包ビジネスから身を起こした「半太郎」こと、廣瀬日出雄だった。水野にとっては、古くからの〝小口〟支援者である。知人から紹介を受け、水野が定期的に開く行革勉強会にも律儀に顔を出していた。

廣瀬は最初に設立した「朝日運輸」を成長させ、社名も「株式会社日成」として、自社ビルを東京都港区に建設していた。日成グループ数社を率いる代表取締役である。同時に、港湾流通業者や通関業者を束ねる「社団法人日本通関業連合会」の会長にも就いていた。

廣瀬は愚痴を聞いてもらうつもりだったのかもしれない。ところが、話しているうちに、抑えていた憤激が少しずつ頭をもたげてきたようだった。そして、次の九州・沖縄サミットで使う物品納入に疑惑がある、という不穏な話になった。

「許せないと思うことがあります」

サミットの入札の所管は外務省である。廣瀬は梱包ビジネスだけでなく、関連会社を通じて外務省にパソコンやファックス、文房具など事務用品を納入する仕事を請け負っていた。競争入札だが、廣瀬によると、外務省の役人と癒着している業者がいて、入札をさらわれている、というのである。

「ほう、どういうことですかな。まあ、お茶でも飲んで」

「癒着した役人の中には、センセイ方より贅沢をしている者がいますよ」

「へえ、けしからんなあ」

水野の大きな目がきらきらと光っている。大人風の、押し出しが良い体を訪問客に向けた。白髪をオールバックにきれいになでつけ、広い額を露出しているので、大きな顔がなおさら大きく見える。

九州・沖縄サミットとは、翌年の二〇〇〇年七月二一日から二三日まで沖縄県名護市の万国津梁館《しんりょうかん》を中心に開催される、第二十六回主要国首脳会議のことである。日本国内ではそれまで三回のサミットがいずれも東京で開かれており、その予算額は一九七九年東京サミットが六億円、一九八六年が九億円、一九九三年が一五億円と約一・五倍ずつ増額されてきた。

ところが、九州・沖縄サミットは、初の地方開催サミットで、これに先立つ蔵相会合は福岡市で、外相会合が宮崎市で予定されていた。九州各地で設備の新設が必要になったうえ、大規模な会場設営や大イベント、警備、食事の提供が必要になり、約八一五億円という桁違いの巨費が投入されることになっていた。

外務省の職員でさえ、「使い切れないほどの予算が付いた」と言うほどだった。その半分の予算でも開催は可能と指摘されていたのである。

このサミット特需を狙って、建設会社から弁当業者に至るまで各企業が水面下で激しい商戦を繰り広げていた。

「警備する警察官の弁当を仕切るだけでも大変な儲けになる」と、関連業者は色めき立ち、物品納入を巡って国会議員が裏で暗躍していると囁《ささや》かれていた。外務省でサミットを所管する経済局単独でも四二億円の予算が組まれる予定で、事務機器や文房具についても多額の金額が動いているはずだった。

外務省でそのサミットの裏方の一切は、一九八一年のカナダ・オタワサミットからⅢ種職員と呼ばれるノンキャリア職員のみで対応することになっていた。つまり、外務省で「ロジスティクス（logistics）」、あるいは「ロジ」と呼ばれる、要人一行の出入国手続きから会場準備、車両やホテル、宿舎の手配、諸物品の調達に至る後方支援的な業務は、ノンキャリアが仕切るのである。

かつての上級職であるⅠ種のキャリアやⅡ種の中級職である専門職の職員は、首脳会談の議題や発言要領作成など本筋の仕事で手一杯で、そこからは人手を回せない、というのがその理由だ。こちらの本筋の仕事は、「サブスタンス（substance）」、あるいは「サブ」と呼ばれていた。

首相が外遊したり、要人の来日案件があったりすると、外務省は、「サブ」と「ロジ」の二つに分かれて対応し、サミット特需など「ロジ」分野になると、ノンキャリア職員が絶大な力を持っていたのだった。

——廣瀬の話が本当なら、これは役人主導のいわゆる官製談合ということになる。汚職ということかもしれない。いずれにせよ、外務省は改革すべき問題を抱えている。

水野はそう考えていた。彼は行革会議事務局長を退いた後も、「日本再建のため行革を推進する七百人委員会」の代表世話人を務めている。七百人委員会は、「日本再生に不可欠な行革を確かなものとするために、国民の一人として提言と監視を行う」と大上段に振りかぶっており、周囲は、その中心にいる水野を行革の「御意見番」と持ち上げていた。

この前年の一九九八年には、大蔵省（現・財務省）や日本銀行を舞台にした四件の接待汚職事件が芋づる式に発覚し、金融証券検査官や日銀証券課長ら六人が東京地検特捜部に逮捕されている。事件は、野村證券や第一勧業銀行（現・みずほ銀行）が総会屋に巨額の利益供与を続けていたことが端緒で、家宅捜索の結果、金融界が闇勢力に資金を提供していただけではなく、大蔵、日銀官僚に接待を繰り返して、便宜供与を受けていたことが明るみに出た。

このころ中央省庁の官僚が業者側から料亭や高級レストランで接待を受けるのは日常的で、監督官庁と金融機関の癒着や淀みを象徴する言葉もあった。

「ざぶん」と「どぼん」。接待用語である。

それはまず、銀行や日本銀行の幹部たちの間で流行り、たちまち大蔵省や他の省庁に伝播《でんぱ》していった。銀行の接待を水の音に喩《たと》えて言ったのである。

日銀マンたちを小料理屋に招く場合は、すそに酒がかかる程度の軽い接待だから「ざぶん」。料亭や高級クラブの高額接待は、「酒に浸りきってしまうから」というので、「どぼん」なのだった。

「今度の宴席は『ざぶん』にしますか、『どぼん』で行きますか？」

接待する銀行側が軽い調子で上司に対して聞いたり、「今回は『ざぶん』ですから問題ないですよ」と役人を誘ったりした。

「どぼん」が続いても、「溺れないように気をつけろよ」と上司や同僚から嫌味を言われる程度だった。摘発されたのは金融界の接待だったが、大蔵、日銀にとどまらず監督官庁に対するもてなしは日常的なものだったのである。

「ノーパンしゃぶしゃぶ」という接待もあった。下着をつけない女性の接客でしゃぶしゃぶを食べる――それが当時の大蔵官僚の接待の舞台のひとつとなっていた。

次々に発覚した接待汚職事件で、大蔵大臣の三塚《みつづか》博や大蔵省事務次官の小村武、日銀総裁の松下康雄らが次々と辞任に追い込まれ、それを契機に霞が関の官庁街は襟を正したことになっていた。

――けれども、外務省にとっては、対岸の火事に過ぎなかったわけだ。外務省は機密の壁に守られた聖域だからな。しかし、今度はそこが問われるのかもしれない。

ひそひそ話が終わって、廣瀬が事務所を後にすると、水野は外務省の幹部に電話を入れた。廣瀬はおとなしい男で、政治家を使って仕事を取るようなことは一度もなかった。もともと外務省の出身だから古巣の様子や変容がよくわかっていた。仕事で愚痴をこぼしたこともない。その廣瀬が怒りをあらわにしているのだから、信憑性が高いし、よほど腹に据えかねることなのだ。

「君のところでは、サミット関連の入札なんかで談合のようなことがあるらしいね。業者と癒着している幹部もいるそうじゃないか。調査すべきことだと私は思うよ」

だが、相手は水野の言葉をまともに聞こうとはしなかった。

「そうですか。調べてはみますが、誤解もおありではないかと思います」

水野はかつて外務政務次官や国会の外務委員会理事を務め、日中航空協定の成立にも尽力したという自負がある。ところが、それはもう古い過去のことだったし、公職のない「御意見番」では、電話で声を張り上げても印籠の威光は届かなかった。

その後、外務省で調査らしきものが行われた気配すらなかった。出入り業者の一人が政治力を失った元議員のところに駆け込んだのだろう、と思っているのか、さっぱり埒《らち》が明かなかった。

結論から言えば、水野から電話を受けた外務官僚は対応を誤ったのである。

外務省は腐敗に対する感度が鈍い役所で、職員の内部告発も封じ込める体質を隠し持っていた。もし、ここで外務省が適切に内部調査をしていれば、その後、霞が関や国会を揺るがす事件は表面化しなかったであろう。

そして、かの外務官僚は水野を過去の政治家だと甘く見ていて、その人脈が生きていることを知らなかった。


その後も廣瀬は水野事務所に姿を見せた。水野は何度目かに、廣瀬の前で怖い顔を作った。

「あなたの言った件だけどね、外務省はもみ消そうとしているよ。許せないな」

「そうでしょうね」

「どうだ、やってみるかい」

本気で告発するつもりがあるのか、というのだ。ばれるかもしれないよ、と言葉を続けると、廣瀬は表情を変えずに、はい、と答えた。

「喧嘩になるよ」

「はい、それでも結構です」

その声を聞いて、水野は衝立の向こうに向かって大声で叫んだ。

「おい、フジワラ君のところだ。ナカサイにも電話をつないでくれ」

二人の男と連絡を取れ、という指示だった。衝立の陰から「はあい」という若い女性秘書の声が弾けた。相手がつかまらないと、水野は来客と問答をしている間も、「おい、まだか」「おーい」といら立った声を響かせる。だから、秘書たちは懸命に相手を捜し、「こちらは水野事務所ですが」と電話をつなごうとした。

ナカサイとフジワラのどちらが先に連絡がついたのか、今となってははっきりしない。少なくとも「ナカサイ」と呼ばれる男につながると、水野は、

「あのな、けしからん話があるんだ」

電話でいきなり話を始めた。

「外務省にとんでもない役人がいるらしい。サミットの入札で談合があるんだそうだ。信頼できる人が私のところに相談に来てんだ。その人の話を聞いてもらいたいんだよ」

「いいですよ、聞けというなら何なりと。私でよければね」

電話の向こう側は、警視庁本部の四階にある捜査二課であった。

「その人が言うにはね、外務省の役人が仕事を妨害して他所の会社に取らせちゃうんだそうだよ。キャリア官僚も手出しができないやり手がいて、そいつらと業者がつるんでいるらしい。外務省に掛け合ったが埒が明かんのだよ。何とかしてくれって言うんだ。近々来れるかね」

「センセイの事務所ですか。いつでもいいですよ」

## 3　黒子の刑事

携帯電話を握っていたのは、捜査二課情報係主任の中才《なかさい》宗義だった。大阪万博が開かれる前年の一九六九（昭和四四）年に警視庁巡査を拝命し、五十歳になろうとしていた。階級は警部補である。情報係長の下で班を支える五人の主任の一人だ。

「俺はいつも酔っぱらっているようなもんだからよぉ、無理に酒を飲まされることがないんだな」

　彼はいつもおどけた酔漢のような物言いをする。縁なし眼鏡の奥の剣呑な目は半開き気味だ。しゃくれ気味の顎を突き出して威勢よくしゃべり、いかにも大酒飲みのように見えるが、実はほとんど飲めないのである。付け加えればゴルフや競馬、マージャンのようなカネのかかる遊びや賭け事はやらない。カラオケで騒ぐこともない。定年後にメダカの飼育を始めたが、現役時代はずっと無趣味で通していた。

　彼は水野のところでとぐろを巻いていた一人である。時間があると、ふらりと警視庁の正面玄関を出る。緑陰のない桜田濠沿いの道を二十分ほどでてくてくと歩いて、平河町の水野事務所や行革事務局長室に通っていた。

彼の所属する捜査第二課は、汚職や詐欺、横領、背任、選挙違反などの知能犯事件を追及する部署である。捜査員は一九九九年一〇月時点で総勢三百八十二人。

課内庶務や資料室、それに情報係を統括する「第一知能犯」に始まって、選挙違反や政治資金違反の捜査にあたる「第二知能犯」、企業知能犯罪担当の「第三知能犯」、贈収賄捜査の「第四」「第五」「第六」の各知能犯——といった具合に、主要な捜査グループにはナンバーが振られている。これ以外に、二課には金融犯罪を精査する「財務解析センター」や、特殊詐欺、告訴事案を担当する「知能犯特別捜査（通称・知能犯センター）」などの部署があった。

警視庁の職務分掌表（図1）を見ると、捜査二課の捜査班のうち、その職務が「重要」と記されている部門が二つある。

一つは、第四、第五、第六知能犯の九つの班（一班は十人から十三人）で、サンズイ——つまり贈収賄事件を専門に摘発する刑事を集めていた。サンズイとは汚職の「汚」のサンズイを取った隠語で、二課の刑事たちはこう教えられていた。

「体制を外から破壊するのが革命ならば、サンズイは内側から体制をじわじわと蝕《むしば》んでいく。それを摘むのがお前たちの仕事だ」

この九つの班は課内で「ナンバー」と呼ばれ、総員百一人。分掌表には〈贈収賄等重要知能犯事件の捜査〉と記されている。彼らが二課の三割近くを占めていることでもわかるように、捜査二課と言えば「ナンバー」、ナンバーと言えばサンズイ担当を意味したのだった。課の看

## 図1：警視庁捜査二課組織図（略図）

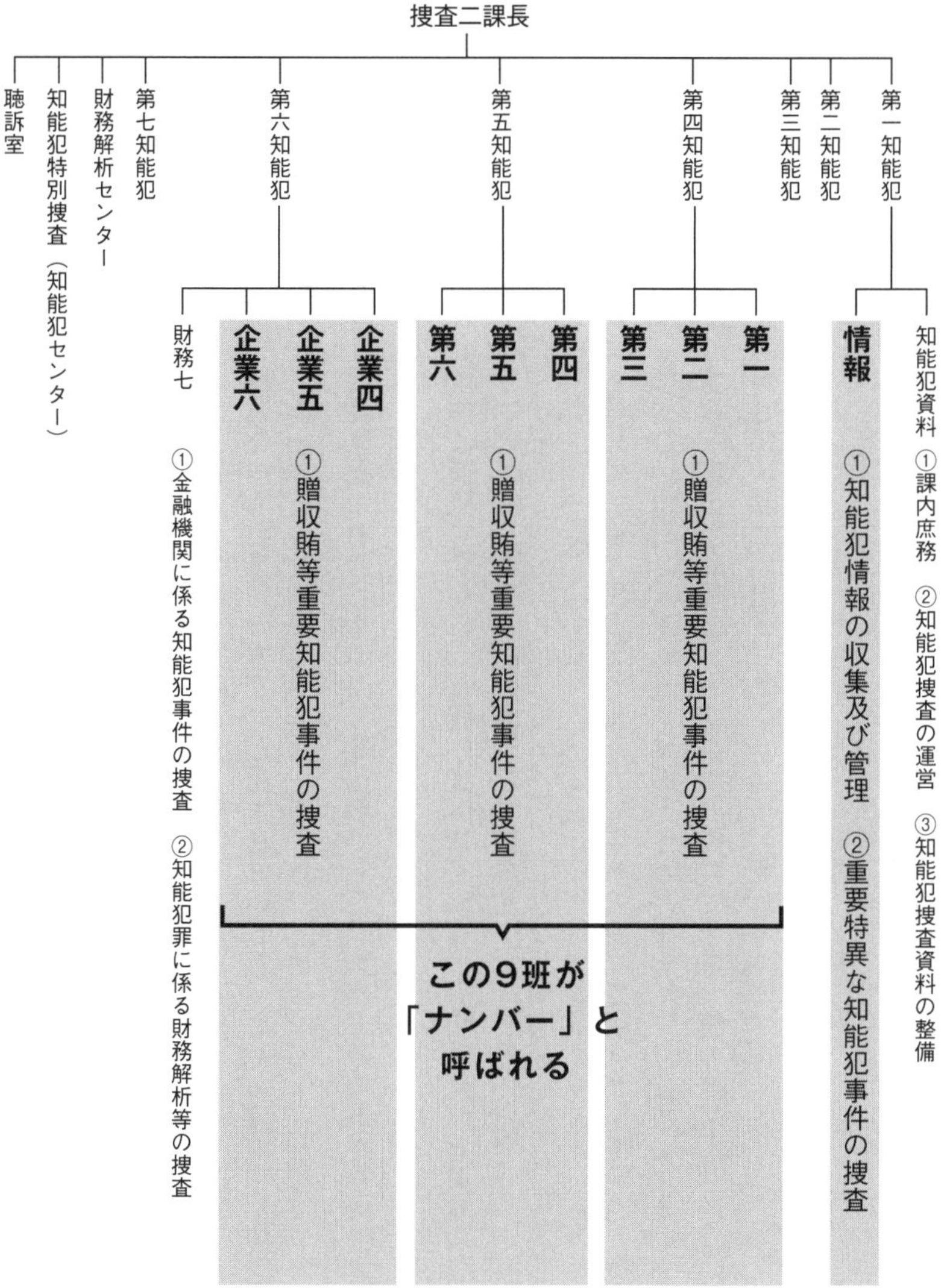


（1999年10月現在）

板のような存在である。

もう一つ「重要」とされていたのが、第一知能犯の中にある情報係——通称「情報」である。係長の下、主任（警部補）が五人、巡査部長一人、女性巡査長一人の計八人の班で、汚職などの情報を拾い集め、それを裏取りしてふるいにかけた後で、摘発部隊のナンバーなどに引き渡す。分掌表には〈重要特異な知能犯事件の捜査〉と記されているが、こちらは地味な捜査二課の中でも光の当たらない黒子である。

特筆すべきは、この班は課長直属であり、その面々は花形であるナンバーの刑事たちに強いライバル心を抱いていたことである。

「そもそも情報がなければ事件は摘発できない」と彼らは信じている。情報係長は上司の知能犯管理官や理事官を飛び越えて、直接、課長に報告することを許されていた。


中才は巡査部長の時代にもその情報係に配属されていた。特異な能力を持っていたからである。誰のところにも名刺一枚で会いに行き、そのうちに親しくなっていく。厚顔なのになぜか好かれた。それは警視庁の情報収集担当刑事としては必須の資質である。彼の携帯電話には約三百人の協力者の電話番号が登録されていた。

狙いはいつもサンズイである。口癖のように言っていた。

「ゴンベン（詐欺）やセナカ（背任）、ギョウヨコ（業務上横領）も大きな犯罪だが、やはり一つ格が下だ。汚職の役人を捕まえるというのが二課刑事の命なんだよ」

その人物が情報を持つような人間であれば、水野のような国会議員であろうと、セゾングループ役員のような経済人であろうと、彼は構わずに出かけて行った。麻布自動車社長だった渡辺喜太郎やレイク創業者の浜田武雄のようなバブル紳士たちも情報の宝庫だった。情報の世界も証券界同様に、「人の行く裏に道あり花の山」なのである。

「もう二度と来るな」

と言われると、中才の目は少し剣呑な光を帯びてきて、必ずと言っていいほど、その翌日に乗り込んだ。コンビニで弁当を買い込んで、

「社長、一緒に食べよう」

と訪ねて行ったこともある。恰好をつけたりひるんだりしていると、足が遠のくと思っていた。

捜査二課に抗議が届くこともあった。急成長した不動産会社をいきなり訪問したときのことだ。秘書に名刺を渡すと「ちょっとお待ちください」と告げられたまま、応接室で延々と待たされた。いくらたっても出て来ない。壁には社長がカーター元大統領と握手している大きな写真が掲げられている。

とんでもないところに来ているな、と内心では思っていたのだ。結局、その日は会うことができずに警視庁に戻ると、中才の突然の訪問に対して抗議の電話が二課に入っており、上司に

「お前、どこにいたんだ」と叱責されてしまった。面談の約束もないのに押しかけるのだから、当然といえば当然の反撃である。

しかし、彼は「情報はナマモノで、一日遅れると腐って死んでしまうものもある」と信じて疑わない。鮮魚のようなものだ。だから、上司の叱責を恐れて取材源から足が遠のくということは、生きた情報を殺すことだと思っていた。

上司の側から見ると、中才は実に危ない男だったようだ。巡査部長時代には、「キングメーカー」と呼ばれていた有力政治家の関係者を任意で聴取しようとして、上司の叱責を受けたことがある。

捜査二課に残る〝伝説〟によると、課長には報告せずに内偵を進めていた。ところが、その関係者を車に乗せ、警視庁に連れて行く途中で、政治家の側から捜査二課長に抗議の電話が入った。課長は仰天して「聴取を中止せよ」と指示したのだと言われている。

「その男を乗せた二課の車が警視庁の駐車場に滑り込もうとしたら、入り口に二課の捜査員が両手でバツ印を作って立っていたそうだよ。それで、『やめろ。中止だ』と車を引き返させたらしいぞ」

捜査員の一人は伝説をそう締めくくった。この捜査員は、二課ＯＢの会合で当時の課長が「お前は本当に悪い奴だった」と中才に向かって言うのを聞いている。

そんな中才が二課の中で信用を得ていたのは、カネに執着しない恬淡とした振る舞いにある。上司によると、中才は妻から小遣いをもらうと、そのうちの三万円程度を茶封筒に入れて少しずつ使っていた。あとあと問題になりそうなネタ元と飲むコーヒー代や昼食代をその別袋から払っていたのである。

「あの刑事には俺がいつもおごってやったんだ」

そう言いたがる人間はどこにでもいる。そんな陰口を叩かれないように、中才は相手の会社や事務所で馳走になったときには、警視庁売店で買っておいた警視庁オリジナルのテレホンカードや図書カードを置いて帰った。「飯でも食いながら話そうよ」というときに遠慮すると、相手の懐から遠ざかってしまう。少し値が張る食事をおごってもらったときには、「警視庁桜田門」と入った限定品の焼酎などを後で届けた。

犯罪捜査に携わる警察官には捜査経費が認められていたのだが、その支出には緊急性と秘匿性が必要で、主任クラスにはその捜査費の枠はほとんどなかった。万一、ネタ元との会食などに捜査費を使おうとすると、領収書か支払い報告書の提出を求められ、誰と会ってどんな成果を上げたのかをきちんと報告しなければならなかった。中才に限らず、潜行して捜査にあたる刑事たちは、上司に報告をしていたらネタ元が露見し、いつか警視庁の外部にも漏れてしまう、と考えている。

かつての上司は懐かしそうに言う。

「一介の刑事にとって、喫茶店やホテルでのコーヒー代や軽食代は馬鹿にならないんだ。毎回一〇〇〇円とか二〇〇〇〇円するからね。中才は捜査費なんかあてにしないで、いつも自分で払っていた。これが意外に難しいことなんだよ。いい情報を取るのにきれいごとは言ってられなくてね、真面目な男や臆病な奴はたくさんいるんだが、仕事ができて卑しくない、という生き方はなかなかできないことなんだ」

中才のことを「木瓜《ぼけ》のような男だ」と評した知人がいる。木瓜は梅に似て、春に丸みのある花を咲かせるが、トゲがあるので目立たぬところに植えられている。それに中才のとぼけたところをひっかけたのだ。

夏目漱石の『草枕』（新潮文庫）にはこんな一節がある。

〈木瓜は面白い花である。枝は頑固《がんこ》で、かつて曲った事がない。そんなら真直《まっすぐ》かと云うと、決して真直でもない。只真直な短かい枝に、真直な短かい枝が、ある角度で衝突して、斜《しゃ》に構えつつ全体が出来上っている。（中略）評して見ると木瓜は花のうちで、愚かにして悟ったものであろう。世間には拙を守ると云う人がある。この人が来世に生れ変ると屹度《きっと》木瓜になる〉

拙を守るとは、世渡りの拙い細道を選んで、純粋な生き方を貫くことだ。知人はその一節を知って評したのかもしれなかったが、愚直に生きるということはそれなりに辛いものらしく、彼の場合は自腹を切り、足を使ってもなお、ネタが取れないときがあることだった。

当時、彼は石油公団をめぐる疑惑などを追跡し、二股どころか、三股、四股かけて情報を追いかけていたが、核心の情報は何日かけてもつかめなかった。それは、釣れないマグロ漁師、契約を取れない外交員、目ざす人に会えない新聞記者——そんな男たちのように、ひどく惨めなものだ。

そんな日の夕方、中才は警視庁の目前に横たわる皇居の周りを歩く。明るいうちに捜査二課の部屋に戻って自分の無能をさらしたくないのである。

皇居を内堀通り沿いに一周するとおおよそ五キロ、一時間ほどかかる。黙々と歩き始めて二周ぐらいすると、鬱蒼《うっそう》とした皇居の杜は暗闇に沈んでいく。

夕方になっても〝水揚げ〟のない日があって、その日も二課に上がれず、千鳥ヶ淵のあたりをぶらぶらしていた。目の前に背広姿でとぼとぼ歩いている男がいる。よく見ると、二課の先輩刑事だった。

——奴もネタがなくて課に上がれないんだ。みんな、そうなのだな。

そうやって、中才が悪戦苦闘しながら情報を収集しているところへ、水野から電話がかかってきたのだった。

## 4　告白

電話から数日後の十月中旬、中才は水野事務所で小柄な紳士を紹介された。男が差し出した名刺は細い横型で、〈廣瀬日出雄〉と記されている。事務所の主である水野はいつものように興味津々で同席していた。水野は二人の顔を交互に見て言った。

「この人は誠実な人ですよ。途中で放り投げることはしませんから、廣瀬さん、安心してお話ししてください」

中才は手にした名刺をしまおうとして、あれっ、と首をひねった。三つ折りになっているのだ。その軽い驚きは記憶の片隅に残った。特殊な薄い紙を使っているのだろう、三つ折りでも一枚分の厚さしかなく、それを開くと二十一の肩書が小さく横書きで並んでいた。

株式会社日成　取締役社長／日成商事株式会社　取締役会長／株式会社新朝日トレーラー取締役会長／近代商事株式会社　相談役／株式会社ニッセイ　取締役社長／朝日サービス株式会社　取締役会長／東京通関業会　会長／(社) 日本通関業連合会　会長／東京輸出貨物施設協同組合　理事長……

苦労して這い上がった経営者には、こうして肩書を並べる人物が少なくない。だが、大柄の水野の陰に隠れるように挨拶をする地味な老人は、肩書をひけらかすようには見えなかったので、中才は意外な気持ちで名刺を見やった。肩書の中には、警察関連の肩書が二つあった。

東京水上警察懇話会理事、東京水上警察防犯協会理事——とある。

廣瀬はこの東京水上署の幹部と面識があるはずだった。その所轄警察には相談に行かずに、わざわざ水野経由で警視庁本部の自分に話を持ち込んできた。かなり込み入った話なのだろうか。

その疑問は、廣瀬が口を開くとすぐに解けた。この老人は、古巣の腐敗と身内の裏切りが許せなかったのである。それはこの老経営者を今の地位へと押し上げてくれた外務省ビジネスに関連して起きたことだった。確かに、所轄署レベルで対応できる問題ではないように思われた。

「うちの日成グループに、近代商事という会社があります。もともとは知人から頼まれて引き受けた会社で、実務はそこの番頭たちに任せていたので、私は相談役という形を取っています。

その近代商事では、外務省に事務機器を納入したり、印刷物を引き受けたりしてきました。仕事は競争入札ですし、以前と違ってそれほど大きな儲けもないので、他の業者ともうまくやってきました。ところが昨年、近代商事から番頭格の人間が独立して新しい会社を興したあたりから、秩序が乱れるようになりました」

「社員たちがお宅の会社から飛び出したんですね。ただ仕事は競争入札で取り合うんでしょう?」

と中才は言った。

「入札を仕切る役人たちがいるんですよ。その役人にうちにいた番頭たちも取り入って、受注しているらしいです」

「おたくの仕事も奪われたわけですね」

「…………」

中才はメモを取っていない。相手の信用を得るまではメモをしないのが彼の流儀だった。相手が慣れてくると、A4のノートを取り出すのだが、早々にそれをすると開いた口が閉じることがある。話を聞く者として礼を失する行為だとも考えていた。初めはいつものように廣瀬の話に口を差し挟まなかった。

「外務省の仕事は、利益が薄くても絶対にやめてはいけないと言っているんですよ」

と廣瀬は言った。苦労を重ねて日成グループを大きくするにつれて、外務省相手のビジネスの比重は低いものになっている。儲けも薄い。だが、グループ企業の信用や、そこが原点であるという廣瀬の思い入れのために、仕事を続けているのだった。

ある話に差し掛かったとき、聞き流しているように見えた中才が突然、聞き直した。話の途中で質問をするのは珍しいことだった。それは、納入業者が問題の役人にビール券やタクシーチケット（クーポン券）などを贈っているという証言に差し掛かったときだった。

「それですが……どの業者もやっているんですか？　おたくの会社も？」

「これまではね。儀礼的な挨拶ですが、そうせざるを得ないんですよ」

中才が金券の提供に強い興味を抱いたことは、廣瀬にもわかったようだった。受け取っている役人は誰ですか、と中才が勢い込んで尋ねたからである。

廣瀬は一人の役人の名前を挙げた。

ビール券やタクシーチケットの提供は、枚数が少なければ盆暮れの付け届けで済むが、職務権限を持つ者に束で渡し、それが数十万円もの価値があれば儀礼の範囲を超えて、賄賂とみなされることがある。

接待だけで贈収賄にあたるとして摘発された事件もあるのだ。象徴的な事例が、前述した一九九八年の大蔵・日銀接待事件である。この事件では、銀行や証券会社から料亭や高級レストランで接待を受けた大蔵省金融証券検査官や日銀証券課長らが収賄罪で起訴され、東京三菱銀行（現・三菱東京ＵＦＪ銀行）、住友銀行（現・三井住友銀行）ら五つの銀行の担当者計九人が贈賄罪で略式起訴されている。

さらに、摘発を免れても、税務申告の義務が生じるのである。かつて、トヨタ自動車など巨大企業経営者に対する付け届けをどう判断するのか、国税庁内部で問題になったこともある。巨大企業に関連するグループ会社や下請けは数百社に上る。一社当たり数万円のものを渡したとすれば、トップが受け取る贈答品は毎回数百万円から数千万円相当に達する。一部は現金や金券であろう。看過できない金額である。国税当局は結局、「日本的慣行」ということで済ませたが、「金額が大きすぎるので課税すべきではないか」という声があったことも事実だ。

「廣瀬さん、また話を聞かせていただけますね。できれば現場の担当者もご紹介いただけると助かります」

中才は廣瀬にそう告げて水野事務所を出た。警視庁に戻ると、そのまま捜査二課長室の隣にある資料室に潜り込んだ。

そこは二十畳ほどの小さな図書館である。百数十冊の現行法規集や近年の事件記録に加えて、第一知能犯に所属する資料係が集めた中央省庁や東京都、神奈川県、千葉県、埼玉県などの役所の名簿類や紳士録、二十三区の住宅地図などが可動式のスチール棚にずらりと備えてあるのだ。

資料係はそれらの資料を常備するのが仕事で、昔からのコネを利用して、もらえるものなら何でも集め、タダではないものは購入して備えておく。名簿販売業者も彼らの守備範囲で、そこから入手した名簿類も一部備えていた。名簿業者は、公務関係名簿からゴルフ会員名簿までそろえていて、新聞社や雑誌の記者たちも足繁く出入りしている。

資料を収集しに出かけたのだろうか。中才が踏み入れた資料室に係員はいなかった。ここは四階の廊下に面した外ドアと、課長室から直接入室することのできる内ドアの、二つの入り口が付いているが、課長がいきなり入ってくる気配もない。静かだ。

中才は資料室に誰もいないのをもう一度確認すると、外務省職員録や大蔵省印刷局編の職員録で外務省の項を開き、廣瀬が口にした官僚の名前を探した。ビール券やタクシーチケットをもらっているという役人の名前である。

確かに、その男はいた。

〈外務省欧亜局西欧一課課長補佐　浅川明男〉

中才は備え付けのコピー機でその項を複写し、椅子に腰かけた。それからゆっくりと古い職員録を繰って浅川の経歴をさかのぼっていった。

いいネタだ、と彼は思っていた。中才は廣瀬の言葉を反芻《はんすう》していた。彼は二つの疑惑を証言したのである。水野ら関係者によると、それは次のような内容であった。

一、廣瀬の近代商事は外務省に月額平均一二〇万円相当の事務用品等を納入しており、その際、近代商事の番頭たちが浅川課長補佐の要求に応じ、ビール券や応接セット等の贈与をしていた。

二、番頭は一九九八年八月一四日に近代商事を辞めると同時に、新会社を設立し、近代商事の幹部を引き抜いたうえで、浅川に金品等を贈与して取り入った。彼らは近代商事が納入していた月額平均一二〇万円の事務用品の受注を横取りし、受注実績を伸ばす際、近代商事のころと同じように贈与を繰り返している。

標的は、中央省庁の、しかもこれまで捜査当局が手つかずの外務省である。

――それに局長、課長とはいかないが、たたき上げのトップだ。いい玉《たま》だな。あくまでも廣瀬の話だけだが、それが本当だったら、外務省始まって以来のサンズイを摘発できるかもしれない。

資料室のものは、真向かいにある中才たちの情報係の部屋に持ち込んでもいいのだが、いまは誰にも邪魔されたくなかった。

浅川は一九八七年まで経済局総務参事官室課長補佐を務めた後、欧亜局に移っている。廣瀬によると、「ノンキャリアのドン」と呼ばれている人物だという。なぜ、そう呼ばれるのか、事情聴取を重ねれば明らかになるだろう。

――まずは、浅川の銀行調査と身辺捜査だ。

知能犯捜査は、たいてい銀行から始まる。容疑者のヤサ（住居）を割り出し、動向調査を並行して行うのは当然のことだが、賄賂らしきものを発見できなければ話にならないのだ。給与の受け取り口座や、キャッシュカードやローンの引き落とし口座、それに投資用口座や定期預金口座を見つけて洗い出さなければならなかった。

## 5　へそ曲がり

同じころ、あるいは中才よりも前に、外務省の疑惑について知っていた刑事がもう一人いた。藤原克己といって、水野清が事務所で「フジワラ君にも電話をつないでくれ」と叫んで連絡を取った男である。

藤原は一九四四（昭和一九）年、岡山の生まれで、十八歳で警視庁巡査を拝命し、以来三十八年間、第一線の警察署と本庁との間を異動しながら、巡査部長、警部補、警部と昇進してきた。本庁に戻る場所はいつも警視庁の捜査二課で、汚職や知能犯事件の摘発を重ねてきた。それが、警視庁の管理職試験に合格し、捜査二課の係長から一九九九年三月一日付で三田警察署の刑事課長と生活安全課長を兼任するポストに栄転していた。階級も警視に昇進して、総勢四十五人近くの部下を抱えている。

警察の階級は、上から警視監、警視長、警視正、警視、警部の順だから、知能犯捜査一筋のたたき上げにしては出世した部類だが、もっと上手く立ち回っていれば、署長クラスへと出世したかもしれない、と言われていた。

彼は、地位の高い収賄者に内心を語らせるには、人格を破壊するほどの執拗な取り調べが必要だ、と考える刑事である。中背で熊のように首をすくめ、取調室で「この野郎！」と凄んだり、べらんめえ調の胴間声で罵ったり、やくざの頭を殴ってでも（やくざが贈賄容疑者ということもあったのだ）自供を引き出そうとしたりする。中才同様にほとんど酒を飲めないのに、酒に酔ったようにまくしたてた。

役人、それも官僚のような知識層の良心を信じていないのだ。かつてあったにしても、それは前例踏襲や忖度《そんたく》、保身の塵《ちり》の中に埋もれ、心の奥底に澱《おり》のように沈み込んでいて、魂を揺さぶらない限り、正体を現さないと思っている。「馬鹿野郎」「この野郎」は口癖のようなもので、発火しやすい爆竹のような一面も持っていた。

本人はめったに明かさないが、岡山の男子高校時代は手の付けられない乱暴者だったらしい。藤原のすさまじい怒鳴り声は警視庁の中でも有名で、こんな話が伝わっていた。

生活安全部の刑事たちが覚醒剤事件の捜査にてこずり、藤原の隣の調べ室をあえて確保した。隣室では相変わらず、藤原の恐ろし気な怒声が響いている。生活安全部の刑事は被疑者にこう囁いた。

「お前もあんな風にやられたいか。俺たちがおとなしくしているうちに話したほうがいいよ」

贈収賄事件は客観的な証拠に乏しいことが多い。もらった賄賂を貯金したり、送金してもらって証拠を残すような初心《うぶ》な役人などいないのである。便宜供与もそれとはっきりわからなくなっていることが多い。汚職捜査はそこへ切り込んで内心を語らせなければならないのだ。

今から見ると、藤原は前時代的な刑事と言うしかないが、当時、その手法を咎める上司はいなかった。日本原子力研究所東海研究所（現・原子力科学研究所）の実験機材納入に絡む汚職事件や、東京医科歯科大学の教授選考をめぐる汚職などを次々と摘発し、警視庁の「ナンバー」を代表する刑事だったからである。警視庁は階級よりも犯人を挙げた実績がまだモノを言う世界であった。それに、藤原と衝突すると罵詈雑言を浴びせられる。「下手に扱うと面倒だ」という評判が立っていた。

警部補のころの話がある。寿司屋で代議士時代の水野清や大蔵官僚と飲むことになった。元麻布の通称暗闇坂を下りているときに、尾行してくる二、三人の男に気付いた。彼は坂下の麻布十番のビルにパッと入る。いちばん若い男が慌ててその後を追って、ビルに飛び込んだ。そこに藤原が鬼の形相で待ち構えていた。

「この野郎、ぶっ殺すぞ！」

怒鳴り上げたときには、男の胸ぐらをつかんでいた。

「てめえ誰だよ！」

仰天した男はバタバタして胸から黒いものを取り出した。おっ、と思ったら、警察手帳だ。

「本官は……人事一課の者です」

警視庁の監察官だった。その監察官を束ねているのが、内部監察にあたる警視庁人事一課である。部内犯罪だけでなく、組織の中から飛び出た「杭《くい》」をチェックするのも仕事だ。

彼らは夕方になると、警視庁ビル二階の吹き抜けのところに数人で立って、出ていく者を上からじっと見ている。そして、派手な格好をしたり、何かと噂されたりする警察官たちを見つけて追跡した。

そのころの藤原は高価な白いふわふわのコートを着ていた。目立つ存在だったのである。

公務員だからといって、なぜ、ドブネズミ色の背広を着、灰色やせいぜいベージュのコートで通勤しなければいけないのか。藤原は上から押さえつけられるのが大嫌いなへそ曲がりだった。

この藤原と五つ年下の中才は師弟関係にある。二課の聴訴室第二係などで一緒に仕事をした。実直な中才を見て、藤原は「これを捜査費に使ってくれよ」と自分の財布から数万円を出して渡していた。藤原は子供がおらず、二人の子持ちである中才に比べると、生活に少し余裕があった。

水野の事務所通いについても、藤原が政界に人脈を持つ人物の紹介で通い始め、そこへ中才を連れて行ったいきさつがある。そのころから、中才は藤原を「親方」と呼んでいた。お互いに狷介《けんかい》な質なので、捜査の進め方をめぐって、「この白髪じじい！」「てめえ、この野郎！」と激しく言い争うこともあったが、中才は内心、「藤原は捜査二課の魂のような男だ」と敬愛しているのだった。

藤原が廣瀬と水野に会ったのは一九九九年一〇月一四日のことである。藤原は新橋駅に近い第一ホテル東京のロビーで事情を聴いた後、さらに三田警察署の刑事課に廣瀬を呼んでいる。

——たぶん、このおとなしそうなおじいさんは、役所や業者にちょっとお灸をすえたいのだ。捜査してもらいたい、というわけでもないんだろう。

そう考えていた藤原はくぎを刺した。

「廣瀬さん、はっきり言っておくけど、私は中途半端なことはできないよ」

廣瀬から情報を提供されたところで、警察が彼に有利に動くわけではない。藪蛇になることもある。情報を解きほぐすうちに、廣瀬の会社の恥部までさらけ出さざるを得なくなることもあるだろう。そうすると、あなたも、警察も後戻りはできないよ、ということを藤原は暗に言ったのだった。

だが、老人はすでに決意を固めていたようだった。彼はゆっくりと話を始めた。

自分が外務省の特殊梱包業務を長年、やってきたこと。「近代商事」というグループ会社で、事務機器や文房具を外務省に納入したり、印刷物の請負などをしてきたこと。ところが、近代商事から独立した番頭たちが新しい会社を作り、役人と結託して落札している疑いのあること。来年の九州・沖縄サミットをめぐる納入もその新しい会社に奪われていること――。

これはおもしれえな、と藤原は思った。役人が入札の談合を差配しているのであれば、それは官製談合――腐敗の極みだ。

藤原は、建設業者や土木、下水工事に使う大型ポンプメーカーなどに情報提供者を抱えており、公共工事をめぐる談合の構図と手口を熟知していた。

談合は、公共工事や役所への物品納入を巡って、入札業者同士が事前に話し合い、入札価格や落札業者を決めてしまうことだ。業者にとっては利益を確保するための知恵だが、公正な入札を妨げ、落札価格を吊り上げることにつながるから、発覚すれば刑法の談合罪だけでなく、不当な取引制限を禁止した独占禁止法にも問われる。

談合が日常化すると、業者の中に入札情報を握る役人を接待したり、金品を提供したりする者が決まって現れる。役所側から落札価格を事前に入手できれば、談合を仕切り、採算性の高い工事のみを落札することが容易になるからだ。その場合の仕切り役を役人自身が務める場合もある。

こうなると、腐敗は単なる談合から、公務員を巻き込んだ汚職事件へと発展する。二課の刑事の出番である。藤原は実際に談合がらみの汚職事件を何件も摘発していた。

——外務省にも官製談合があるのか。出入りしている当の業者が言うのだから間違いっこない。こりゃあ、サンズイでいけるかもしれない。

彼は中才を三田署に呼び、こう告げた。

「この話は、サンズイの可能性があると思うんだよね。中ちゃんよぅ、ちょっと掘ってみなよ」

中才の記憶は藤原とは少し異なっていて、藤原から「ちょっと掘ってみなよ」と告げられる前に、水野事務所に呼ばれ、疑惑の概要を聞かされていたというのだが、古い話なのでどちらの記憶が正しいのか、いまとなってははっきりしない。

大事なことは、「藤原親方」も承知の情報であるということが、中才に捜査をせかす要因になったことである。そして、壁にぶつかると、中才は藤原の顔を見に行った。

# 第二章
# 浮かび上がる標的

# 1 相棒

浅川の経歴をひと通り調べると、中才は自分の部屋に戻った。

情報係は、二課長室と廊下を隔てた反対側にあり、それも細い通路の奥にこもるような造りになっている。その穴倉の主である情報係長の中島政司が、中才のにやついた顔を見て言った。

「おっ、中ちゃん、いいことがあったのか」

「まあまあだなあ」

「ほう」

中島は糸のような目をさらに細めた。中才がいい情報を拾ってきたことがわかったのだ。

中才は中島のそばに立つと、廣瀬から聞いたことを小声で告げた。そして、

「中島さん、これはまだ報告書にはしないよ。上げないからね」

と言った。

捜査二課では、「情報メモ」という表題で、報告書を上げさせている。その報告書は「政界（中央・自治体）」「官界（中央・自治体）」「財界」「その他」などに分類されていた。中才の話はまぎれもなく「官界（中央）」に分類される情報で、係長から管理官、理事官、そしてキャリ

アポストの捜査二課長に上がり、綴じて保存される。それは幹部なら見ることができるものだった。

中島は「ああ」と軽くうなずいた。そして、今日の報告は自分の胸にとどめるから、と小声で付け加えるのを忘れなかった。

中島は中才と同い年だが、階級は一つ上の警部である。中才が高校を卒業して大阪の工場などで働き一年後に警視庁に入っているのに対し、中島は高校卒業直後の一九六八（昭和四三）年四月に警視庁巡査を拝命している。

だから年次は中島が一年先輩にあたるのだが、中才は中島をただ一人の「相棒」と思っていた。情報係長は、情報係の七人の部下に加えて、情報を集積・管理する五人の情報管理係の責任者でもある。そんな中島のことを、中才が「相棒」と言うのはおかしなことなのだが、中才は「あの人は信頼できるし、気の広い男だ」と慕っていた。中島のほうも「俺たちは最高のコンビだ」と思っている。

中島は物腰こそ柔らかいが、ごつごつとした四角い顔の真ん中に、へしゃげた鼻を付けていて、一徹な性格が一目で見てとれた。つぶれた面相はしばしばからかいの標的になる。

「その顔だけで恐喝罪になるんじゃないか。歩く恐喝だよ。中島さん」

そうやって、中才におちょくられては上手く言い返せずに、

「ばーかやろう」

と唸っていた。

酒好きである。中才は下戸だったから、二人は屋台で心を交わす間柄でもなく、壮年の強情者同士がなぜ馬が合うのか、周りはさっぱりわからなかった。

一つ挙げるならば、同じ時期にムラで牛馬や堆肥の匂いを嗅ぎ、同じように空を仰いだ境遇だということだろう。二人とも農家の末子で、長男以外は家にいられないという雰囲気の農村で育っている。

中才は富山県魚津市出身で、七人きょうだいである。父親は骨太の剛毅な人で柔道七段、地元では名を知られていた。軍人恩給をもらっていて、末子の宗義が郵便局に通帳と印鑑を持って受け取りに行く役目だった。小さな街だから誰もが顔見知りで子供にも恩給を渡してくれたのである。

父の指にはかまぼこ型の金の指輪が光っていた。それはひどく太く、中才の親指にぴったりはまるくらいだった。中才が警視庁の警察官採用試験に合格したとき、父はこう声をかけた。

「よかったな。お前が泥棒を捕まえられないようだったら、俺が代わりに捕まえてやるぞ」

そして、お前が苦しくなったときにはこれを売れ、と指輪をくれた。

警察官は父の憧れでもあった。柔道にしても父は警官になりたくて始めたのだ。その憧れのためか、あるいは末子は心配であったのか、父親は中才が金沢市で警視庁の採用試験を受けたときや、試験に合格して東京・中野の警察学校に入学したとき、それに卒業式のときも付き添い者として付いて来た。

当時、魚津から上京するには、寝台列車で七時間もかかった。警察学校に入校するため、一晩かかって上野駅に着き、親子で駅の洗面所に行った。二人並んで汚れた顔を洗った。清冽《せいれつ》な水の冷たさが新たな人生の厳しさを予感させるようで、全身が引き締まった。のぞいた鏡の中で父が笑っていた。

最初の配属先は皇居半蔵門の西側にある麹町警察署であった。国会議事堂、総理官邸、最高裁判所、霞が関の各省庁、そして警察庁と警視庁本部を管轄しているので、名門署の筆頭に挙げられている。警察学校の卒業生は、まず麹町署、次に丸の内署と成績の順番に配属されるのが常だったが、どうした巡り合わせなのか、中才もその麹町署配属組として名前を呼ばれた。

付き添いの保護者たちは卒業式の後、息子の配属先を見学するのが恒例となっていた。両親たちがぞろぞろと麹町署の中を見て回り、最後に屋上に上って、そこから皇居の緑に向かって深々と拝礼した。中才は恥ずかしかったが、父には特別なひとときだったに違いない。父は農家を継ぐために、警察官の夢や柔道をあきらめたのだった。

そこまで強い期待を背負いながら、中才は警察の世界で出世をしたいという気持ちにはなれなかった。ただ単純に犯人を追いかける仕事が面白かっただけのことである。上司の刑事課長がその姿を見ていて、尋ねた。

「お前は勉強が好きか」

「あまり好きではありません」

正直に答えると、そうか嫌いなのか、とうなずいた。

「だが、勉強が嫌いでも、仕事さえすれば階級は後からついてくるぞ。事件をやってるうちに、法律を調べないといけなくなる。刑法や刑事訴訟法の勉強をせざるを得なくなるんだ。だから、仕事をしろ。情報を取って来い」

しばらくして、刑事課長は、お前の手で令状請求をしてみろ、と言った。逮捕状は警部以上の警察官でなければ裁判所に請求することができないのだが、その令状請求書の下書きを部下がすることがあった。中才は要領がわからないまま、犯罪事実の要旨や容疑者の逮捕を必要とする理由などを書いて、自分の机の上に置いていた。すると、いつの間にか赤字で丁寧に添削してあった。

父親が亡くなった知らせは勤務中に聞いた。肺がんだった。

しばらく椅子にへたり込んで茫然としていると、刑事課長に呼ばれた。

「お前なあ、親父が死んで、まだ兵隊（巡査）のままでいるつもりか。それで悔しくねえのか。鉢巻きを締めて墓参りをして来い。休みをやるから」

奮起しろというわけだ。葬儀から戻ってきて中才は懸命に仕事をし、少しだけ勉強をした。巡査部長に昇進したのはその年だった。

あれも父のおかげだと思うことがある。昇進試験の論文に父の話を織り込んで書いたのだ。〈警察官は父の憧れだった。子供七人を育て、柔道家でもあった。頑健だったその父も病気には勝てず、今はいない。その父の分も生きて、恥じない警察官になりたい〉。そんな話を混ぜて、論文にしては少し泣きが入ったな、と思っていた。

しばらくして面接試験があり、面接官から、

「お父さんのことを書かれていたね」

と声をかけられた。硬骨漢らしい方のようで印象的でした、という面接官の言葉を聞いた瞬間、父の笑顔を思い出した。熱いものがこみ上げ、ぐっと言葉に詰まった。

一方の中島は、その隣県の新潟県北蒲原郡水原町（現・阿賀野市）出身で四人きょうだいである。実家は比較的大きな農家だったが、二人の兄がいるので地元に残るわけにもいかず、新潟県立水原高校普通科を卒業すると、家には内緒で警視庁の採用試験を受けた。地元にはこれという企業はなく、そこしか就職先が見つからなかった、というのが正直なところだ。

妻の久代は同じ高校の被服科の同窓生で、高校生の三学期に自動車教習所に普通免許を取りに通っていて知り合っている。

鼻っ柱も喧嘩も強かった。それも考慮されたのか、巡査部長のころに二課にいた中島だったが、警部補時代に暴力団捜査を専門にする捜査第四課に配属され、六年間もいた。警察では、暴力団のことを「暴」の字をマルで囲って、「マル暴」と隠語で呼んでいるが、そのマル暴刑

事だったのである。そこが捜査二課の生え抜きである中才と大きく異なるところだ。

ところが、一九九四年に暴力団や三菱重工業が絡む談合恐喝事件で、捜査二課と捜査四課が合同捜査をしたときに、外見とは裏腹に経理に強い中島の一面があらわになった。それを見た刑事部の幹部から再び二課に引っ張られた。この六年の空白があるから、二課では中才より後輩なのである。

そのためか、あるいは中島の器が少し大きいのか、中島は中才に対して一歩譲るところがあり、それが中才を素直な気持ちにさせていた。

中才と中島を結びつけたのは、この談合恐喝事件である。当時、中島が捜査四課の警部補だったのに対し、中才は捜査二課聴訴室第二係の巡査部長だった。聴訴室第二係は、捜査二課長のところに持ち込まれた特別案件や重要事案を捜査する、いわば特命班である。


この談合恐喝事件の捜査は、一本の電話から始まっている。

「中才さん、面白いものが入ったよ。談合の資料らしい。ちょっと出て来ない？」

中才が「協力者」と呼ぶ男からだった。仕手筋であり、事業家であり、複雑な過去と職歴を持つ人物である。指定されたホテルニューオータニのガーデンラウンジに行ってみると、男はB4用紙で二センチ以上の厚みのある大型茶封筒を持っていた。

「これなんだけどね。俺はこれをカタに八〇〇万円を貸したんだ。『封は開けるな』と言われているんだが、話はだいたいわかっている」

「ちょっと待てよ。なんだよそれ、開けてみろよ」

と中才は言った。そして、袋の中身が新聞紙だったらどうするの、と小さな声でけしかけた。二百席もある広い喫茶室の隅に陣取っていた。窓の外には一万坪の緑あふれる日本庭園が広がっている。

「だって、自分でカネ貸したんだろ。封筒の資料はあんたのものじゃねえか。いいから、開けよう、開けよう」

「俺はこれを国会で問題にしようと思ってるんだよ。大きな談合の話と言っていたから」

彼は野党に知り合いがいる。その筋を手繰って、ひと騒ぎ起こそうというわけだ。

「だいたい、どんな話なんだ。国会で問題にする前に、それを俺に見せろよ」

練達の刑事は想像力を使わない。生《なま》の資料だけを信じている。そして、強引に開けさせてみた。茶封筒から資料を引っ張り出した瞬間、思わず声を漏らした。

「談合リストだな」

それは、大手重機メーカーや橋梁《きょうりょう》会社の秘密談合組織「紅葉会《こうようかい》」の極秘資料だった。紅葉会は三菱重工業、新日本製鐵（現・新日鐵住金）、松尾橋梁（現・IHIインフラシステム）など業者十七社で組織されており、全国の公共事業の橋梁工事について密かに受注調整を繰り返していた。

中才が手にした茶封筒には、十七の社名と全国各地の工事名が記されたリストが入っており、そのリストには、紅葉会のどの企業がどの工事を落札する予定なのか、一目でわかるように○×が記されていた。橋梁工事の優先受注業者を示す「星取り表」という代物である。紅葉会の名簿もあった。

男の話によると、談合組織の一角を占める松尾橋梁の営業マンが手に入れたものだという。週刊誌などに売り込みに行き、うまくいかずに事件屋に流出し、回り回って男の手元に転がり込んできた。それは大型談合事件の物証であると同時に、事件屋やヤクザにとっては企業恐喝の格好の材料であった。すでに指定暴力団山口組と関係の深い元総会屋や元弁護士らが三菱重工や松尾橋梁に脅しをかけているという。

協力者の男から入手の経緯を聞き出すと、中才は「この資料を俺に貸してくれよ」と切り出した。

「じゃあ中才さん、これ貸すから読み終わったら返せよ」

「わかった」

と言うなり、彼は資料を警視庁に持ち帰り、コピーを取ってその日のうちに返した。

「資料流出の経緯をもっと調べてくれよ」。中才は男にそう依頼することを忘れなかった。

数日後、男から一枚の写真が届いた。暴力団関係者と親しい女が大量の一〇〇万円の札束を手に嬌声を上げている姿が写っていた。例の紅葉会談合の資料をもとに、闇の男たちが紅葉会加盟企業から多額のカネを恐喝し、それを女に抱かせて撮った写真だった。

その写真に写った札束に帯封が付いたままなのを中才は見逃さなかった。彼はそれを鑑識課に持ち込み、拡大してもらった。一〇〇万円の札束には普通、水色の帯封が巻かれ、そこに銀行の本支店名と結束した日付が印字されている。

拡大した写真はぼやけていたが、わずかに「三菱銀行」と「4　22」らしい文字は判読できた。それが恐喝された企業が銀行から多額のカネを札束で払い戻してもらった日にちだ。翌日から中才の銀行回りが始まった。その日に大金を払い戻した会社と人物を特定すれば、それを渡した一味にたどり着ける。

一方で、紅葉会の実態解明と談合の証拠収集に駆け回った。静岡県の名門ゴルフ場にも足を運んでいる。紅葉会に属する十七社の幹部たちがグリーン上で談合ゴルフをしていたからだ。ゴルフ場の支配人に資料提供を求めると、顔をこわばらせた。

「ここをどこだと思ってらっしゃいますか。歴代総理がお見えになるところです。まだお見えいただいていないのは細川（護熙）様だけです」

中才たちは、捜査関係事項照会書を持っていた。その効力については後述するが、支配人はこの照会書を示しても、「それを受け取ると正式に回答しなければなりませんから」と言って受け取らなかった。だが、中才たちも引き下がらない。押し問答があって、渋々と紅葉会のメンバーのスタート表などを見せてくれた。

捜査はやがて捜査四課との共同捜査という事態に発展する。元総会屋やヤクザまがいの男たちが関与し、松尾橋梁や三菱重工を恐喝していることがはっきりしたからだ。暴力団や総会屋周辺の捜査は、中島のいた捜査四課が担当することになっている。

共同捜査班が設けられた後、中才が持ち込んできた資料を見た中島は思わずうなってしまった。

「これは最高の事件だ。事件の背景に巨大企業の談合があって、被害者が天下の三菱重工や松尾橋梁じゃないか」

中才は愛宕《あたご》警察署の近くに設けた隠れ捜査本部にこもり、中島ら四課の捜査員と共同捜査を繰り広げた。捜査二課は、この事件のために知能犯特別捜査第四係長だった剛腕の藤原克己を急遽、聴訴室第二係長に異動させ、捜査指揮を命じている。事件は、被害届を出し渋る三菱重工など大企業側の体面と、警視庁の面目を賭けた争いになった。

結局、捜査班は被害届をもぎ取り、一九九四年末、元山口組系暴力団幹部ら九人を逮捕する殊勲を挙げて表彰されている。

その過程で、中島は中才が警察手帳とは別に小さなメモ帳を持っていることに気付く。中才は喫茶店などで人と会いカネを使うと、そこへ家計簿のように記録していた。無駄遣いを避け、後ろ指を指されないように書き残していたのだった。

——こいつはカネの山の上に座っていても大丈夫な男だ。

中島は中才の中に刑事の廉恥心を見たような気がした。四課のマル暴担当は際どく、清濁併せ呑む刑事が珍しくなかった。中才の振る舞いは胸のすくような驚きだった。

五年後、二人は捜査二課情報係で再会した。「相棒」と呼ぶ関係に自然になっていった。

## 2　印籠

談合恐喝事件でもそうだったが、外務省疑惑で中才がすぐに情報メモを上げなかったのは、情報漏れを恐れていたからである。捜査二課の刑事たちは、たとえ上司でも情報を知る者が増えれば漏洩の恐れが増し、事件がつぶれる可能性が高まる――という考え方を持っていた。

そもそも二課が追う汚職や詐欺、選挙違反という犯罪の多くは、個々の捜査員が掘り起こすことによって初めて、疑惑と標的が浮上してくる。始めるときには何もない。隠されているものを個人、あるいは相棒とひそかに情報収集するうちに姿を現してくる。個人技と忍耐、秘密保持こそが重要なのだ。

これに対し、強行犯担当の捜査第一課は、殺人や強盗といった犯罪事実と犯人像がまずあって、その目標に向けて組織力で進もうとする。個人プレーの二課刑事に対し、一課の刑事たちには何よりもチームワークが求められる。彼らは、細かく打ち合わせることが犯人逮捕に直結することを知っていた。

二課でも打ち合わせや会議はある。情報係でも毎朝午前八時半から、係長を中心に朝会を開いていた。だが、それは一課の会議とは全く性格を異にし、その場で自分の情報を明かすなどありえないことだった。

情報係刑事たちの朝は、それぞれ分担して新聞各紙を駅の売店で買ってくるところから始まる。その後に朝会が始まり、係長が簡単な連絡をし、自分の読んだ新聞に特筆すべき記事があれば、こんなことが載っているよ、と報告してメモを取り合う。それで終わりだった。

中才が「親方」と慕っていた藤原克己は言う。

「情報係だけではなくて、二課の部屋では事件の話はしないもんだよ。相棒同士、目で合図して外へ出て行くか、調べ室を取って話をするかで、二課であっても他の捜査員は話の中に入れなかったな」

それは秘密を保つ——彼らの言葉では「保秘《ほひ》」の壁で、それが捜査グループを冷ややかに隔て、良い言葉を使えば、ライバル意識を生み、時には捜査員同士の確執につながっていた。

特に二課情報係は、昔気質で疑り深い捜査員がそろっていた。中才はこの係で先輩主任とペアを組んでいたのだが、相棒のはずの先輩主任も自分のネタ元を教えたがらなかった。酒好きということもあり、彼は下戸の中才とは肌が合わない。部屋は一緒に出ても、警視庁の玄関先で、「それじゃあな」と別れて、ばらばらに情報収集に出かけていた。それぞれが一匹狼だったのである。

そのうえ、課内には警視庁詰めの新聞記者や雑誌記者と懇意の捜査員が交じっていた。情報誌や総会屋と深い関係を持つ刑事もいる。彼らの中には寿司屋や料理屋で接待され、貴重な情報を漏洩する者がいた。

中才はきわどいネタ元を持つ先輩主任と口論をしたことがある。先輩は写真週刊誌のデスクや情報誌の主宰者らを情報源にしていた。

「たまには自分の足で情報を取って来いよ。ブラック（ジャーナリスト）みたいな奴からもらってくるんじゃなくてさ。あんな奴らと会って、綺麗な報告書を出しても、捜査を始めたとたんに新聞なんかに暴露されちまっているじゃないか。ブラックから情報をもらっても、そんな相手には情報を返さなくちゃいけないんだろう。それじゃあ、何のための情報なんだい」

中才は喧嘩になると、なかなかの口達者になるのである。

そうした空気の中で、二課の刑事たちはいい情報をつかんでも、巡査部長であれば相棒の主任に、主任であれば先輩か、係長にしか教えなかった。彼らがその情報をさらに一つ上の上司に上げるかどうかは、情報を伝えられたその主任や係長が考えることだ。

「うちの連中は俺に何も教えてくれねえんだよ」

居酒屋で愚痴る係長もいた。上司であっても、刑事経験が浅かったり、人望がなかったりすると、肝心な情報を教えてもらえない。そのために恥をかくことがあった。

「今、やっていることぐらいはちゃんと報告しろよ」

係長の一人は部下を睨みつけた。すると、こう言い返されたという。

「詳細は、本官の頭の中にあります！」

それに我慢できない上司なら、転属願いを出すしかないのだ。

――だが、中才は泳がしておいても大丈夫だ。

中島はそう考えていた。カネの中に、あいつ一人を置いていても悪さをしない。

一方の中才には、係長である中島の力を借りないとできないことがあった。それは、中島を通じて捜査二課長から「捜査関係事項照会書」を出してもらうことであった。この照会書を手にして、浅川という外務官僚の銀行口座を割り出そうとしていたのである。だから、まだ疑惑の入り口にある情報であっても、中島だけには相談せざるを得なかった。

捜査関係事項照会は、刑事訴訟法で捜査機関に認められた調査特権である。これは、同法第百九十七条第二項の〈捜査については、公務所又は公私の団体に照会して必要な事項の報告を求めることができる〉という規定に基づくもので、捜査員は捜査二課長の決裁印を受ければ照会書を入手できた。

事実上、それは水戸黄門の印籠のような――ある意味では危険な――力を持っていた。照会書は、〈捜査のため必要があるので、下記事項につき至急回答願いたく、刑事訴訟法第百九十七条第二項によって照会します〉などと記されている。

捜査二課の刑事たちは行く場所ごとにこの照会書をもらって、役所の住民係や水道局、銀行、電力会社、ガス会社、電話会社、ＮＨＫを訪れては、様々な情報を入手していた。これは任意捜査にすぎず、「裁判所の捜索差押許可状を示されない限り、情報提供はできない」と拒むところもあったが、当時は、銀行など多くの対象先が照会に応じていた。

この照会書をどう使うのか。中才の同僚はこう証言する。

「例えば、区の水道局に行くわけよ。電力会社に行くし、ＮＨＫに行くわけだ。そこ行って、捜査関係事項照会書を投げる。そして係の人に頼むんだ。『この人物が水道料金を払っているかどうか、調べてください』と。

払っていますよ、という答えが返ってきたら、係の人とやり取りをするよね。『あ、そうですか。これは口座振替ですか、それとも金融機関やコンビニに請求書を持ち込んで払っているんですか』という具合だな。もし、口座振替だ、という返事だったら、『その振替なんですがね、振替口座はどこの銀行ですか？』と聞くのよ。つまり、公共料金から手繰っていくわけだな」

照会書が不要の情報源も刑事たちにはある。例えば、高級スーツの仕立屋である。

銀座英國屋や全国チェーンの一流デパートでは、高級官僚や経済人、政治家、富裕層などにＶＩＰ情報ネットワークを持っている。元二課の係長が語る。

「役人がいいものを着ていればすぐにわかるんだ。公務員が五〇万円の背広を仕立てたり、三、四万円のワイシャツを何枚も作れたりするわけがない。そういうときに、英國屋などが役に立つ。彼らがそこに仕立券を持ち込んでいれば、それは賄賂をもらって仕立てている可能性が高い」

実際に、二課の刑事の一人は次のような報告書を上げている。

〈大蔵省の官僚X（実際の報告書は実名）にあっては、以前から業者等との癒着があると噂されていることから捜査する必要がある。

贈答品による背広仕立て状況

①　一九九六年八月三一日
背広一着　三三万九九〇〇円
一九九二年一二月四日　神奈川県の学校法人から贈られたギフト券で精算

②　一九九五年九月三〇日
背広一着　三三万九九〇〇円
元総理秘書から贈られたギフト券で精算

③　一九九四年七月二三日
背広一着　二九万四〇〇〇円
一九九三年一二月一六日　商工会関係者から贈られた五〇万円のギフト券で精算

④　一九九四年六月八日
背広一着　三〇万九〇〇〇円
ワイシャツ三着　九万円
一九九〇年一〇月八日　元総理秘書からのギフト券と、赤坂の料亭からのギフト券及び化粧品会社社長から贈られたギフト券で精算〉

別の二課の主任は、一流の仕立屋チェーンを情報源にしていた、と次のように明かす。

「彼らは実によく裏の世界を知っている。あるとき、そこの社員が、いやあ、参りましたよ、と言い出した。『この間、お客さんのスーツの裾がえらく下がっているんで、ポケットが重いんだ、と気付いたんです。触ってみると、拳銃が入っているんですよ。ヤクザ者なんですね。すっかり怖くなっちゃって、仕事になりませんでした』。そんな話が取れる店だと、役人の汚れた情報ももらうことができるんだね」

だが、中才がそうした手法を駆使し、何枚も照会書をもらって歩いても、浅川の銀行口座からは不正の形跡を発見することができなかった。口座に振り込まれているのは、給与ぐらいのものであった。

彼が一九八七年まで在籍していた経済局総務参事官室はサミットを所管しており、サミットの裏方を仕切ってきた。この総務参事官室の庶務は膨大な資金を差配できるため、ノンキャリア憧れのポストだった。業者の陳情や付け届けが引きも切らない。浅川はこの花形のポストを経験した後、一九九五年には、大阪で開かれた「アジア太平洋経済協力会議（ＡＰＥＣ）」の準備事務局次長を務めていた。出入り業者の間では、「ロジスティクス（後方支援業務）のボス」とも呼ばれていた。

それなのに、銀行口座には不透明なカネの流れはなかった。彼の裏資金はそんなところにはなかったのである。

——これは脇の業者から固めていって、業界の中枢に入らないとだめだな。

中才は何度か廣瀬に事情を聞いているうちに、ごく当たり前の結論に至った。下手をすると浅川や外務省に通報されて漏れる恐れもあったが、外務省の出入り業者に当たり、まずは談合の外郭部分から固めていこうとしたのだった。

そこで文房具メーカーから始め、雑貨会社、トイレ・洗面所メーカーの担当者らに入札の裏面を聞き歩いた。そして、以前から考えていたことを廣瀬にぶつけた。

「日成の……これは、近代商事のものということになるんだろうが、おたくの伝票類を見せてもらいたいんだよ」

浅川のような役人に対し、日成や近代商事が自社の経理を通して物品を贈ったり、贈答用にビール券やタクシーチケットを購入したりしていれば、出金伝票や振替伝票などが会社に残っているはずだ。もし、裏金を使っていればもっと疑わしい証拠があることになる。

本当は、近代商事から飛び出した番頭の会社の伝票を調べたいのだが、この段階ではとてもそうはいかない。しかし、日成グループから提供された金券類であっても、それが伝票によって裏付けられれば、「外務省納入業者——外務官僚」という一本の線でつながり、同じパターンで他の業者から事情聴取することができる。

廣瀬は難色を示すだろう、と中才は考えていた。日成グループの伝票に賄賂とみなされる出金があれば、不正を告発した廣瀬が逆に贈賄容疑者の立場に追い込まれるからだ。ところが、廣瀬はたじろぎを見せなかった。

「いいですよ。取りに来てください」

「言っておきますが、危ないですよ。廣瀬さん」

「わかっています」

「やられるかもしれないですよ。大げさかもしれないが、死ぬか生きるかということになりますよ」

中才は正直に告げて、いいんだね、と念を押した。

情報を集めるのは自分だが、事件着手となれば、汚職摘発の専門部隊である「ナンバー」に取り調べを任せることになるだろう。かばうことはできないのだ。

「うちの会社もやられるんだったら、どうぞやってください。私の腹は変わりません」

中才は驚いた。

――これはたいした人間だ。肝が据わっている。

何かを捨ててかかっている。かわいがっていた番頭たちに裏切られて我慢できないのか。それとも古巣の外務省を荒らされて、本気で怒っているのか。

中才は、廣瀬が「義理、人情に厚い男」と言われていたことに思い当たった。廣瀬が営む輸出入貨物運送事業や倉庫事業は、港湾関係者とのつながりが深い。彼自身もかつては十杯もの艀船《はしけぶね》を抱え、会社の裏を流れる運河から荷物を積んで、東京湾の本船まで運んでいた。港湾には、指定暴力団山口組なども根を張っており、廣瀬は彼らとやりあいながら会社や業界を成長させてきている。その実績や度胸を買われて、日本通関業連合会や東京輸出貨物施設協同組合のトップを任されていた。

日成の本社は、徒歩だと品川駅の港南口から新港南橋を越えて約十分。高浜運河を背に細長い六階建てのビルを構えていた。品川埠頭は目と鼻の先で、東京湾の潮の香りがする。中才らはそこへ捜査二課のライトバンで乗り付け、段ボール箱で四箱分ほどの伝票類を積み込んだ。それは、警視庁から見ると、関連資料の任意提出であった。

その伝票類を精査しながら、中才は廣瀬の証言には嘘がないことを中島に伝えた。

「覚悟があるんだな」

中島は漏らした。

廣瀬はもはや引き返せないところまで来ていた。中才は言った。

「おたくの社員も一度、叩かせてくださいね」

「叩く」とは警察の隠語で、事情聴取のことだ。外務省に出入りしている社員からも事情を聞きたい、と言ったのである。

中才が上司の中島に報告書を上げたのは、平成一一（一九九九）年一一月一一日のことだ。彼はゲンを担ぐ質で、大事なことは揃目《ぞろめ》の日にやることにしていた。そうすればきっと成就するに違いない、と信じている。ちなみに、彼がこの事件に関連して、二度目の報告書を上げるのは平成一二（二〇〇〇）年一二月一二日だ。

警視庁の元幹部によると、最初の報告書は「外務省課長補佐による物品購入にまつわる汚職情報について」と記されており、記載された収賄容疑者は、外務省欧亜局西欧第一課課長補佐の浅川明男。贈賄の疑いが持たれたのは、近代商事から飛び出して東京都内に本社を置いて役員となった元番頭とその部下の二人であった。中才たちにとって、この時点の外務省事件とはサンズイ疑惑のことだったのである。

中島はこの報告書の体裁を整えて、捜査二課長のところに持って行った。

報告書はわずか二ページ、西欧一課の名簿と浅川の自宅を記したゼンリン社製地図のコピーが添付されているだけだった。こうした事件では、関係者のチャートを添付することが多いのだが、そのチャートが中島の手で作成されたのは、翌十二日のことだった。まだ手探り状態だったのである。幹部からはこれといった反応はなかった。

それは秘密主義の中才にとって願ってもないことだった。現場経験や勘が働かない幹部が、ああやれこうやれ、と指示をしてきて、事件に結びついたためしなどないからである。

## 3　「三悪人」

最初の報告書を提出したころ、中才は日成グループの営業担当社員を頻繁に呼び出していた。警視庁本庁舎の二階には、調べ室が百室あり、そのうち二十室を参考人を呼ぶための部屋として使っていた。それに弁護士との面会室が三つ、絨毯《じゅうたん》が敷かれた大きな部屋もあり、国会議員ら地位のある人物を調べるために設けられていたという。担当社員は三畳ほどの参考人調べ室に入っていた。

廣瀬に相談したうえでの呼び出しだったから、捜査協力者に話を聞くという色合いが強かった。社員は外務省に出入りし、浅川以外の官僚への贈答についても熟知していた。

聴取を受けながら、営業担当社員は中才の捜査が壁に突き当たっているのをおぼろげに感じていたようだ。中才が追う浅川は、「外務省の物品納入を仕切っていた」と言われる実力者である。ところが、浅川は一九八七年から西欧一課に移って入札担当から外れており、贈収賄立件のカギとなる職務権限は見当たらなかった。

刑法第百九十七条は、単純収賄罪を次のように定めている。

〈公務員が、その職務に関し、賄賂を収受し、又はその要求若しくは約束をしたときは、五年以下の懲役に処する〉

これが七年以下の懲役に処される受託収賄罪の場合は、職務に関し、請託を受けて賄賂を収受したときに処罰されるが、いずれにせよ、「職務に関し」――つまり、職務権限を持つ人間が賄賂を収受していることが必要なのである。

サミットの裏方を仕切り、膨大な資金を差配するのは、以前なら経済局総務参事官室、いまは九州・沖縄サミット準備事務局である。

「浅川さんはどこにでも顔が利いたし、外務省職員で浅川さんを知らないものはいませんでした。だから、外務省の予定入札価格を部下たちから聞き出そうとすれば簡単なことだったと思いますよ」

出入り業者たちはこう推測していた。しかし、明確な職務権限がない人物を収賄容疑で追及するのは難しかったのである。

そんなとき、くだんの営業担当社員がぽろりと漏らした。

「中才さん、外務省の三悪人って知っていますか？」

「三悪人ねえ……いや、知らないな」

「一人は浅川さんでしょ。それに浅川さんの後任の松尾さん。九州・沖縄サミット準備事務局次長です。この人がいま浅川さんに代わってサミット関連の入札を仕切っているんですよ。三人目は経済局総務参事官室課長補佐の小林祐武《ひろむ》さん。これにもう一人、大臣官房の役人を足して四悪人と呼ぶこともあります」

「ふーん」

「みんなノンキャリアですが、彼らは外務省の納入業者からタクシーチケットを束でごっそりともらっています。事務機の納入にからんだバックマージンという意味合いもあると思います」

「タクシーチケットか……」

中才は、役人が懐に入れたタクシーチケットが何十万円、何百万円という現金に化けることを知っていた。金券屋に持ち込んで換金するのである。外務省ではそうした行為が横行しているにもかかわらず、「三悪人」の側からそのタクシーチケットをもらう上司もいたと言われ、省内では問題になっていなかった。

「三悪人というのは悪党というよりも、いろいろ役に立つ男ということですね。汚れ仕事も含めて、上手く仕事をこなす能力に長けているんですよ」

営業担当社員の言う「三悪人」のうち、二番目に挙げられた松尾とは、大臣官房総務課機能強化対策室長の松尾克俊のことである。一九九九年六月一日付で九州・沖縄サミット準備局次長の兼務辞令が出ており、サミットで訪れる各国代表団や警備関係者のホテルから食事、輸送車両、印刷物、弁当に至るまで、ロジスティクス分野の決定権限を握っていた。

彼は、一九九三年一〇月から九九年八月まで六年近くにわたって、大臣官房総務課要人外国訪問支援室長という要職にあり、「外遊時に総理の一番近いところで世話をする男」と言われていた。

それは総理外遊時のカネを差配できるポストだった。外務省で同じ椅子に四年以上も留まることはありえないことだったが、彼だけは延々とその要職に座っていた。浅川は一年後輩の松尾に「入省が一期違うと（役人の格は）百年違うんだ」という雑談をしていたが、上下関係が厳しい役人の世界で、松尾はいまや先輩の浅川を抜いて、中堅のキャリアをも凌ぐ実力者にのし上がっている。

営業担当社員ははっきりと言った。

「松尾さんは、浅川さんと同じように業者の接待を頻繁に受けています」

「近代商事を飛び出したあの番頭も、松尾を接待していたんだね」

「もちろんですよ」

松尾は国家公務員初級試験に合格し一九六四年に入省した後、浅川の背を追うような経歴を重ねている。一九八七年に要職の経済局総務参事官室庶務主任、翌年にはⅡ種の中級職に登用されて課長補佐に就いていた。ノンキャリアの系譜の中でも「星」に喩えられる人物である。彼の出世の背景には、駐米大使だった斉藤邦彦の存在があると言われ、省内では上級職の人事についても発言権を持っている、と恐れられていた。

外務省キャリアの本流は、元駐米大使の松永信雄（二〇一一年死去）を頂点に、斉藤邦彦、川島裕（外務事務次官）と続く「アメリカンスクール」、あるいは「松永スクール」と呼ばれるグループが占めていた。中でも斉藤は、松永に続いて外務審議官から外務事務次官、駐米大使と進み、退官して国際協力事業団総裁に就いた後も、「ミスター外務省」として絶大な影響力を保持していた。元内閣官房副長官・鈴木宗男のように、斉藤が継いだ主流派グループを「斉藤マフィア」と呼ぶ人々もいた。

松尾は北米第二課時代に斉藤に仕えたことをきっかけに、仕事やマージャン、ゴルフなどを通じてこのグループに食い込んでいる。庁内では「松尾に何か話すと、それは斉藤さんやそのグループに筒抜けになる」と噂されていた。

――一体、松尾とはどんな男だろう。

中才は彼らの情報をもらうと、警察手帳を使って外務省庁舎に入り、新館七階のサミット準備事務局に潜り込んだ。松尾の顔を見に行ったのだ。

「でっかい部屋だな」

言葉が思わず口を突いた。外務省の大講堂を改造して使っていた。松尾は窓際の光を背にしたひな壇にいたのだろうが、百人もの職員が出入りしているので、誰が誰なのかよくわからなかった。

役所にこっそり入り込んで、容疑者の顔を目に焼き付けたり、役所の雰囲気をつかんだりするのは、捜査二課の刑事がよくやる手法である。しばらくして、係長の中島も部下の女性刑事を連れてサミット準備事務局を見に行っている。

中には、警視庁が開発した隠しカメラで役所の職場を撮影してくる捜査員もいた。アタッシェケースの下のほうにカメラのレンズが仕込んであり、手元のスイッチでパチリとシャッターを押すという具合だ。

中才はまだそこまでする必要はなかったが、大部屋の人数を見て、妙な感慨を抱いた。

――これだけの人数が動いているんだから、鉛筆だって何だって、これじゃあ大量に使えるな。きっと大変な利権が動いているんだ。

「何か御用ですか？」

見慣れない中才を不審に思ったのか、職員が声をかけてきた。彼は、いやいいんだ、とでも言うように手を挙げて、ゆっくりと部屋を出た。

「三悪人」の中で、最も若い小林は松尾の十一年後輩の一九七五年入省である。こちらも浅川、松尾の二人を追いかけて枢要なポストをこなし、三十七歳でⅢ種合格組の最高ポストと言われた経済局総務参事官室班長を務めていた。彼は北米第二課時代に松尾の下で働き、以来、「松尾さんは私の師匠です」と公言していた。

そのころの外務省の腐敗と異変について、警察庁や警視庁の幹部たちは既に気付いていたと思われる。中才が情報を上げる二年八ヵ月前の一九九七年三月から、週刊ポストが『外務省高官の「2億円」着服疑惑』という記事を掲載し、それから一ヵ月以上もこの疑惑を追及していたからである。三月七日号の記事はこう始まっていた。

〈諸外国との国の損得を駆け引きする外交には、スパイ工作や情報収集はつきものだが、そのために外務省には、年間50億円を超える機密費が事実上ノーチェックで認められている。が、その聖域化をいいことに、幹部たちが勝手に機密名目で遊興費に使ったり、〝省内信用金庫〟代わりにしていたらどうなるか。果たせるかな、エリート高官に《機密費2億円着服疑惑》が浮上し、外務省は極秘の内部調査に乗り出した〉

同誌によると、この二億円着服疑惑は、総合外交政策局のS課長が、外務事務次官秘書官時代に、外務省の機密費を使って料亭や高級レストランで飲食を繰り返し、一年半の間に二億円を超える機密費を使ったというものだった。

それは外務官僚にとって衝撃的な記事だった。S課長とは外務省の本流を歩む杉山晋輔を指し、職員ならそうわかるように書かれていたからである（ちなみに、杉山は十九年後の二〇一六年に外務事務次官に上り詰めている）。

機密費については後で詳しく触れるが、その人物が秘密のベールに包まれた公金を流用した、と指摘していただけでなく、S課長が他の幹部の遊興費まで精算してやっていたと批判していた。

その請求書回しの〝省内シンジケート〟のメンバーとして、欧亜局のM、Hの二人の課長や条約局I課長、大臣官房M室長がイニシャルで名指しされていた。この大臣官房のM室長が松尾のことだった。当時の松尾は、大臣官房総務課要人外国訪問支援室長のポストにあった。

だが、週刊ポストのキャンペーンは、外務省を慌てさせたものの、腐敗を一掃する契機にはならなかった。記事は真実の一端を突くものであったが、外務省記者クラブに籍を置く記者はこの記事を無視し、外務省が省内粛正のための調査を実施した気配はなかった。

鈴木宗男は「外務省記者クラブ（霞クラブ）のなかに機密費による接待を受けていた記者が多数存在したため、彼らが黙殺を決め込んだ」と『闇権力の執行人』（講談社＋α文庫）の中で書いている。捜査二課の情報係には雑誌記者やフリーライターと親しい主任がいたが、週刊ポストの内容を超えて事件につながるような有力な情報はとうとう上がってこなかった。このため、中才は一から始めなければならなかった。

彼は週刊誌の指摘する着服疑惑ではなく、サンズイを追い求めている。だから、言われてみればそんな記事もあったな、という程度の記憶である。そこに記されている機密費についてまさか自分が捜査することになるとは露ほども思っていない。浅川の名前をつかんでから、急いてはいけない、と自分に言い聞かせ、外務省をどう攻めればいいのか考えあぐねていた。

そこで出てきた「三悪人」の情報は、壁にぶつかった浅川の疑惑から新たな標的へと向かう転換点となった。

## 4 「嘘社会」

その日も中才は伝票を繰っていた。

情報係の床に置いた段ボール箱から一束ずつ取り出し、一枚一枚めくっていく。廣瀬が経営する近代商事から運び出した経理資料の一部である。退屈な作業だが、それは外務省の本丸へと導く一本の、細い攻め口だった。

——あれっ？　三悪人の一人だ。

中才がそこに松尾の名前を見つけたのは、一九九七年六月分の伝票を繰っていたときだった。

〈営業部で松尾克俊ほか一人を飲食接待　飲食費三万九〇〇〇円〉

そう読み取れた。松尾らが接待を受けていたことを示す初めての物証である。

——やはりあった。営業担当社員の言った通りだった。

闇夜にぽっと灯がともった。ほら見ろよ、とパチンと膝を叩きたくなるような証拠だ。

さらに、近代商事が外務省職員に多額のタクシーチケットを提供していたことを示す出金伝票も見つけた。

その金額は、一回につき四二万円から一四〇万円に上り、一九九四年六月から一九九八年九月までに三八三万円にも達していた。職員名までは記されていなかったが、それは浅川のことではないか、と中才は推測した。いずれにせよ、松尾や浅川ら外務省職員が業者にたかっていた一端があらわになったのだった。

「外務省には、三悪人と呼ばれる役人がいるんだってさ」

中才からそう聞かされていた中島は、この請求伝票と出金伝票を見て、中才の情報源の確かさを思い知らされた。そして改めて、中才の情報は信じられると思った。

大きな事件に遭遇すると、現場経験の少ない上司は情報の確度に疑問を抱いて、しばしば情報源を明かすように求める。これが「どうなんだい」というやんわりした調子なら波風もさほど起きないが、上司の口調によってはひどいしっぺ返しに遭う。情報源は捜査員の命の次に大事なものだからだ。

一九九四年のことだが、中才は当時の捜査二課長から課長室に呼ばれ、捜査中だった三菱重工業も絡む談合恐喝事件について尋ねられたことがあった。

部屋には、上司の管理官たちがいて、押し黙っている。

「この事件の情報をつかんできたのは君だね。どこからの話ですか?」

ネタ元を明かせというのだ。中才はあきれてしまった。管理官たちは中才の性格と情報源の重要さを知っている。彼らもたたき上げた二課刑事なのだ。だからあえてネタ元は聞かない。だが、キャリア採用の課長は自分で情報源を作ったことがない。都道府県警採用のノンキャリア警官に対して、キャリアの彼らは国家公務員採用試験(総合職試験)に合格した後、都道府県警の管理官や捜査二課長として実地に学びながら出世の階段を上っている。

課長は心配なのだ、と中才は思った。本音が口を突いた。

「課長! そんなことを言わないでくださいよ」

管理官たちは黙ってうつむき、石のように固まっている。

「俺たちは警視総監に聞かれたって、ネタ元は言わないです。俺たちに聞かないでください」

「………」

「まあ、この事件を必ず食ってくれる(立件してくれる)というのなら考えます。ここで約束してくれるんなら、個人的にね」

後で聞いたところ、上司たちは課長に、「君たちは部下がどこで何をしているのかもわからんのか!」と叱られ、その課長が「中才を呼べ。俺が直接聞く」ということになったらしい。

わかった、と課長が言ったかどうかは誰も覚えていないが、結局、情報源は明かさないことで許された。課長室から出ると、上司たちがぼやいた。

「中ちゃん、助かったよ。相手は課長だからよ」

「あそこで、お前がしゃべるようなことがあったら、俺たちの面子がないよ」

中島は、ひとかどの刑事に向かって情報源を質すような真似をしたことがない。ネタ元は刑事限りでいい。係長というものは刑事自らが明かすまでじっと見守るものだ。中才は自分を信頼してくれている、と彼は確信していた。中才がやがて情報源である廣瀬日出雄の名刺を見せて、「中島さん、この男に会ってくれるかい」と言い出したからだ。

中才の仲介で廣瀬に会って、廣瀬と中才がこの疑惑にそれぞれの自分の人生を賭けていることが、中島にはよくわかった。中才の場合で言えば、一介の刑事が聖域である外務省の室長を標的にするのは、実に重いことだ。

——外務官僚のケツを洗っておいて、「間違えました、すいません」という言い訳が通用するわけがない。よく地検特捜部の検察官たちが「検事生命を賭けてやりました」と自慢するが、警官だって警官生命を賭けてやっているのだ。まあ、うちの中才の報告はちらりと漏らした一言でも耳を傾ける価値がある。ぶっきらぼうな奴だが、十のことを知っていたら、五つしか報告しないような男だ。だからこそ信用が置ける。

俺はその逆だ、と中島は笑いを浮かべてつぶやいた。

「五つのことを知っていたら、十も上げてしまうけどな」

中島はこれまでの報告をまとめて事件チャートを作成し、中才と細かく話し合うことにした。彼らには会議室や打ち合わせの小部屋は与えられていないので、たいてい日が暮れて情報係の刑事たちが居酒屋や自宅へと散っていくのを待った。

もう戻ってこないと見るや口を開く。

浅川に加えて、新たに名前の上がった松尾と小林の身上調査を進めなければならない。所有資産や取引銀行の実態解明も必要だった。

「しかし、時間がかかるな」

「しかたない、中島さん。もう少し動こうよ」

「そうだな、大変だけどな」

「ほかの主任には教えられないよ。漏れるかもしれないしな」

「…………」

彼らがサンズイの入り口として考えていたのは、外務省の事務機の納入疑惑である。「三悪人」の全員、あるいはそのうちの一人が納入のバックマージンとしてタクシーチケットを受け取ったのではないか、という構図だ。この中で、浅川に続く標的は、九州・沖縄サミットのロジを担当する松尾克俊である。職務権限がはっきりしているし、近代商事の伝票にも名前が出てくる。

松尾を徹底的に調べてみるか、と中才は思った。

「おい、べったりして、何やってんだよ」

「なんだ、なんだ」

中才の背に向けて、帰り支度の先輩たちが声を浴びせた。二人だけが毎晩、部屋にぐずぐずと残るので、気になっているのである。

「いちゃついてるんじゃないの、こそこそと」

「急にいい子になって」

探りを入れているのだ。中才が係長にごまをすっていると見る同僚もいた。

捜査二課は、競争とやっかみに満ちた組織だった。組織としても競争を煽っているところがある。

二課は保秘のために、小部屋を組み合わせたような造りになっている。奥まったところに位置する情報係はもちろん、第四知能犯、第五知能犯、第六知能犯の計百一人の「ナンバー」グループはそれぞれ独立していた。一つの知能犯グループの中に仕切りはないが、各グループにある三つの係もそれぞれ自前の冷蔵庫や食器棚を買い込んで壁沿いに並べ、そこにビールや酒のつまみを入れていた。

「俺のおかずが誰かに食われた」「冷やしたビールを飲まれた」という子供のような騒ぎが起きるということもあるが、仕切りはなくとも隣の係は赤の他人だという意識なのである。大きな冷蔵庫を買ってグループ全体で共有することは誰も考えなかった。

夜遅くなると係ごとに酒宴が始まる。十人前後の捜査員が一晩でビールを二ケースも飲むときもあった。酔いが深まっても隣の係に話が漏れないように、係員以外は近づけず、小声でやり取りするのだった。警視庁の近くにはコンビニや食堂がない。つまみは係の若い巡査部長がそれぞれに用意し、土日ともなれば各階の炊事場でそばやうどんを作っていた。

テレビも備品以外にそれぞれの係で買って持ち込んでいる。だから一つの知能犯グループの中にいくつもテレビがあったりして、たいていそれは付けっ放しだった。係員たちはみな自分たち専用のテレビの画面の方向を見ていた。軍隊の小隊のようなものだった。

第四知能犯第三係の係長だった萩生田勝《はぎうだまさる》は、捜査二課は嘘の社会だったと語る。

「捜査員が隣の係の者に漏らさないのは当然で、むしろ周りに嘘をつく。保秘のためだし、人にばれて事件がつぶれないようにね。嘘の社会にいないと、いい事件はできないような気がするな。よその係に何をしているかわからないように、事件を手掛けているときは暇を装っていたし、電話していても小声でカモフラージュを心掛けていた。部屋では本当の話はしないもんだ。二課の本質は嘘だな」

時々、他の知能犯グループの部屋から刑事が入室してくると、ピリピリした雰囲気に包まれる。長い間、ナンバーで生きた藤原克己は他の部屋の同僚を怒鳴りつけて、小さな騒ぎになったことがある。

主任時代の記憶だが、別の知能犯グループの主任が後ろから近付いて来て、背中を通りぬけようとした。その瞬間、藤原が唸り声を上げた。

「てめえ、何で俺の後ろに立つんだ！」

他の知能犯グループに何の用事があるのか。それになぜ俺の島に近付いて来るのか。俺のパソコン画面をのぞき込んでるんじゃないよ、というのである。ナンバーの仁義を知らねえのか、と濁声《だみごえ》を張り上げるので、周りがおろおろするほどだった。

そのとき、怒鳴られたのが、藤原より九歳下の本垰《ほんたお》孝佳で、警部に昇進した後の一九九八年一月、東京地検特捜部と警視庁に収賄容疑で逮捕されてしまった。彼は大和証券国立支店の大型詐欺事件を捜査する係長に就いていたが、捜査情報を教える見返りに接待を受けたり旅行券を受け取ったりして、総額約四五〇万円相当の賄賂を受けていたことが発覚したのだった。

本垰はただのノンキャリア捜査官ではない。警察庁捜査二課に出向したこともあり、中才よりも四つ年下なのに既に警部だった。二課の出世頭で、仕事ができるという評判で、辛口の藤原でさえ、「順調にいけば将来は署長になれるだろう」と思っていた。

それが、大和証券社員の供述調書のコピーなどを大和の元総務部長や元監理本部幹部に渡したのを始め、この詐欺事件の概要を示すチャート図を書き写させたり、関係者の逮捕時期、家宅捜索の対象場所を事前に教えたりしていた。さらに、総会屋や右翼関係者の名簿を提供したり、大和証券が関係する事件をめぐって犯罪歴の照会にも応じたりしている。

まさに、獅子身中の虫だったのである。

本垰は飲ませてしゃべらせるのが特技だと言われていた。中才はしかし、それは癒着と裏腹ではないかと思っていた。相手にカネを払わせれば接待を受けたということだし、付き合いで飲むということは自分も何かをしゃべっているのだ。

飲めないから言うのではないが、捜査情報は素面《しらふ》で取るものだろう。清濁併せ呑んでいいのか。そもそも、飲ませて取った情報にたいした価値はない——そう信じている。

その本垰が、銀座通りをふらふらと歩いているのを見たことがある。泥酔していたのだ。一方の中才はホシを追っているところだった。本垰は接待を受けたのか、付き合い酒だったのか。

「おいおい、先輩！　大丈夫かよ。一人で帰れるのか？」

中才は思わず声をかけた。やがて、彼は前述の収賄事件を引き起こし、警視庁内のトイレで手首を切る自殺騒ぎまで起こした。そして、収賄罪で懲役二年の実刑判決を受けている。

それ以来、二課の保秘の壁はもっと厚くなり、部屋の空気はさらに陰湿なものになった。そうした経緯もあって、「何よりも事件が可愛い」と言う中才が、相棒の中島以外は信じないのも無理からぬところだった。

# 第三章
# 地を這う

# 1 「行確」とパンティ

皇居から北に約六キロの東京都文京区千石《せんごく》は、江戸時代の御屋敷町の風情を残す閑静な住宅街で、一橋徳川家の屋敷跡を占める千石緑地や小石川植物園など濃い緑に囲まれている。

その一角に小さな外務省官舎があった。

霞が関の外務省まで電車と徒歩で三十五分。官舎から細い道を隔てたところに宅配業者の倉庫があり、倉庫の前に立つコンクリートの電柱に隠れるように、二人の男女が立っていた。二〇〇〇年四月下旬。東京の桜はすっかり散って、明るい葉桜の季節を迎えようとしている。

サラリーマン風の男は電柱の陰からアパート風の官舎をじっと見上げている。小柄な部下を連れた中才宗義だった。

三階建てで、計九室あるその官舎の一つに、松尾克俊が住んでいた。外務省要人外国訪問支援室長を経て、機能強化対策室長兼九州・沖縄サミット準備事務局次長のポストにある。

捜査二課資料室には非公開の外務省職員録まで備えてあった。その住所録を確認して、中才はこの千石官舎に来ている。彼が本当にここに住んでいるのか、松尾は何時に出て、何時に誰と帰ってくるのか、その行動確認——警察では「行確《こうかく》」と呼んでいる——の下見に訪れているのだった。

中才の険しい人相、風体では怪しまれそうなので、「ちょっと来い」と若手の女性捜査員を連れてきて、わけありのカップルを装っている。

「二〇三号室だよな」

「あのベランダの部屋ですね」

視線の先にはベランダの物干しハンガーがあった。中才が目をやったまま、ぽつりと言った。

「お前なあ、あのパンツが穿《は》けるか」

色鮮やかなパンティが干してあった。それがひどく小さかったのだ。

「どうだ?」

「無理です。恐ろしくて、あんなの穿けません」

部下は細身の体をよじって恥ずかしそうに言った。ひらひらと風に揺れるパンティはあまりに細く、陰部を隠すには頼りなく見えた。

「いくつぐらいの女なら穿けるんだ?　Tバックというやつじゃねえか」

蛇のような、いつもの疑念が中才の中で頭をもたげた。

——あの部屋には若い女がいる!　たぶん愛人だ。

松尾は五十四歳である。不身持ちという噂がある。現在の妻は三人目と言われているが、それでも四、五十歳のはずだ。若い捜査員が恥ずかしがるほどの派手なパンティを、官舎の物干しに干すわけがない。たぶん妻はここには住んでいないのだろう。

ここは都営地下鉄三田線の千石駅から七、八分歩き、不忍通《しのばず》りから少し入ったところだ。奥まった場所ではなく、人通りもそこそこにある。外から丸見えのベランダに、あんなものを干せるのは、若い女性だからだ。

それは、中才が初めて知る外務官僚の裏の姿だった。外務省は紳士ぞろいに見えるが、実は女性関係に寛大で、不倫が咎められない役所になっていた。アルバイト女性を愛人にしたり、一人の女性をめぐって複数の役人で奪い合いをしたり、「愛人を抱えて初めて一人前だよ」と公言する役人がいたりしたのだった。同省の元課長補佐はこう証言する。

「女でしくじるキャリアは実に多かったです。キャリアがそうだから、別にノンキャリがしくじったって問題にされない。在外勤務をするとカネはできるし、しくじっても偉くなる芽が摘まれてしまうわけでもないから、女にはみんなだらしなかったですね」

妻帯者でありながら若い女性と付き合うには、カネがいる。松尾は仕立ての良い服を着こなす洒落者として知られ、麻雀でも稼いでいると豪語していた。だが、愛人を持つ身になれば、豪華なプレゼントや高い外食代も不可欠だ。役人の場合、しばしばそれが賄賂の授受につながっていく。

そもそも都心の一等地にあるこの公務員住宅は幹部用の家族寮で、松尾は住む資格がなかった。中級職員の彼の等級では入居資格を満たしていなかったのである。だが、松尾の部下だった小林祐武によると、上司とのコネを利用し、ちゃっかりここへ入居していたという。

松尾の官舎を確認した後、中才は近くの宅配便配送所を回っている。松尾がどこのゴルフ場にゴルフバッグを発送しているのかを調べたのだ。松尾がゴルフ好きであることは出入り業者から聞いていた。

バッグを送ったゴルフ場がわかれば、そのゴルフ場のフロントに出向き、松尾がそのゴルフ場の会員かどうかを確認したうえで、保存されているプレー受付簿を見せてもらうつもりだった。ゴルフ場の会議室などに陣取って、過去の受付簿の束を何年分も繰って一緒にプレーした者を特定するのである。

受付簿には一緒にラウンドしたプレーヤーの名前と住所が記されている。そこから業者と思われる人物を手繰り寄せ、接待者と接待日時を特定するというわけだ。

こうした宅配便の配送所や配送伝票のことを「デポ（depot）」と捜査員は呼び、配送伝票を調べることを「デポを食う」と言う。

ゴルフ接待を割り出す捜査二課の手法の一つで、「俺はデポを食うことで汚職の端緒をつかんだ」と言う者もいる。捜査二課には、こうした捜査のために関東近辺のゴルフ場を百ヵ所以上も訪れたというベテラン刑事もいた。

ただし、自宅近くの宅配便配送所からは、松尾の名前は浮かんでこなかった。自分の車でゴルフ場にバッグを運んでいたからなのだが、中才にはまだそれがわかっていない。

収穫のない日々が過ぎて、官舎のパンティの記憶も薄れたころ、その官舎から約一キロほど離れたところに松尾が新居を構えている、という情報を中才はつかんだ。

そこは官舎と同じ文京区の小石川五丁目の播磨坂沿いにあった。オートロックの新築マンションである。中才はすぐに駆けつけて周囲をぐるぐると歩き、マンションの不動産登記簿を見に行った。

マンションは、鉄筋コンクリート造十四階建て、一年半前の一九九八年一一月に建設されている。松尾はその十二階の一室を購入していた。登記簿を詳細に見て、中才は、「松尾に愛人がいる」と疑った日のことを思い出した。その権利者の欄に、松尾の妻や娘の名とは無縁の、「アケミ」という名前を発見したのである。それは同棲中の女性に違いなかった。

官舎のパンティの持ち主がアケミだったのかどうかは別にして、あのとき、官舎を見上げ、愛人を連想した彼の直感は正鵠《せいこく》を得ていたのだ。

床面積七十三・三四平方メートルの一室は、そのアケミと二分の一ずつの共有名義となっていた。登記簿に抵当権は設定されていなかった。不動産業者によると、このマンションは七八〇〇万円もするのだが、それが即金で払われていた。松尾とアケミはそんな大金を持っていたのだろうか。

他にも疑問はあった。一年半前にこのマンションを購入しながら、官舎も使っていたのか。

妻はどこにいて、パンティが翻るあの官舎には誰がいたのか。複数の愛人がいるのだろうか。

霞が関の役人の中には、安い家賃の官舎を確保する一方でマンションを購入し、二重生活を楽しんだり、他人にマンションを貸して家賃を稼ぐ者がいたりした。

この五年前の一九九五年のことだが、大蔵キャリアで国税庁ナンバー2の国税庁次長が都心の安い国家公務員宿舎に住みながら、二戸の高級マンションを購入して家賃収入を稼いでいたことが発覚している。「公務員の役得を活用した財テクではないか」と批判の声が起きたが、大蔵省や官邸は「個人の問題である」として批判を一蹴した。キャリア官僚にお咎めがないから、ノンキャリアの役人たちが官舎とマンションの二重生活のおこぼれに与《あずか》ろうとしても不思議はなかった。

「松尾も官舎とマンションを使い分けていたんだろうか」

中才たちはそんな疑いを抱いていたが、それよりも問題は、新居のマンションであり、その購入資金の出所を解明することだった。

二人のマンションは、霞が関から地下鉄丸ノ内線でわずか十六分。茗荷谷駅を降りて五分ほど歩いたところにある。小石川植物園に向かう、ゆるゆるとした下り坂の途中だった。東京の桜の名所の一つでもある。道路中央の緑道には百五十本の桜の大木が枝を伸ばしていた。中才がマンションを見上げると、灰紫色にくすんだ壁が午後の光を浴びている。

――何をすれば、そんな購入資金を捻出できるのだろう。そもそも、アケミという女性は何者なのか？

マンションのバルコニーは南東の播磨坂さくら並木に面し、桜がそこへ高く枝を差し伸べていた。春になると、咲き誇るソメイヨシノや黄緑色の鬱金《うこん》桜を見下ろして楽しんでいたのだろう。そう思うと、軽い嫉妬のような感情が芽生えた。


官舎のパンティの光景やマンションの女のことは鮮烈な記憶だったが、中才は帰宅してもむっつりとして妻の恵子には漏らさなかった。捜査の話はほとんどしたことがない。同郷の妻は朗らかで、ゆたかな頬の女である。その話をすると、あんた、何を考えてんのよ、と叱り飛ばされそうだ。中才は「強情者」と彼女に呼ばれている。「全くどうしようもないんだから」と小言を言われ、それを黙って受け流すことで家の中はまとまっていた。

恵子は六つ歳下である。中才がまだ巡査部長のころ、兄嫁に紹介されて一緒になった。兄嫁は魚津の農協の職員で、編み物教室を開いていた。そこへ彼女が習いに来ていて、気立てがいい娘さんだから会ってみたら、と言われたのだ。彼女の家も農家だ。他人の悪口や噂をせず控えめに生きるように躾《しつ》けられている。ぎこちない仕草の一つひとつが可愛いと思えた。「十年経ったら、一緒に郷里に戻って来ます」と相手の両親に嘘をついて結婚を承諾させた。

二十八歳で結婚して、もう二十二年になるが、中才は一切の家事を放棄し、縦のものを横にもしなかった。その彼が妻のためにしてあげたことが何かあったか、と問われると、自分でも首をひねるほどだ。中才は飯の炊き方も知らない。

せいぜい都内の狭い官舎から抜け出て、埼玉県の西武線沿いに二十八坪の家を建てたぐらいだが、恵子も子育てが終わると働いたから、その家も夫婦で住宅ローンを払ったことになる。薄給に加え、地方出身者が多いので、警視庁の警察官は都心のマンションではなく、地価の安い埼玉や茨城県南部、千葉の奥に小さな一軒家を建てる傾向にある。中才もその一人で、そうした郊外には畑や緑、それに土の匂いも残っているが、問題は職場である警視庁から離れていることだった。

そんな遠いところから、中才は土、日のいずれかしか休まずに出勤する。自分の事件でなくても、大きな汚職や知能犯事件が着手段階に入ると駆りだされて帰れなくなるため、警視庁本部に何ヵ月も泊まり込むことになる。恵子から見ると、一ヵ月に休みは平均一回程度しか取れないというのが実感だった。

休日に夫婦で買い物を楽しむことなど、ありえなかった。恵子と娘を連れ、車でデパートに買い物に行ったのに、彼一人が電車で帰ってしまったことがある。恵子と娘がデパートで、あだこうだと、はしゃぐ姿に退屈してしまったのだ。大きな買い物に付いていったのは、その一度きりだった。張り込みならば一晩でも二晩でも粘ることができるのに、家族のためには我慢ができないのである。

かといって、遊びや趣味などに興味が向いているわけでもない。いつも捜査のことが頭を離れない。衣服にも無頓着で、背広やシャツが欲しいと言ったこともなかった。何を聞いても、要らない、と答えるので、恵子は「お父さん、また始まったよ」と言いながら、娘を連れて買い物に出かける。

「こんなのがあったよ、着てみる?」

そう尋ねられると、うん、着る、とぼそりと言って、それを大事にしている。

恵子には、なぜ夫が追われるように仕事をするのかよくわからない。そうした性分なのだと思うしかなかった。

何のために、誰に尽くして生きているのだろうか。中才は自分でもうまく答えることができない。

若いころ、恵子もそんな夫に不満を抱いていたようだったが、長男が生まれ、長女に恵まれると、子育てに追われ、夫がいないのが当たり前になっていた。係長の中島の妻もよく「うちは母子家庭のようなものだから」とこぼしていたものだ。警視庁の仲間はみんなそうだ、という気持ちが、妻に寄りかかる刑事の自省をさえぎっている。

厚生省事務次官をめぐる汚職事件のときは、警視庁の地下にある仮眠室に三ヵ月ほど泊まり込んだ。そこは三十人ほどが泊まれるカプセルホテルのようなところで、カーテンで仕切ってある。中才はいつも寝台列車の寝床を思い出した。予約者が泊まれるのだが、酔っ払った捜査員が寝た者勝ちだとばかりに潜り込んできて、いつも混んでいた。飲兵衛の中島は「長期予約者」として有名だった。

　全身が疲労と倦怠に襲われた、そんな朝に中才の妻は着替えを持って警視庁にやってくる。玄関先で面会をして、汚れ物を受け取り、彼女は、

「トイレはどこ？」

　と聞いた。

「うん？」

　中才が首を回して示した、その便所に入った。男たちが用を足していた。顔から火が出るほど恥ずかしかった。中才はいつも自分が使っているところを教えたのだ。

「お父さん！　あそこは男子トイレじゃないの」

「あ、そっか」

　捜査に夢中になると、何をしていてもぼんやりとしていて、ああ、うう、と言うばかりだ。夢の中に住んでいるようだった。

　同僚の中には汚れ物を自宅に宅配便で送り付ける者もいた。上司の中島の場合は同僚から冷やかされるのが嫌で、警視庁に近い駅の改札口にまで着替えを持って来させていた。妻は千葉県の東葛地方の街から電車を乗り継ぎ、一時間半もかけて千代田線霞ケ関駅までやってくる。夫は改札口に気ぜわしくやってきて、汚れたワイシャツや下着の入った紙袋を渡し、着替えを受け取ると、さっさと駅の階段を上がって行った。会話を交わす時間さえなく、取り残される

のだ。

妻も家庭も顧みない男の身勝手が、捜査員のあるべき姿であるかのように、堂々とまかり通った時代だった。

## 2 「翌檜」

その年の梅雨は七月一七日に明けた。ネクタイを一年中ぶら下げている中才が、いよいよ汗にまみれる猛暑の襲来である。正午過ぎの気温は三十四・五度にも達し、捜査関係事項照会書を手にした彼の銀行回りは、前途多難であるように思われた。

しかし、彼は汗みずくで歩きながら一つひとつ謎を解いている。そして、この日も大股ではないが、自分の捜査がまた一歩進んだことを胸に刻む一日となった。

場所は、東京三菱銀行虎ノ門支店である。霞が関の官庁街に近いこの中規模支店で、彼は松尾の普通口座を見つけたのだった。

口座番号は〈４２８４１９６〉。そこから水道、光熱費、生命保険料などが払われていた。松尾の生活口座だと思われた。

中才が軽い驚きを覚えたのは、その口座から二人の女性に計七五九万円が支払われていたことである。戸籍簿謄本と照らし合わせると、一人目が最初の妻で五〇一万円、もう一人は現在の妻で二五八万円、それぞれ支出した記録があった。公務員の身には大金である。

それまでの調べで、松尾の夫婦関係はすでに崩壊していたことがわかった。三人目の妻は二人の子を連れて福島県に移り住んでいたのだった。

松尾は二度も離婚しているのだから、生活に困っているはずだった。ところが、見つけた生活口座からの出金は、松尾が余裕のある暮らしをしていることを示唆している。

――愛人を抱え、マンションを買って、さらに七〇〇万円余も出金する余裕があるものだろうか。

中才はこの生活口座以外にも、裏の口座があると睨んでいる。それを見つけて情報を固めない限り、同僚の刑事を動員しづらい。パンティのときはたまたま女性捜査員が部屋にいたので、「ちょっと来いよ」と引っ張り出したのだ。

彼が手にする照会書は、相棒の中島が上司のところを回って決裁印をもらってきたものだ。松尾の件だけでもう何枚の照会書を出してもらっただろう。面倒だが、合法的な証拠収集でなければ裁判で証拠たりえないのだから仕方ない。

課長は会議などで出払っていることも多いため、課長の判子を保管している庶務担当管理官に決裁を仰ぐことも多い。その管理官が判子を押しながら、つぶやくように言った。

「俺が中身を聞くと漏れるかもしれないから、中身は聞かないでおくよ」

外務省を標的にしていることがわかってきたのだろう。彼らなりに気を遣っているのだ。

この照会書に加えて、中才の鞄の中には、捜査二課の資料室で複写した『全国銀行店舗一覧』の資料とゼンリン社の住宅地図のコピーが入っていた。まだグーグルマップやネット検索が日常化する以前の時代である。

『全国銀行店舗一覧』には、国内店舗名、店舗コード、所在地、電話番号などが五十音順に収録されていて、そこから松尾の自宅周辺のページと、職場である外務省周辺の銀行店舗のページを選んでコピーしていた。

銀行預金以外でも、郵便貯金の形で資金を隠すこともあるため、郵便貯金口座を地域管理している東京や地方の貯金事務センターも訪れている。そこからは二週間以上も経って、「該当の口座はありません」という回答が返ってきていた。

これに対し、銀行の場合は各支店ごとに口座を管理しているため、一ヵ所ずつ順番につぶしていかなければならなかった。

外務省に近い銀行といえば、通産省前の飯野ビルにある東京三菱銀行である。霞が関に背を向けて、そのまま内幸町方向に行けば、右に日本長期信用銀行本店があり、第一勧業銀行本店にぶつかる。そこから日比谷公園方向に向かうと、有楽町、銀座、東京、丸の内……銀行の本支店がひしめいている。

もし、外務省を出て南側の虎ノ門交差点に向かえば、周辺には生活口座のあった東京三菱銀行や第一勧銀、住友銀行、富士銀行、三和銀行、東海銀行、シティバンクの各支店がある。その虎ノ門から西新橋方向へ外堀通りをたどると、大和銀行、横浜銀行、さくら銀行がそれぞれ支店を構え、赤坂方向へ行けばこれまた住友銀行やあさひ銀行などが並んでいる。

　おそらく近辺の銀行店舗だけで百店はある。それを一人で順番に歩けば二百日はかかるだろう、と中才は踏んでいる。三菱重工業が絡む談合恐喝事件のときには、他の捜査員とともに、約五百店舗の銀行を回ったこともある。

　それらしい口座があると、その帳票データが入った「コムフィッシュ」と呼ばれるマイクロフィルムを、銀行の専用読み取り機にかけて読み出していく。不審なカネの出入りがあれば、その部分のコピーを取ってもらって、中島と分析していく。

　郵送で照会する手もあった。捜査対象者の住所、氏名を記し、口座の有無を照会するのである。口座があるとわかれば、その口座内容の開示を求める捜査照会書を新たに送付するというわけだ。

　だが、外務省の疑惑だけは一刻も早く結果を知りたかった。外務省は容易に突っ込んでいくことのできない巨大な役所である。だから直接、支店に出向いては、支店長や次長に松尾克俊の名を記した捜査照会書を示し、

「お宅にはこの人の口座はないと思いますが、念のために照会させていただけませんか」

　と要請する。多い日には一日五、六店は回った。

「ないと思いますが」とあえて切り出すのは、おたくの銀行には関係ないことだと思います

よ、と安心させるためである。実際に口座がなかったら、その照会書をさっと持ち帰る。持ち帰ることを彼らは「拾って帰る」と言う。おっとっと、こんなところにこんな紙が落ちているぞ、という調子である。

銀行に残しておけば、中才が内偵しているという情報だけでなく、松尾の名前の入った照会書まで本店に上げられたり、本人に通報されたりするからだ。だから、中才は可能な限り、照会書は拾って帰ることにしていた。

こんな刑事の道を中才に選ばせたのは、東京都府中市で起きた三億円強奪事件がきっかけだ。一九六八年一二月一〇日、白バイ警察官に変装した男が現金輸送車から約三億円を、誰にも怪我をさせずに鮮やかに奪取した事件である。

男は「車にダイナマイトが仕掛けてあるので、シートの下を見せてください」と言って行員らを避難させ、輸送車に乗り込んだ。そして怪盗ルパンのように消え去っている。その残された謎がまだ若かった中才に、捜査への憧れを抱かせた。

俺が謎解きをして犯人を捕まえてやる、と。

だが、現実の知能犯捜査には、刑事ドラマのような華やかな舞台は用意されていなかった。殺人や三億円強奪事件のように注目もされず、今日も明日も空しく石つぶてを投げ、地を這うような積み重ねが続くばかりである。

伝票に続くパンティやマンションの一件があって、中才は松尾克俊という役人に強い興味を持つようになっていた。松尾が九州・沖縄サミット準備事務局次長でもあり、最初に浮上した浅川とは違って、汚職の立件に十分な職務権限を持っていたことがその前提にあるが、同じ高卒の公務員でありながら、中才たちとは全く異なる人生を歩む男に引き付けられるものを感じている。それは義憤と人間的興味の入り混じった感情である。

そして、三十年間も捜査に携わった者に与えられる直感が、松尾は只者ではないということを漠然と伝えていた。

業者たちの話では、松尾は「影の局長」を自任しているのだという。それが本当であれば、よほどの自信家か、知られざる実力者ということになる。

この評判のもとになっているのは、七年前の一九九三年四月に松尾が省内研修資料として限定発行した小冊子の記述である。それは「翌檜《あすなろ》」と題する九十二ページのノンキャリア職員向けテキストで、

〈ベテラン外務事務官が若い初級職事務官向けに書いた外交官テキストが静かな人気を呼んでいる〉

と毎日新聞の夕刊に取り上げられたことで、省内外に知られることになった。

それ自体は真面目な作りである。まえがきにこう記していた。

〈翌檜は、深き山々に生き、最も大きくなるヒノキ科に属し、葉も大きく立派な樹木である。小さな「苗」の時は、弱々しく日影にあり、やがて一メートル位になると夏には少々の木漏れ日を浴びて成長する。五メートルの高さになれば枝や葉を広げ、周囲の木々と競い合って、やがて一人前の山木として育つ。そして杉や松にも勝って、その山の主のような偉大な「大樹」になる。（中略）

高校や大学を卒業し、それぞれの夢と希望そして信条を持って、外務省に入省されたⅢ種の事務官一人一人を〝翌檜の苗木〟とし、外務省組織の種々の分野を一つの山と喩えた。

私は、私自身の目を通して、夫々の翌檜の苗木が一生懸命努力し、樹木から、大樹として立派に成長していく姿を描いた〉

普通の研修資料とは違って、「翌檜」は読み物風で柔らかく、Ⅲ種職員の仕事の実情と要諦を丁寧に記しているところも内部の評価を高めた。役所に入ったばかりの新人事務官に始まり、女性秘書、在外勤務者、ベテランの課長補佐、企画官に至るまで複数の役職の人物を登場させ、その人物の成長を描いていく工夫も小冊子を読みやすくしている。

だが、「翌檜」が外務省出入り業者たちの目を引いたのは、記述のあちこちにノンキャリアの強い自尊心と本音がちりばめられていたからである。最終章の冒頭には、外務省を支えてきたのはエリートではない、という言葉がある。

〈官房（人事課、会計課、電信課、文書課等）及び領事移住部、各局等の専門分野（山）において、大樹がそびえ立っていた。その大樹は、エリートではなかった。むしろ、弱々しい苗木から大変苦労された方々であった。何処から見ても大樹は、時世人情に深く、二十年以上外務省Ⅲ種職員として、外交を縁の下より支えてきた誇りと自信に溢れていた〉

〈課長補佐〉の章も関心を集めた。松尾は「課長補佐になる入省十五年後ぐらいから、使われ上手から使い上手にスタンスを変える必要がある」と説き、その代表格として、ある課長補佐を例に挙げ、こう記していた。

〈官房事務に精通しており、特に予算事務においては、大蔵省主計局関係者からも一目置かれている実力№１であった。（中略）

当時、彼は「影の局長」と言われ、彼の承認なくして、「出張」や「予算執行」は出来なかった。彼は、局内の幹部、課長及び首席の人事等、省内の情報も一早く入手できる人脈を有していた。

彼は、現在中堅職員として地域局に勤務しているが、入省以来、在外勤務の経験は一度もなかった。

サミット、大葬の礼、即位の礼等、外務省の大きな事業には、必ず参画しており、彼抜きで大型ロジは考えられない程であった〉

一体、「影の局長」とは誰のことなのか。少なくとも、外務省にはノンキャリア職員がそう呼ぶような男が存在していた。それは在外勤務経験の少ない松尾自身を指している、と業者たちは受け止めていた。

それにしても、省内向けのテキストにも自由に筆を振るう松尾に対し、彼を追う刑事は仕事に比して給料も安いうえに、なんと窮屈な職業だろうか。階級と規則にがんじがらめに縛られている。

外泊の際には、休日であっても上司に届けを出さなくてはいけない。通勤ルートも申告しなければならない。そのルートを徒歩で行き、電車で通うのが原則だ。車やバイクは事故のもとだから基本的には許されない。妻の運転で駅に行くのも許されない。これまた事故に巻き込まれる可能性があるからだ。

近所との交流は、政治的中立の保持や、秘密保持の観点から好ましくないとされている。共産党員と親しくすることも原則として許されない。

記者たちとの接触も、それが刑事の情報収集目的でない限りは、ご法度だ。警視庁では、新聞記者の取材を受けた場合は、上司への報告義務が課されていた。その報告が面倒なので、中才は彼らと顔を合わせないことに決めていた。それでも住所を割り出して、強引に彼の家に押し掛けてくる記者がいるので、妻には「絶対にドアは開けるんじゃないぞ」と言い聞かせている。ところが、電柱のところに隠れて待ち受けている女性記者がいたり、近所にタオルのようなものを配って周りから懐柔策に出る記者もいたりする。

たまたま早く帰った夕方や土、日に急襲してくる記者もいた。これまた始末に負えない。記者たちはたいてい黒塗りのハイヤーかタクシーを使えるので、夜討ち朝駆けの取材など実は大した手間ではないのだ。

ピンポーン。中才家のインターホンが鳴り、警視庁クラブの記者が名乗りを上げる。古い門扉は開けっ放しだから、四段の石段を上がって来て、「中才さーん」とドアをコンコンとノックするつわものもいる。

「誰だ？」

中才はたちまち不機嫌になる。相手が誰か確認するために、彼はカメラ付きインターホンを購入したのだ。

「あ、この前も来た記者さんよ。名刺を置いて行ったもの。どうする？」

「対応するなよ」

「はい、はい」

「ドアを開けるな」

それで、恵子は「もう！」とテレビを切って腰を上げ、

「どちらさまですか？　主人はおりません。失礼いたします」

恥ずかしい思いでインターホンを切らなければならない。そして、しばらく息をひそめるのである。野球のチケットを置いて行った記者もいて、中才は「こんなものいらない」と記者クラブにまで返しに行った。夫婦ともども愚直な生き方を求められている。生来、田舎育ちで人懐っこい質なのだ。だが、規律の鋳型の中で、個性や隣人との交遊の自由を奪われていた。

これに対し、業者の話では、追われる松尾のほうは、公務員らしからぬ放埒《ほうらつ》な生き方を楽しんでいた。

「能力のある者に賄賂は集まる」と二課の刑事たちは言う。

松尾は仕事においても、女性関係においても能力が高いのだろうか。それとも外務省という外向きに開いた役所が不羈《ふき》奔放にさせているのか。それを確かめ、人間の裏面を知りたいという探究心も、中才のなかに働いていた。

松尾は終戦のちょうど一ヵ月前にあたる一九四五（昭和二〇）年七月一五日に、群馬県新田郡木崎町（現・太田市）で生まれている。戦後の混乱と食糧難の時代に育ち、小学生のころに朝鮮戦争やビキニの米水爆実験などが起きた「焼け跡・闇市世代」である。

祖父は曹洞宗の寺の住職だった。父親が上京して旧厚生省に勤め、九人きょうだいの三男である克俊は、神奈川県川崎市の公立小、中学校を卒業した。それから神奈川県立多摩高校を出て、国家公務員初級試験に合格し一九六四年に外務省に入省している。

古巣の外務省が腐敗していることを告げた廣瀬日出雄は一九四八（昭和二三）年入省だから、松尾はその十六年後輩ということになる。

一方、彼の過去を洗っている情報係の中才と中島は、一九四九（昭和二四）年生まれの団塊の世代である。第一次ベビーブームが起きた時代に生まれ、大教室、大集団の中でもまれ、激しい競争にさらされてきた。中才が通っていた中学校などは、同窓生が実に七百人、同学年のクラスが十四クラスもあった。そして、この世代の特徴の一つは保守的で、「仕事中毒」と言われるほど勤勉であることだった。

## 3　馬を追え

警視庁捜査二課の手法には、表もあれば裏もある。

ここで記すのは表沙汰にはできない捜査手法で、国税庁に問い合わせると、「ありえない」と答えるやり方だ。だが、現実には、警視庁捜査二課と東京国税局、あるいは税務署との間で頻繁に行われていた。

国税局ＯＢに言わせると、双方は「ひそやかな取引関係」にあった。東京国税局は捜査二課に調査官を出向させて情報のパイプを築いている。一方、捜査二課は大型詐欺や汚職など捜査でつかみ、課税対象になる事案を国税局に通報してきた。さらに、税務署員の不正を暴くような際に、事前に国税局監察官室に通知するような〝濃密な〟協力関係を築いている。

「それは人のつながりによる、ギブ&テイクなんだ」

と元国税幹部は言う。そんな東京国税局から、ある日、二課の情報係に情報が届いた。それは中才と中島がひそかに心待ちにしていたものだった。

中才らは松尾の税務申告内容を調べており、もたらされた情報はそれに関するものであった。ただし、国税職員は警察に対しても税務調査を通じて知り得た秘密を漏らしてはならないことになっており、情報は内々の〝捜査協力〟であったと思われる。

税務申告書類の精査は、国税当局だけでなく、捜査二課の刑事がしばしば活用する裏の捜査手法だ。刑事たちもまた、確定申告書類に捜査対象者の収入や副業、そして資産が現れるということを知っていた。中才たちは基本に忠実な追跡者でもあった。

もし松尾が源泉徴収をされている、ただの給与生活者であれば、確定申告の必要はない。その場合は、国税局に保存されている資料にも、松尾が外務省から受け取った給与額のみが記載されているだけで、追跡の手掛かりは得られない。だが、給与以外に二〇万円を超える副業収入があり、あるいは不動産所得や利子所得があれば、彼には税務署へ確定申告する義務が生じる。国税局にも、その申告内容と資産内容が残されているはずだった。

そして、松尾がもし給与を含めて二〇〇〇万円を超える所得者であった場合は、税務署に申告した上で、その申告書類に「財産及び債務の明細書」を添付しなければならなかった。この明細書には、保有不動産の住所とその価額、現金と預貯金の金額、保有有価証券類の種類と価額、貸付金、貴金属、出資金やゴルフ会員権の価額などを記載する義務があった。

当時はこの明細書に虚偽記載をしても罰則はなかったが、一般納税者は税務署の調査を恐れて、ひどいでたらめは書かないものだった。

中才たちが入手した「情報」がどんな形のものだったかは明らかではないが、彼らがこのとき、松尾の申告内容を正確につかんだことは間違いない。

国税関係者の話を総合すると、松尾の所得は次のような内容になっていた。

一九九七、九八年分は給与所得だけしか申告がなく、一九九九年分の所得について確定申告記録が残っていた。この年の彼の給与所得は一一八七万円余で、「財産及び債務の明細書」を添付しなければならない金額ではなかった。ところが、一九九九年分には、給与所得に加えて、一六一七万六〇〇〇円の「雑所得」が申告され、（特別区競馬組合）と付記されていた。

これは競走馬の賞金であることを意味した。馬券の払戻金ではなく、自分の持ち馬を走らせて得た賞金である。さらに、松尾はこの年、賞金による雑所得が一六一七万円余に上る一方で、厩舎《きゅうしゃ》に払う預託料や馬の飼葉料など四六四五万円余の「必要経費」がかかったとして、この経費と相殺し、給与所得と合算した金額はマイナス一八四〇万円と申告していた。

つまり、松尾が「雑所得」として申告すべき税額はゼロとなっていたのだった。

国税局からは、松尾の所有する競走馬についても情報がもたらされていた。松尾はこの競走馬を彼の「資産」として申告しており、国税局の文書にはその馬の名前と所属競馬場名、馬の購入月日がおおよそ次のように記されていた。

アケミボタン（大井）　一九九七年一〇月購入
サウンドオブパワー（大井）　一九九八年一月購入
サウンドオブタンゴ（大井）　同
シャダイフラワー（大井）　一九九八年五月購入
サウンドオブワルツ（川崎）　一九九八年六月購入
サウンドオブキング（大井）　同
サウンドオブダンス（大井）　同
サウンドオブサンバ（川崎）　一九九八年八月購入
サウンドオブルンバ（大井）　同
アケミダリア（大井）　同
アケミタンポポ（大井）　一九九八年九月購入
サウンドオブマンボ（大井）　同

大井とあるのは、東京都品川区勝島にある大井競馬場、川崎は神奈川県川崎市の川崎競馬場のことで、いずれも地方競馬場である。

「この馬は何だ。官舎住まいの公務員が十二頭の馬主なのか」

外務省室長の異様な相貌を、中才は垣間見たような気がした。それは官舎の物干しで見た下着よりもはるかに鮮明な形を取っていた。

アケミボタン、アケミダリア、アケミタンポポは、いずれも牝馬《ひんば》で、そのメス馬にいずれも「アケミ」という冠名が付いている。記憶をたぐっていた中才の脳裏に女性の名前が浮かび上がってきた。

――この競走馬の名前は、マンションの登記にあったアケミじゃないか？　きっとそうだ！自分の牝馬に愛人の名前を付けたんだな。

マンションと競走馬が「アケミ」という細い一本の線でつながり、その愛人へ資金を注ぐ松尾の顔が見えてきた。

馬の購入時期は、要人外国訪問支援室長に就いて四年後の一九九七年から九八年に集中している。支援室長の仕事を知り尽くしたころだ。問題は、マンションや競走馬を次々と買うカネがどこにあったか、ということだ。

そもそも馬主とは富裕層の象徴のはずだ。簡単になれるものなのか？

そう考えたときに、センセイの顔が浮かんだ。捜査のきっかけをもたらした元自民党総務会長の水野清である。

――水野先生なら何か知っているだろう。

彼がかつて地盤とした下総地方は、競走馬の産地である。生地の千葉県成田市には、皇室の乗用馬や輓用馬《ばんよう》を産出した宮内庁下総御料牧場や有名なシンボリ牧場があり、近辺にも競走馬を育成する牧場が数多くあった。中でも、シンボリ牧場は、その名前を冠したシンボリルドルフが皐月賞、日本ダービー（東京優駿）、菊花賞の三冠を史上初の無敗で達成し、その後も有馬記念などのＧＩレースを制し「七冠馬」と称されている。


水野は中才が事務所を訪れると機嫌が良い。不思議な男だし、面白い話を持ってくるからだ。その日は、

「例の外務省の話ですがね、松尾という役人がいまして、何と競走馬を持っているんですよ」

と切り出して、水野を驚かせた。

「それもね、一頭や二頭じゃないんだ。大井や川崎の競馬場に十何頭も持っているんですよ」

「ほう、これは何かあるね」

中才は思わずタメ口になった。

「センセイ、競走馬を一頭飼うっていうのは毎月、どれくらいカネがかかるのかね？」

「あれはね、自分で飼うんじゃないんだよ。馬を買ってどこかの厩舎に預けるんだよ」

水野は「おーい！」と秘書に指示して、馬主協会や競馬会の知人に電話をつながせた。相手が出るまでに、田中角栄が東京馬主協会の会長だったことがあるとか、馬主の集まりは意外に集票には役立つのだとかを、ひとくさり話した。

「要するに、馬を飼ってる連中かなんかに選挙に協力してもらうんだよ。僕の支援者にそんな人たちがいてね」

そう言っているうちに電話がつながり、電話の向こうの相手に向かって挨拶もそこそこ、ちょっと教えてほしいんだよ、と話し始めた。

「競走馬を飼うのに費用はどれくらいかかるものかね」

質問は直截《ちょくせつ》だが、相手は政界から引退して馬主にでも興味を抱いたと思ったのか、丁寧に教えてくれているようであった。

うんうん、と受け答えをしていた水野はやがて受話器を置くと、中才に告げた。

「一頭につき少なくとも毎年三〇〇万円、いい馬になると五〇〇万円はかかるそうだ。その松尾という役人が十何頭も持っているんだったら、五〇〇〇万円ぐらいはかかるということだな。下っ端の役人が出せる金額じゃないな。その松尾と言ったかな、何者だろうかね」

そんな公務員がいたことに、情報をもたらした水野自身も興奮している。いつもなら、はしゃいで見せるところだが、思いついたように中才に言った。

「この件だけどな、河野君が外務大臣のときは勘弁してやってくれよ」

当時の外相は、河野派を率いた河野洋平である。水野は河野と当選同期で親しくしていた。もしその役人を摘発するのなら、河野が外相を辞めてからにしてもらいたい、というのである。政界を引退している水野が、それによって得をするわけでもなく、武士の情けだな、と付け加えた。

だが、刑事たちが走り始めたら止まらないこともわかっていた。

中才は「はい、はい」と生返事をしたが、言葉とは裏腹に急がなければならない、と思っていた。まずは東京の品川区勝島にある大井競馬場に通って、裏取りをしなければならない。

競馬場前の駅を降りると、馬と乾いた飼葉の懐かしい匂いが鼻をついた。カモメが高く風に乗っている。東京湾が近いのだ。京浜運河沿いを走る東京モノレールの窓からも、中才は海鳥が軽やかに舞うのを見た。

大井競馬場はハイセイコーを世に送り出した地方競馬場だ。バクチを打たない中才も、歌にまで唄われた怪物競走馬と大井の名前ぐらいは知っていた。それは、彼や中島が警視庁巡査を拝命し、警察学校で訓練を受けていたころだ。鹿毛のこの馬は、大井競馬場から中央競馬へ移籍し、破竹の連勝で空前の競馬ブームを巻き起こしていた。

それから、競馬界では武豊とオグリキャップが第二次競馬ブームを起こし、今は外務省の室長までが十数頭の馬主になれる時代だ。

「誰でも馬主になれるのかね」

「地方競馬場は年間所得が五〇〇〇万円以上であれば馬主になれるんですよ。刑事さんもなれますよ」

大井競馬場の一角にはモスグリーンに塗られた馬主会館があって、その三階に東京都馬主会の事務局があった。事務局長は、馬主会創立当時からここに勤めていたという気さくな女性である。中才は「捜査の参考に」という名目で通った。馬主の資格や経費などについて少しずつ聞いていたのだ。

「俺はちょっと無理だな、馬主なんか。カネがないもの」

「何のこと？　中才さんもお給料をもらっているでしょう」

「競馬なんてやったこともないんだよ」

するると、競馬を知らないんだったら、ボックス買いすればいいよ、と追い打ちをかけてくる。「ボックス」は選んだ馬（枠）の組み合わせを一度にすべて買う買い方で、カネはかかるが、当たる確率は高くなる。

「だめだよ。刑事が仕事に来て、こんなことやっちゃだめなんだよ」

「いいから、ちょっとやってよ」

そして、「俺がここに来たことは誰にも言わないで。誤解されるからさ」と逃げ帰ろうとすると、彼女はこう付け加えるのだった。

「競馬はやるといいよ。楽しいから、やっていきなさい」

だが、実際のところ中才は競馬を知らないどころか、馬券の買い方すらわからなかったのである。松尾を追いかけている最中に一〇〇円馬券を買ってちょっと楽しむ、ということも何となく嫌だった。だから、松尾の馬を見、馬主会事務局の聴取を終えると、喧騒のパドックの脇を抜けて、唸り昂ぶり心張り詰めた人の群れを縫って帰っていった。背中で馬券予想屋の濁声を聞いていた。

しかし、そこでしか仕入れることができない情報が確かにあったのだ。

松尾は競馬場を訪れると、馬主会事務局で馬主席チケットを受け取っており、その記録が残っていたからである。馬主は「部外者の入室禁ず」の看板のあるドアを通り、馬主席で観戦するのだった。

一九九九年の場合、松尾が大井競馬場にやってきたのは、いずれも自分の馬が出走した日で、それは次のようにすべて平日であった。彼は遊び人の顔も持つ男だったのである。

五月二七日（木）　アケミボタン（九着）
六月二五日（金）　サウンドオブパワー（五着）
七月六日（火）　サウンドオブパワー（三着）
七月二二日（木）　サウンドオブパワー（四着）

八月一三日（金）　アケミボタン（一着）
九月九日（木）　サウンドオブパワー（八着）
一二月三一日（金）　アケミダリア（九着）

松尾は同年一二月二一日には川崎競馬場を訪れていた。サウンドオブワルツとサウンドオブサンバが出走したが、いずれも六着と八着に終わっている。火曜日のことであった。

競走馬がレースで勝てば馬主には多額の賞金が入ってくる。重賞レースは現在、ジャパンカップや有馬記念を制すると、一着賞金が三億円、日本ダービーが二億円、という具合だ。地方競馬でも大井競馬場の東京大賞典と開催地持ち回りのＪＢＣクラシックは一着が八〇〇〇万円で、その八割が馬主に配分される。

一着でなくても八着程度までなら賞金は入ってくるのだが、この年、松尾の馬は前述の八月一三日第八レース（ひまわり特別）と一一月二四日の第三レース以外は勝つことができず、飼葉料や多額の管理経費がかさんで湯水のようにカネが流れ出ていた。

中才は競馬場に通い始めて、スポーツ紙の競馬予想欄や競馬予想専門紙に注目するようになった。そこに「松尾克俊」の名前があったからだ。

スポーツ紙や専門誌には「馬柱《うまばしら》」と呼ばれる競馬予想欄があり、ここにレースに出走する馬名や騎手名、血統、成績、「◎○▲△×」の予想印とともに、馬主のフルネームが記されていた。例えば、日刊スポーツを見ると、大井競馬の一九九八年一〇月二六日、九八年一二月五日、九九年七月四日、二〇〇〇年四月一四日、同年五月一二日の予想欄には、「馬主」として松尾の名前が登場していた。

つまり、松尾は十数頭の馬主である自分の名前を天下に晒していたのである。地方競馬好きなら松尾の名前に見覚えがあってもおかしくはなかった。

一九九八年一〇月二六日の場合は、第九レース「サフラン特別」が開催されており、アケミボタンが六枠で、隣の七枠には東京都知事選に初出馬する直前の舛添要一（落選、十五年後の知事選で当選）が飼っていたドリームファイターが出走していた。「馬柱」には、馬主の松尾と舛添の名前が並び掲載されている。ちなみに、レースは、舛添のドリームファイターが二着、アケミボタンはあえなく五着に終わっている。

――出入り業者や外務省で噂になっていたはずだ。高をくくっていたのだろうか。

松尾の堂々とした姿は、中才が不思議に思うほどであった。

## 4　あった！

その日も中才は一人だった。

銀行のある虎ノ門の周辺を歩き回っていた。松尾の馬を追う一方で、不審なカネの入りをつかみたかったのである。

ツキは、その虎ノ門交差点のそばで待っていた。警視庁から歩いて七、八分。文部省（現・文部科学省）の斜め前だ。そこにハートのマークの第一勧業銀行虎ノ門支店はあった。

通称「一勧《いちかん》」の支店長は別室に中才を招き入れて、彼から示された捜査照会書を読み、出て行った。しばらくして戻ってくると、「該当名義の口座は、ございます」と正直にその存在を認めた。

松尾克俊名義の口座があるというのだ。しかも、二つ。一つは口座番号〈１７９７６２８〉の普通預金、もう一つは口座番号〈６３８６００６〉の定期預金である。

中才の鼻っ面に、初めからそれはぶら下がっていたのだった。第一勧銀の支店は、生活口座を見つけた東京三菱銀行虎ノ門支店の道路を隔てたところにあった。

第一勧銀でもその内容を開示させるには、二つの口座番号を記載した新たな捜査照会書が必要になる。逸《はや》る心を抑えるように、「私が来たことは漏らさないでください」と言った。

その言葉は支店長の警戒心を煽る結果になった。

「改めてお尋ねしますが、どんなことでいらっしゃったのですか」

と支店長は慇懃《いんぎん》に尋ね、支店長の立場を強調した。

「ご承知でしょうが、こうしたものが来たら上にあげなくてはいけないんです。警察からの捜査照会書は本店に伝えなければいけませんので……」

「いや、まだ何がどうということではないんですよ」

中才はごまかして、捜査のことは内密に願えないかと繰り返した。たぶん、報告は上がるのだろう、だが、念押しして捜査照会書が社内稟議にかけられたり、内偵の話が支店内に広がらないようにしたりしておくのは大事なことだった。

翌日から、一勧支店の階上にある会議室が、中才の仕事場になった。

会議室には銀行の専用読み取り機が据えられていた。中才はそこで一人になり、教えられた通りに、二つの口座の出入金記録が入ったマイクロフィルムをかけた。口座は、松尾が外務省の要人外国訪問支援室長に就いた一九九三年一〇月に開設されていた。

中才は読み出してすぐに、口座の異様さに気付いた。桁違いの金額が入金されている。

数字を追い、眼鏡のレンズを拭いてからもう一度、顕微鏡を拡大したような読み取り機の画面を見つめた。今度は自分にだけ聞こえる声で、金額を数え直してみた。

――いち、じゅう、ひゃく、せん、まん、じゅうまん、ひゃくまん、せんまん、おく……

億？　億だって！

体に小さな震えが来た。

〈No.６３８６００６〉の定期預金口座は、一九九八年一二月末の残高が一億三七〇〇万一〇〇〇円もあったのである。

その前後八ヵ月間の入金を追ってみた。そこに銀行員がいたら、中才の訝《いぶか》し気な顔の中にギラギラと見開く眼を見ただろう。はっとするような金額が並んでいた。

九八年九月　現金入金一〇〇万円
同一〇月　現金入金二〇〇万円
同一一月　現金入金七〇〇万円
同一二月　現金入金二四〇〇万円
九九年一月　現金入金一九一〇万円
同　二月　普通預金から一八〇〇万円
同　三月　現金入金一〇〇万円
同　四月　現金入金二〇〇万円

定期預金は毎月、急激に膨らみ、一九九九年四月末残高は一億七三一〇万一〇〇〇円に達していた。サラリーマンが蓄えたにしては信じがたい金額だ。マンションやあの競争馬の購入資金もここから出たり入ったりしているのだろうか？
普通預金の入金額や残高は、刑事の昏《くら》い疑念をさらに膨らませた。数千万円単位の現金がこの八ヵ月間、毎月のように振り込まれている。松尾の馬はレースにほとんど勝ったことがなく、その賞金にしてはあまりに多すぎた。

九八年九月　現金入金三一〇〇万円
同一〇月　入金なし
同一一月　現金入金二三〇〇万円
同一二月　現金入金五六〇〇万円
九九年一月　入金なし
同　二月　入金なし
同　三月　現金入金六〇〇万円
同　四月　現金入金二五四五万九〇〇〇円

とうとう見つけた。

中才は夢の中にいるような気持ちになった。

ただ、はしゃぐには早すぎる。銀行口座の金額があまりに多額であることが逆に、恐れに似た不審の念を起こさせていた。出入り業者たちの情報では、提供されたものは金券が多いはずで、換金しても数百万程度のはずだ。こんな多額の賄賂金があり得るのだろうか。

二つの口座の出入金記録を押さえ、たまたま目に入った八ヵ月間だけでなく、もっと幅広い期間を分析をすることが必要だ。行員に口座記録をコピーしてもらって、捜査二課に急いで戻った。中島を見つけるなり言い放った。

「あったよ。あった。あった！」

「ほんとか！」

嘆声と同時に中島は椅子から飛び上がった。細い目がぱっと開いている。

「虎ノ門の一勧にあった。見てくれ。俺が何回、確認したと思うよ」

その顔に松尾の出入金記録を突き付けた。

「中ちゃん、すごいものを見つけたな」

「すげえカネだ。俺、びびっちゃったんだから。だって俺一人でやってるんだもんな。震えが来たよ」

途切れ途切れに小声で言った。目を輝かせたまま、中島は口座記録を調べた。

しばらく蒸し暑い沈黙が部屋を覆った。よくもまあ、こんなものを見つけたものだ。一人の捜査員として嫉妬すら感じるほどのカネである。中島も数字を見つめていた。

「何だろうな、これ」

「うん、何のカネだろう？」

オウム返しに言った。見たこともない金額のうえ、カネの出入りが不規則で、推理しようにも言葉が思いつかないのだ。

「なっ、ありえない金額だろう。賄賂にしては多すぎるけど……」

そう言う中才をとりあえず慰労したいところだが、彼は下戸なので物足りない気持ちが残った。興奮が去ると、満ち足りていた中島の胸に、係長としての猜疑心《さいぎしん》と惑いが戻ってきた。やはりカネが多すぎるのだ。俺の相棒は大変なものを見つけてしまったのではないか。

不可解としか言いようがない。例えば、一九九八年一二月一一日の入金である。それはどんなに想像をめぐらしても中島には理解できなかった。

師走のその日、普通預金口座に五六〇〇万円、定期預金口座に二四〇〇万円が入金されているのだ。一日で合計八〇〇〇万円。しかも、それは現金でドンと一勧虎ノ門支店に持ち込まれている。

一万円札の重さは約一グラムだから、八〇〇〇万円といえば八キロ。五百ミリリットル入りのペットボトル十六本分の重さの現ナマを抱えて、松尾は来店したことになる。

「あのお客様は、たいてい現金を風呂敷包みに入れて来店されていたようです」

と支店幹部は証言したという。この八〇〇〇万円のときも風呂敷包みだったのかどうかはわからないが、中年の真面目そうな男が毎月のように、現金を抱えて支店に現れるのだ。極めて特殊な顧客であり、支店がごく普通の窓口対応で済ませるとは思えなかった。

――支店長たちは松尾の秘密を知っているのではないか？　いやこれはヤバいカネだ。これだけのカネを個人で入金する不自然さに、銀行員たちが気付かなかったわけがない。

しかも、持ち込まれた札束には、金融機関の帯封が付いていなかったという。つまり、松尾はわざわざ札束の帯封を破って、裸の現金を持ち込んでいる。

三菱重工業が絡む談合恐喝事件の項でも触れたが、一〇〇万円の札束には帯封が巻かれ、そこに銀行の本支店名と結束した日付が印字されている。それで紙幣の出所がわかるのだが、松尾の持ち込む札束にはその帯封がないため、出金した金融機関を追跡できないのだった。

いつも桜田門の本部庁舎に待機している中島だが、翌日、あえて一勧虎ノ門支店に出かけて行った。支店長は不在だった。彼は副支店長を呼んで、厳しい口調で口止めした。

「我々が調べていることを絶対に漏らさないようにお願いします。もし何かあったらお教えしますから。恥はかかせませんよ」

「はい」と副支店長は返事したが、その言葉を中島は必ずしも信じているわけではなかった。

――警察の口止めなんか、銀行員は屁のカッパなんだ。むこうも組織で動いているんだからな。

中島は支店の幹部だけでなく、松尾という外務省室長が抱える得体のしれない大金の存在は、第一勧銀本店の中枢に報告されている、と考えていた。支店長一人の胸に納めていられる金額ではないのだ。

それだけに、今ただちに内偵情報が漏れたり、騒がれたりすると困るのである。口を酸っぱくして口止めをしておかねばならなかった。銀行側にも隠していたという弱みがあるはずだから、下手に騒いで外務省に通報することはできないだろうと、中島は考えていた。だから、彼は一言だけ付け加えた。

「この話が広がると、おたくも困ることになりますよ」


一勧虎ノ門支店の口座を見つけても、中才の銀行回りは終わらなかった。これだけの金額を動かしている人間の裏口座が一つであるはずがない、と彼は考えていた。

——それはたぶん、第一勧銀の口座のあった虎ノ門周辺に置いてあるのではないか。

自分が競走馬の馬主であることを隠さないのもそうだが、松尾はたぶん極めて大胆で、かつ力を過信している男なのだ。

その推理は間もなく中才自身によって裏付けられた。

松尾は、第一勧銀や東京三菱銀行虎ノ門支店の他に、住友銀行虎ノ門支店、富士銀行虎ノ門支店、そして富士銀行駒込支店にそれぞれ自分名義の個人口座を持っていた。そして、一度、一勧支店に入った現金が他の四つの口座に流れているのだった。

そうしてみると、カネの本流はやはり一勧口座であり、松尾という外務官僚が蓄財している謎を解くカギはこの支店が握っているようだった。

# 第四章
# 情報係とナンバー

# 1　二つの情報組織

警視庁捜査二課情報係のほかに、この一勧虎ノ門支店の口座に気付いた情報組織が二つあった。

一つは東京国税局査察部情報部門、もう一つは同じ東京国税局の課税第一部資料調査第一課情報班の面々である。

査察部——通称「マルサ」は国税犯則取締法に基づいた強制調査権限を持ち、家宅捜索などで脱税容疑が裏付けられれば検察庁に告発する組織だ。このマルサ組織は大別すると、情報収集や内偵調査を専門にする「情報部門」と、そこが内偵した情報をもとに強制調査に乗り出す「実施部門」の二つに分かれている。

中才よりも早く、最初に一勧虎ノ門支店の口座に気付いたのは、この査察部情報部門の査察官だった。残された内部資料によると、査察官が松尾の口座情報に接したのは一九九九年四月以前である。中才は文字通り〝足〟で稼いで口座に辿り着いたのだが、マルサの情報部門はそれより一年以上も早く、偶然に見つけていた。

ところがその情報は、東京国税局の実施部門や別の部署には引き継がれず、国税庁首脳に報告されることもなかった。簡単に言えば、検察庁への告発、逮捕へと至る脱税事件にはならない、と判断されたのである。情報は死蔵されてしまった。

その事情は、次に記す東京国税局資料調査第一課情報班の事例によく似ている。資料調査課は「リョウチョウ（料調）」、あるいは「ミニマルサ」と呼ばれ、第一線の税務署の手に余る、複雑な案件や社会的影響の大きな事件を担当している。

その中には、政治家、宗教法人、財界人、芸能人、スポーツ選手といった著名人、超富裕層が含まれている。資料調査課には、査察部のような強制調査権限は与えられていないものの、政財官界などの膨大な税務情報を管理し、査察部が摘発できなかった案件も巧みに、時には強引に税務調査を実施して処理する国税の特殊調査部門である。


それは、中才が口座を発見した数ヵ月後のことであった。

別の税務調査で第一勧銀虎ノ門支店を訪れていた資料調査第一課情報班の調査官の一人が、

「これは何ですか」

と言い出した。調査官は出入金記録が入ったマイクロフィルムや出入金伝票を調べていた。マイクロフィルムには、いくつもの口座の帳票データがまとめて書き込まれている。追跡している口座の周辺にたまたまそれがあった。同じマイクロフィルムの中にある別の口座を調べる行為を、調査官たちは「横目《よこめ》」と呼んでいる。調査対象外の口座を横目で見るからだ。

そうして偶然に発見したのが松尾の預金口座であった。前述のマルサの査察官が一年以上前に、口座を見つけたのもこの手法である。

国税局の調査官や査察官はそれぞれ独自に調査部門を持ち、情報を蓄積している。その多くは「連絡箋《せん》」や「資料箋」の形で他部署に持ち込まれるが、リョウチョウの政治家事案の多くはその部署だけで厳重に管理されている。松尾の口座情報もそのようにマルサ情報部門の中で独自保存されていた。

その日、一勧虎ノ門支店を訪れていたリョウチョウの調査官は、勘の良い税務吏員であった。

松尾の口座は個人のものにしては現金入金が異常に多い。出入りは不定期で、それが何年も続いている。どうもおかしい、所得隠しではないか、という疑念を調査官はまず抱いた。

たまたま見つけた僥倖《ぎょうこう》を結果につなげる。国税の世界では「事績につなげる」と言うのだが、何の情報も与えられていない段階で動物的な勘が働く調査官がおり、そうした調査官が税務署から選抜されて国税局の主要な部門に配置されている。勘が働かない人間は税務署で経験を積み、勘を研いでいくしかないとされている。

その調査官は、国税組織で必要とされる資質を十分に備えていた。すぐに支店幹部との間でこんなやり取りに発展したという。

「こちらの口座の方は何をやっている人ですか?」

「いま、おたくがお調べになっている方とは無関係なものだと思いますが……」

「いや、関係があるかどうか、それはわかりませんよ。関係がないかどうかを調べさせてください」

資料調査課の調査は、税法の質問調査権に基づくものだが、調査範囲は無制限というわけではない。税務調査官たちは、国税局長か税務署長の押印のある「金融機関の預貯金等の調査証（金融機関調査証）」を示したうえで、その調査証に記された調査対象者の預金情報について調べることができるだけである。

それは警視庁の中才たちが「捜査関係事項照会書」を示して、銀行調査を行うのと同様に、法的な拘束を受けながら行うべきことである。

しかし、国税調査官たちは「ピンとくるものがあれば、それが不正の端緒だから、徹底的に、かつ、しらみつぶしに調べよ」と上司から教えられている。だから、国税局では「横目」の作業が当たり前のように行われてきた。

二〇一三年に大ヒットしたテレビドラマ『半沢直樹』の第二話で、「国税局査察部統括官」の黒崎が半沢の東京中央銀行に乗り込むシーンがあった。

片岡愛之助が扮した、この「オカマの国税」は、部下に「2658300番から26583 70番の個人口座の資料を提出せよ」と命じさせて、銀行側に入金伝票を提出させようとする。半沢たちも追っている、ある社長の口座を洗い出そうとしたのだ。

このドラマの「オカマの国税」は、実は社長口座を狙いながら、その狙いをはっきりと見せないように複数の口座資料を提出させせようとしている。こうした手法や「横目」の作業は、国税調査官が上司、先輩から受け継いだ伝統芸である。

さて、一勧虎ノ門支店では、支店幹部が調査官の追及の前に、渋々とこの口座の名義人の連絡先が、外務省であることを漏らしてしまった。そのため、松尾なる男が外務省の室長であることがたちどころに判明し、十人のリョウチョウ情報班はにわかに色めき立った。

「お客様の秘密は話せません」と頑張ることもできたのだろうが、応じなければ、銀行ぐるみで資金を隠そうとしているのではないか、と突っ込まれる。

「そのトラブルを恐れたのだ」と当時の国税関係者は言う。

資料調査課や査察部は定期的に銀行を回って情報収集を続けている。二課の刑事が銀行にとって「一見《いちげん》さん」ならば、リョウチョウの調査官は「常連客」なのだった。

また、銀行側にすると、過去、自分たちが何度も脱税事件の舞台にもなり、特に第一勧銀は一九九七年の総会屋への利益供与事件や翌年の接待汚職で摘発されたという負い目もあったであろう。

当時の東京国税局課税第一部資料調査第一課長は、劔地《つるぎち》一雄という切れ者だった。北海道天塩《てしお》高校卒で、一九六四年に札幌国税局に入った叩き上げである。資料調査第一課長の後、東京国税局課税部のすべての情報部門を統合して課税総括課を組織し、やがて熊本国税局長などを務めている。ノンキャリアとしては最も出世した一人だ。

情報班から報告を聞いた劔地の指示は明快だった。

「気になる点があるのなら、精度を上げて確認しろ」

ただし、松尾の口座を集中調査することがわからないように、と付け加えた。一勧虎ノ門支店に「全部の松尾の口座を見せろ」と露骨に求めれば、その意図が松尾や外務省に漏れてしまう恐れがある。

劔地の指示を受けて、リョウチョウ情報班は、マルサの情報部門が行ったように、松尾の預金を徹底的に復元して追及することにした。復元とは伝票や口座記録をもとに、詳細な出入金記録を組み立てることである。


ここに、国税当局によって復元された松尾の口座記録がある。

別表1（157ページ）はその一部で一九九六年四月から九九年四月までの口座を分析したものだ。

〈№.1797628〉の普通預金口座を見ると、この三年一ヵ月の間に、彼は総額四億三六三六万九〇〇〇円（①）を振り込み、四億二八五万九〇〇〇円（②）を現金やクレジット決済などで引き出していた。

入金の特徴の第一は、現金入金が異常に多いことである。現金入金の推移（③）は、

九六年（四月から一二月）　七九六五万円
九七年　八〇七一万四〇〇〇円
九八年　一億五〇〇三万八〇〇〇円
九九年（一月から四月）　三一四五万九〇〇〇円

毎年平均して一億一〇〇〇万円もの現金入金があった。同じ期間に、銀行振り込みによる入金が一七〇〇万円余、定期預金からこの普通預金に振り替えられた分が約七〇〇〇万円あるが、入金の七八％は彼自身が現金を持参したものだ。

最大の疑問は、なぜ現金だったのかということである。

証券会社などから振り込まれた形跡がないから、それは運用資金ではない。相続や贈与で得た資金でもない。過去、松尾からそんな税務申告はなかったし、遺産が何年も断続的に入ってくるということなどあり得ない。

——松尾という役人は、現金入金によってカネの出所を秘匿しようとしているのだ。

国税局の調査官ならだれでもそう考える。

銀行振り込みであれば、たとえ仮名を使われても振り込み先を遡ることで、振り込んだ人物の特定は可能だ。だが、入金が現金であれば、そこでぷっつりと手掛かりは消えてしまう。

現金入金の多さは〈№６３８６００６〉の定期預金にも見られる。定期預金残高の半分近く

## 別表1：松尾克俊名義預金の推移（第一勧業銀行／虎ノ門支店）

○普通預金（No. 1797628）　　単位：千円

| | | 96年 | 97年 | 98年 | 99年 | 合　計 | |
|---|---|---|---|---|---|---|---|
| 入金額 | 96年3月末繰越残高 | 7,415 | | | | 7,415 | |
| | 現金入金 | 79,650 | 80,714 | 150,038 | 31,459 | 341,861 | ③ |
| | 振込入金 | 15,157 | 647 | 738 | 500 | 17,042 | |
| | 定期預金より振替 | 31,401 | 1,747 | 32,903 | 4,000 | 70,051 | |
| | 合　　計 | 133,623 | 83,108 | 183,679 | 35,959 | 436,369 | ① |
| 出金額 | 現金出金 | 5,739 | 40,781 | 55,293 | 39,078 | 140,891 | |
| | 振込出金 | 11,395 | 3,704 | 6,001 | 189 | 21,289 | |
| | クレジットカード決済 | 34,939 | 47,482 | 44,468 | 34,095 | 160,984 | |
| | 生活関連支払 | — | 11 | 20 | 664 | 695 | |
| | 定期預金へ | 56,000 | 3,000 | 2,000 | 18,000 | 79,000 | |
| | 合　　計 | 108,073 | 94,978 | 107,782 | 92,026 | 402,859 | ② |
| 残　　高 | | 25,548 | 13,677 | 89,574 | 33,506 | | |

○定期預金（No. 6386006）　　単位：千円

| | | 96年 | 97年 | 98年 | 99年 | 合　計 |
|---|---|---|---|---|---|---|
| 増加額 | 96年3月末繰越残高 | | | | | 80,000 |
| | 現金入金 | 5,110 | 1,000 | 51,000 | 22,100 | 79,210 |
| | 普通預金より振込入金 | 56,000 | 3,000 | 2,000 | 18,000 | 79,000 |
| | 利息 | 1,401 | 1,778 | 1,761 | — | 4,940 |
| | 合　　計 | 62,511 | 5,778 | 54,761 | 40,100 | 163,150 |
| 普通預金へ振替出金 | | 31,401 | 1,747 | 32,903 | 4,000 | 70,051 |
| 残　　高 | | 111,110 | 115,141 | 137,001 | 173,101 ④ | |

注　普通預金、定期預金とも1996年4月以降1999年4月までの預金推移である

はやはり現金で持ち込まれていた。

こうしたカネは一体、何に使われてきたのだろうか。

興味深いのは、生活関連とみられる支払いが総額六九万五〇〇〇円しかないことである。これが警視庁の中才たちを戸惑わせた点でもあった。

逆に際立っているのがクレジットカード決済で、カード決済に費やした金額は多い月には三〇〇〇万円を超え、三年一ヵ月間に総額一億六〇九八万四〇〇〇円に達している。これは出金の四割にあたる額である。

現金での出金も、全体の三四%を占める一億四〇八九万一〇〇〇円に上っていた。現金で第一勧銀に持ち込み、クレジットか、現金で使うというパターンだということがわかってくる。

また出金額のうち七九〇〇万円は定期預金に付け替わっている。このため、定期預金額の残高は約五〇〇〇万円の利息を含めて、一億七三一〇万円（④）に達していた。

たっぷりと蓄財もしていたのだ。


ところが、資料調査一課情報班はその後、ぴたりと動きを止めた。マルサの情報部門が一年以上も前に手を引いて、その後の動きを見守ったように――。

名前が同じ「情報」を冠した組織であっても、国税局の二つの組織と警視庁捜査二課の情報係では動きも対照的であった。

大井や川崎の競馬場を回り、千代田区、中央区、港区、文京区の銀行をくまなく調べ歩く警視庁の情報係は、松尾名義の預金の中に賄賂が隠れていると睨んでいる。「業者と癒着している」という最初の情報が中才の耳に残っていて、これは汚職だという疑惑が脳裏を離れなかった。彼らの捜査手法は国税組織と違って一直線で、触れてはいけない外務省のカネだ、という意識は全くなかった。

これに対し、東京国税局の調査官や査察官たちは、汚職疑惑を知らず、手探り状態であった。そして、彼らなりに疑問を抱いていた。

「これは外務省のカネではないか」

という声が、口座を精査した調査官たちの間から出ていたのだった。マルサの調査部門の査察官も「脱税事件にはなじまないカネだ」という意識が強かったという。事情を知る元国税庁幹部はこう証言する。

「サラリーマンではあり得ない大変な金額だった。マルサも外務省の資金を組織的に管理している口座ではないかと見ていたのですよ。マルサもリョウチョウも税金の問題にはならないだろうと思って静観していた」

「外務省のカネ」という推測は、松尾が総理外遊時のロジスティクス業務を担当する要人外国訪問支援室長だったところからきている。わかりやすく言えば、サミットや首相の外国訪問の裏方のすべてを仕切り、一行の旅費から宿泊費、土産代まで膨大な資金を差配するポストだ。

わけのわからない多額のカネが松尾個人の口座に流れている事実はあまりに不自然だが、それが何か「わけありのカネ」であれば、調査は極めて慎重に、かつ冷静に進めなければならない――政財官界の税務調査に手慣れた彼らはそう考えたのだった。

また、国税局幹部の頭の片隅に、国税庁という大蔵省外局の役所が、同じ霞が関の外務省室長を追及することに対するためらいもあったのであろう。

「中央省庁のテリトリー(縄張り)にもかかわることだから、調査を慎重にやるのは当然ですよ。強引に調査をやれば、必ずしっぺ返しを受けますから」

と元国税局幹部の一人は言う。リョウチョウが静観していた理由がもう一つある。彼らは警視庁が松尾の口座を追及していることを知っていた。

「警視庁が銀行側に出した捜査照会書の内容から、その動きはこちらに筒抜けでした」と国税庁の元幹部は言う。対する中才も国税局が着目していることに気がついている。「国税局が入って調べていたが、どうもそれをつぶしてしまった。おかしくなったところに俺が入っているのではないか」と思っていた。そんな国税側の動きを中才に漏らしたのも銀行だった。

捜査機関と競合したとき、一歩引くのはたいてい国税局の側である。前出の元国税庁幹部によると、リョウチョウの動きを止めさせて見守っていたという。

「税金よりも刑事事件のほうが優先しますから。もし、捜査しているのが汚職事件であれば、なおさら様子を見るしかない。汚職で得た資金は課税しません。警察が立件すれば、その賄賂資金は後で国に没収されるからです。これまで賄賂金まで追徴課税できたのは、ロッキード事件の田中角栄だけですね」

時には、国税よりも後で情報を入手した、警察という〝トンビ〟に油揚げをさらわれることもあるが、そんなとき、古手の国税幹部は若手にこう説明するという。

「国税という組織はあくまでも徴税官庁であり、捜査権を振りかざして正義を実現する役所ではない。自分たちの正義は、徴税を通して密やかに実現されればいいのだ」

また、国税側にはこんな計算もあった。

「捜査が終了した後に追徴課税をしたとしても遅くはない。贈収賄事件の時効は収賄行為で五年、贈賄行為は三年しかない。これに対し、国税の追徴課税の時効は単純な申告漏れでも五年、所得隠しが含まれていれば七年もある。こちらが功名心を捨てて潜行していれば、捜査当局が国税局の知らないことまで突き止めてくれる」

熟柿が落ちるのを待っていればいいのである。

だが、警視庁の中島政司は、国税局が自分たちよりも先に核心をつかんでいたことを信じなかった。本格的に捜査が始まったころ、

「係長！　どうも国税局は先に松尾のことを知っていたようですよ」

ご注進に及んだ部下がいたが、とたんに「それ、嘘だ！」と言い放った。

「あれはな、誰よりも先に中才が取ってきたネタなんだよ。うちから情報が漏れてるんじゃないか。一番の核心部分を知っていたなら、なぜ国税局が手を出さないんだよ。外務省は大蔵省の目の上のたんこぶのような役所じゃないか。本当に知っていたら連中もやるよ。そんな嘘つくなって。ふざけんじゃないよ」

そう言って、いつまでも息巻いていた。

## 2　窓口係

東京郊外の広大な丘を切り開いた学園都市の一角に、桜の木を配した公園があって、そこから向かいの中層マンション群と新住民の暮らしがよく見えた。

真新しい分譲マンションは淡い黄緑にサーモンピンクとベージュを配した、暖色系の柔らかな色合いである。この一角のマンション群はどこも三階か四階建ての造りで、エレベーターはなかった。背広姿の男や学生たちは次々と内階段を駆け下りてきては、足早にバス停のある大通りに向かって消えていく。

慌ただしい通勤風景が広がっている。やがて、公園の隣にある大きな幼稚園から、その日の始まりを告げる高いオルガンの音と子供たちの歌声が流れてきた。

通勤の波がおさまったころ、駅へ向かう通勤者の群れから逆行する二人の男が現れた。一人はまだ若く、その脇の気難しそうな男に顎で使われている。

男たちはニュータウンに着くと、マンションの壁に記された番号を見やった。視線の先に四階建てマンションがあった。周囲を見渡すと、男たちは迷いなくマンションの階段を上がり、いきなりインターホンを押した。

「警視庁の中才と言いますが、お尋ねしたいことがあります」

小さな声だった。中才の連れは情報係の巡査部長である。

「はい」という女性の声に続いて、ドアが小さく開いた。警察手帳を示すと、女性は怪訝《けげん》そうに、何でしょうか、と問うた。

「外務省の松尾克俊さんのことです。第一勧銀にお勤めのころに、松尾さんの担当をされていましたね。ご迷惑はおかけしませんので、お話を聞かせてください」

女性の顔がたちまち曇った。言葉を失っている。突然、やってきた風采の上がらぬ私服刑事が、かつて付き合った男の名前を持ち出してきた。

人は気が動転すると本性がむき出しになる。そこに突然の訪問の意味があった。

彼女はドアを閉めて問い質そうとするのか。青筋立てて怒り出すか。それとも夫が出てくるか――。

中才たちは夫の出勤を確認するようなことをしなかった。夫の顔や特徴も知らなかったのだ。まさか階段の下やマンションの出口で、夫の出勤を見張っているわけにはいかなかった。

幸い夫は出勤した後だった。そんな時間を選び、夫に内緒で事を運ぼうとしていたのだが、万一、夫が部屋の中にいても仕方ないと中才は思っていた。うろうろしていると、不審者として所轄の警察や交番に通報され、騒ぎになりかねない。潜行捜査を心がけている刑事として、あってはならないことだった。

女性は警戒心を忘れて棒立ちである。後ろで火が付いたように子供が泣き始めた。子育ての最中なのだ。面倒なことになりそうだった。

ぎゃあぎゃあと、赤子は叫んでいる。だが、刑事たちは委細構わず、上がり込んで話し始めた。彼女が秘事を抱えていることを中才は見抜いている。

彼女は第一勧銀虎ノ門支店の窓口係であった。数年前に結婚をして銀行を辞め、今は都心から離れたこのマンションに住んでいる。

支店では松尾の担当を務め、可愛がられていた。五年ほど前のことになる。まだ二十五歳だった。松尾担当になったのは上司の指示である。きっかけは、一九九五年ごろ、外務省要人外国訪問支援室長を名乗る人物から支店に電話がかかってきたことだった。

「外務省の松尾です」

と言った。彼は支店幹部が応答に出ると、彼女の名前を挙げて続けた。

「いつも取引をお願いしているのですが、おたくの窓口にいる彼女はとても仕事が早く、接客も良いので当方は助かっています。ぜひ、褒めてやってください」

外務省の上客から言われて銀行側は喜んだ。それから彼女は「松尾番」になり、お気に入りの行員となった。

それだけならば、この日、中才が自宅にまでやってくるわけがない。

中才はこの虎ノ門支店の別室に腰を据えて松尾の口座の流れを解析しているうちに、妙なことに気付いたのである。松尾の普通預金口座にあった四〇〇〇万円が引き出され、同日、彼女の口座に四〇〇〇万円が入金されていたのだった。

それは支店の出入金伝票を繰り、松尾の口座から出たカネの行方を一つずつ追っていたときのことだった。

当時はまだパソコンを使って経理処理する前で、手書きの伝票を使っていた。現金出金の際には「青伝《あおでん》」と呼ぶ青色の出金伝票を、現金入金の場合は「赤伝《あかでん》」と呼ぶ赤色の入金伝票に、それぞれ取り扱った行員が数字を書き込み、担当者印を押して処理していた。

松尾の四〇〇〇万円はいつものように「青伝」で担当の彼女が出金していた。その四〇〇〇万円の受け口はどこなのか？

四〇〇〇万円が松尾の定期口座に振り込まれた可能性もあるため、中才はその日に処理された支店の入金伝票（赤伝）を支店別室に持ってこさせ、一枚一枚繰って調べた。

すると、その中から同額の四〇〇〇万円が入金処理された赤伝が見つかった。その伝票は彼女が処理したもので、しかも振り込まれた先は彼女が虎ノ門支店に持つ口座であった。カネに色はついていないが、松尾の四〇〇万円を彼女が引き出し、自分の口座に入れた、と考えるのが自然だ。

後で調べてみると、この日、松尾は総理に同行して外遊をしている。つまり、松尾が銀行で出入金できない日である。

――彼女が横領したのか。それなら松尾の印鑑や通帳はどうしたのか。カネは彼女に贈られたものなのか。それとも借金ということなのか。

「松尾さんの口座からあなたの口座に大金が入っていますね。どういうことですか」

「…………」

肩の細い、十人並みの容貌。目の前にいるのはどこにでもいそうな女である。震えているようにも見えた。

「わかっているんだよ」

と目を見据えると、彼女は意を決したように口を開いた。

「あのとき、四〇〇万円ぐらいでしたか、『自分のカネの中から四〇〇万円おろしていいよ』と松尾さんが言うので、松尾さんのおカネの中から使ったのは事実です」

「松尾の口座を管理したからといって、それを使うのは行員としてはおかしいじゃないか」

中才が指摘すると、女は小さな声で抗った。

「あげるって言われたんです」

異常な空気を察知したのか、子供はいっこうに泣き止まなかった。

おい、と中才は指示した。若い巡査部長が子供を抱き上げた。その部下を見て、中才は思っている。

——こいつはまだ、捜査のイロハも知らない。お茶くみだ。これから現場を踏んでいくんだ。

誰にでも始まりはある。二課の刑事も、第一線の警察や機動捜査隊など他の部署から抜擢されて四階の末席を占める。そして、班の誰よりも早く出勤して掃除し、お茶くみをするのだ。課内で班員だけの小さな飲み会があればビールとコップを用意し、酒の肴を用意する。そこから仕事は始まる。そうして鍛えられ、次のお茶くみがやってくるのを待つのである。まさか、赤子の世話までさせられるとは思っていなかっただろうが。

子守をする刑事のそばで、母親はポツリポツリと話し始めた。

「松尾さんはすべて現金でおカネを持って見えました。頻繁でした。現金はすべて新しいお札で、帯封を取ったばかりのもののようでした。それを風呂敷に包んで持って来られました。帯封も付いてないのでどこからのおカネかはわかりません」

「もらったカネはどうしたの？」

中才はすでに、彼女の口座をほぼ解析していた。あの四〇〇万円が証券会社に振り込まれ、大手食品会社の株が彼女の名義で購入されていたこともつかんでいる。それでも使途の確認は必要だった。

『株を買いなさいよ、マルハかどこかの株を。僕のカネの中から』と言われていました。親しくさせていただいて、四、五〇万円の漆器をもらいました」

この刑事は話を聞いているのか、と錯覚させるほどにさりげなく、中才は淡々と聞いていった。

「その漆器はすぐに返します」

と、女は付け加えた。

「いいよ、そんなもの！」

中才は追いつめないように言葉をかけた。

「それで来たんじゃないんだ」

この段階であまり厳しく追及すると、事故につながりかねない。容疑者だけでなく、彼らを取り巻く参考人までが時に信じられない行動に出たりする。少なくともこの日、松尾が大金を自由に使い、その一部を彼女に与えたことがはっきりした。松尾を聴取する材料がまた一つ揃ったのだ。

汚職事件は組織人の暗部も照らし出す。そして、事件に手を染めた人の地位や職業、名誉、さらに希望までも奪っていく。あまりに激しく追及したために、被疑者や関係者が悲観し、時には抗議の意味を込めて、聴取直後や帰宅後に自殺を図った事例がいくつもある。その多くは表に出ていない。

そんな悲劇を防ぐために、捜査員は取り調べ後に関係者を車で自宅へ送り届けたり、家族に言い含めたり、ひそかに自宅近くに捜査用車両を配置したりしている。自宅近くに潜む車の中では捜査員が万一に備えて徹夜で待機していたりする。

そうした経験や悲劇を味わって、捜査二課のお茶くみは一人前の刑事になっていく。


中才はそれから何度か、彼女の事情聴取をした。彼女は事件のカギを握る人物だった。そのうち一度は中島政司とともに訪れている。中島は係長として、松尾がどんな男なのかを、彼女を通じて勘を取っておきたかったのである。

普通は、情報係がある程度、事件を固めると、「ナンバー」と呼ぶ摘発担当に取り調べを任せることになっている。しかし、捜査に例外は付き物で、もし、松尾を事前に聴取するようなことになれば、外務省室長という立場に見合う、係長の自分が取り調べることになるだろう。

――中ちゃんは刑事生命を賭けて情報を取ってきた。その詰めに近い段階に来て絶対に失敗はできない。

そんな気持ちもあった。

中島の訪問は中才よりも慎重で、彼女の夫が出勤するのを見届け、「じゃあ、そろそろ行こうか」とそばにいた中才に声をかけている。

部屋のインターホンを押して、捜査二課の刑事であることを告げると、すんなりとドアは開いた。蒼ざめた女が立っていた。中島が口を開いた。

「わかっていますよね。これは事件ですが、おたくの家庭は壊したくない。ご主人は一時間前に出たよね。それまで見届けてここに来たんだ。気を遣っているんですよ」

「…………」

「約束は守ります。私たちはできるだけのことをする。だから、正直に教えてください。でも、あなたが約束を破るならば保証はしませんよ」

中島はそう告げた後、彼女を見据えた。

「あなたの口座に入ったカネのことで確認したいんです。事情があるならば穏便に済ませますよ。刑事事件にあなたをすることは考えていません。盗んだ、横領した、ということであればそうはいきませんが」

「ふざけないで」

という小さな声が漏れた。精一杯の抵抗だったのだろう。

「では、どうしたんですか？　突っ張っても、銀行で調べればわかるんだからね」

長い沈黙があった。

「調べますよ」

中島が言うと、彼女は中才に言った言葉を繰り返した。

「松尾さんが使っていい、と言うので……」

「松尾さんの印鑑や通帳はどうしたの」

「私が預かっていました」

預金者の印鑑や通帳を特別な理由なしに行員が預かることは許されない。内規違反を犯したうえに、無断で松尾のカネを流用していれば業務上横領罪に問われる。中島自身も、彼女の横領を疑った時期もあったのだ。だが、大金の贈与について松尾が了解していれば、別の話になる。

今回のことは旦那さんにも他言無用ですよ、と言った後、言葉を継いだ。

「松尾さんとは特別な関係だったんだね」

彼女が頷いた。

野卑に聞こえないように中島は努めた。それも聞きたかったことだ。松尾を取り調べで落とすとき、こうした男女の機微や弱点を押さえているかどうかが、取り調べの成否を分ける。調べ官はそこまで知っているのか、と容疑者に思わせることが大事なのだ。中島は「特別な関係」という曖昧な言葉をさらに詰めて、二人の間柄を明確にすることを忘れなかった。

「体の関係があったんだね」

はい、と彼女が声を絞り出すまで、中島はじっと待った。

「いつごろから」

「平成七（一九九五）年の六月ごろから……」

平成七年といえば、松尾が第一勧銀虎ノ門支店幹部に電話をかけてきて、彼女の対応が良い、と褒め上げた年だ。この電話を契機に彼女は松尾担当になった。あの電話は彼女を落とす手練だったのだろうか。だとすれば、松尾はなかなかの色事師だったことになる。彼女は松尾よりも二十五歳近く年下である。親子ほども歳が離れている。

「どのくらい付き合ったの？」

「一年ほどです」

たぶん、結婚前のほんの一時期、松尾のような大金を持つ官僚と知り合って馴れ合い、過ちを犯しただけなのだ。彼女の顔色はひどく悪かった。

## 3　女たち

中島や中才が彼女を責めなかったのは、他にも理由がある。

窓口係は松尾が付き合った愛人の一人にすぎなかったのである。しかも、その交際期間は一年ほどで、彼女に続いてアケミと付き合い、同棲していた。

中才たちは戸籍や住民登録をたどり、業者や愛人たちの証言を手繰りながら、女性たちの家を一人ひとり尋ね歩いて行った。それは憂鬱な仕事ではあった。

女性の過去を掘り返すのは、刑事にも難しい。心の痛みを突かれると人間は感情的になる。だが、その時々、松尾はどんな生活を送り、どれほどの資産があったのか、何をプレゼントされ、業者との交遊はあったのか――。それを解いていく中から、流用疑惑の真相が少しずつ浮かび上がってくる。

女の人にはなるべく嫌な思いをさせたくないな、と中島は考えている。中島は第一勧銀の元窓口係の自宅で聴取したときも、わずか一時間ほどで引き揚げていた。

松尾の夫婦生活は複雑であった。彼は二度、結婚に失敗し、前述のように三人目の妻とも別居中だった。

最初の結婚は、松尾が二十四歳の一九七〇年のことで、一つ年上の女性との間に二人の子供をもうけたが、結婚から十年後に協議離婚をした。その一年四ヵ月後、今度は七歳年下の妻をめとった。この二番目の妻とは一九八五年六月に離婚している。それから半年後に三度目の結婚をした。一回り年下の相手であった。その妻とも離婚協議を進めていて、妻は訪れた中才たちに向かって、

「もう忘れたいんです」

にべもなかった。松尾からもらったおカネはありませんでしたか、と優しく問うても、もらってません、と頑なだった。説得しようとしても殻にこもり、本音を聞くことはできなかっ

た。

しかし、犬のように歩けば、刑事は棒に当たるものだ。

二番目の妻を訪ねたときのことである。彼女はかつての夫の一面を淡々と語った。

「私は昭和五六（一九八二）年七月に結婚しました。松尾は七つ年上だったのですが、新婚旅行で泊まったホテルや観光タクシーの代金は、業者の人が負担してくれました」

「ふーん、どこの業者だったの？」

すかさず中才が尋ねた。

「それは知りません」

二人の結婚生活は四年で破局を迎えている。彼女と協議離婚をしたころ、松尾は間もなく四十歳という働き盛りである。国際経済第一課に所属し、翌一九八六年春にはサミット開催準備事務局の併任発令を受けた。

「他にも、松尾さんは業者から何かもらったりしていたのかな」

「はい、昭和六〇年ごろですが、タクシー会社の営業マンの方からゴルフ接待を受けていました。自宅にお見えになって、手土産のようなものを置いて行かれたこともありました」

十分とは言えないが、身近にいた妻の証言だけに言葉には重みがあった。松尾はやはり接待を受けたり、贈答品を受け取ったりする質なのである。それは彼を警視庁に呼び出すときの材料の一つになるはずだった。

「いい話だね、係長」
帰りながら、中才は小さな声で言った。
「松尾は（賄賂を）食ってしまう男なんだ。もらってしまう質なんだね」
中島がうん、とつぶやいた。

そうして聞き歩くうちに、松尾が銀行員や看護師以外に、若いキャビンアテンダントや外務省職員らと付き合っていたことがわかってきた。呆れるほどのモテようだったのである。松尾が三度目の結婚生活の中にあった一九八九年以降を取っても、交際した女性の数は八人を下らなかった。

その後の捜査二課の調べを交えて記すと、最初の愛人A子は、十六歳年下で、妻と別居する前の一九八九年に知り合っている。次のB子は十九歳年下で、全日空の元キャビンアテンダントであった。A子と別れて九三年から同棲したが、翌年初めには別れ話が出た。C子とは九三年末に出会い、松尾の子を堕胎したという噂もあったが、九五年八月に別れている。C子と交際中に、松尾はD子と半年間に五回も旅行している。

一九九五年から約一年間付き合ったのが、第一勧業銀行の窓口係だったE子である。そのE子と別れて七ヵ月後に知り合ったのがF子、つまりアケミである。警視庁の調べによると、アケミと知り合ったのは一九九七年二月。松尾とアケミは翌年末に一緒に住み始めたが、二〇〇

○年七月に同棲を終了している。

実は、アケミと同棲する直前の九八年一一月から、松尾にはもう一人の女性がいた。その七人目のG子は外務省職員であった。アケミより十歳若く、松尾とは二十九歳差だった。ただし、アケミやG子ともほぼ同時期に別れたという。

最後のH子とは二〇〇〇年一月頃に知り合い、松尾が逮捕される二〇〇一年三月まで交際が続いた。この最後の女性は松尾が「局長の紹介だから」などという口実を付け、外務省のアルバイトとして雇わせたという。松尾より二十七歳年下である。

愛情のかたちは人それぞれだが、妻帯の身だった松尾は、毎日が不倫というありさまだったことになる。彼の部下たちは、松尾の近辺に絶えず女がいることを不思議に思っていた。その一人が言う。

「肉体的な欠陥を言うわけではないですが、松尾さんは斜眼だし、とっつきにくいし、酒も飲めませんでした。ビールで乾杯するときもコップ五分の一ぐらいで真っ赤になるくらいでね。それでも女のいる店が好きで飲みに行くんですよ。赤坂とか六本木とかに、私も連れて行ってもらいました。ただマメではあって、温かく女性を見守っているような雰囲気を作っていた。なんでこんないい女が松尾さんにころっといっちゃうんだろうと思っていましたよ。もっと金持ちでいい客がいくらでもいたんだろうにねえ」

部下たちは松尾の暗い相貌を直視しようとしなかった。松尾が愛人に四〇〇〇万円の小遣いをあげたり、総額一五〇〇万円相当のプレゼントをしたりしていることも知らなかった。別れる際に六〇〇万円をもらった女性もいたのである。

中才はいやな気がした。

カネで女を釣っている。女たらしじゃないか。松尾のような公務員がいることを知ったら、つましく暮らすわが妻は青筋立てて怒るだろう。

そろそろだな、と中島は考えていた。情報を手放す時期――つまり、松尾の周辺を洗う捜査から、彼自身を警視庁に呼んで疑惑を質す時期に来ている。

もともと、外務省ＯＢの証言から出発した捜査である。当初の「外務省の三悪人」をめぐる情報は、ひとまず松尾克俊の資金疑惑に絞られようとしていた。

中島は約八ヵ月間の情報を整理して、捜査二課長の樋口眞人に提出した。それは、松尾の接待情報から不可解な銀行口座を解析した資料、競走馬、女性交際に至るまで、中才と二人で集めた汗の記録である。

もちろん、松尾のすべてが把握できたわけではない。立件の目標としている汚職疑惑というには松尾の口座に入っているカネが巨額で、いまだに説明がつかないところがあった。また、核心はつかんだにしても、全部の口座を突き止めたわけでもなかった。この時点で中才たちがつかんだ銀行口座は普通預金が五つ、定期預金が三つ。実際には、松尾は十一の銀行に二十二の口座を持っていた。

# 4 「叩かせてください」

すでに記したことだが、警視庁捜査二課には明確な棲み分けがある。

情報係は汚職情報を収集し一定の裏付けを終えると、それ以降の逮捕、起訴までの捜査を、「ナンバー」と呼ばれる知能犯捜査グループに任せることになっている。つまり、不正の情報を掘り起こす班があり、一方にその事件をまとめあげて逮捕する班がある。捜査も分業なのだ。情報係の人間に言わせると、「結局、ナンバーに事件を食ってもらわなくちゃ、話にならないんだ」となる。

汚職捜査にあたる「ナンバー」の捜査グループは「第四知能犯」から「第六知能犯」の計九班に分かれているが、独自に情報を掘り起こして内偵しているグループもあり、情報係の捜査をどこのナンバーに引き継ぐのか、それを差配するのが二課長や補佐役の理事官の仕事だった。

情報係とナンバー。こうした棲み分けが行われるのは、情報係のように長期間、関係者に接触すると、捜査員に情のようなものが湧いてくるからである。

「被疑者を調べて、仲良くなっているとな、ガンガン取り調べができなくなるんだ。そいつに情が移って、まるで調べられないもんなんだよ」

中才の弁である。松尾の場合であれば、最初の情報提供者である廣瀬日出雄のような人物をあまり巻き込みたくない、という意識が中才たちにはある。

「情報とは情けに報いる、と書くんだ。報いようとしない刑事にはいい情報は取れない」

情報係の刑事は先輩からそう教えられてもいる。だが、情は冷静な捜査の邪魔になる。だから情報係が掘り起こした事件は、それまでの事情を知らない「ナンバー」に託して、冷徹に捜査を継続することになる。一からやり直す場合もある。

松尾の疑惑もそうした事情から、手の空いていた第四知能犯第二係が担当することになった。係長は中島の先輩にあたる人物である。

一ヵ月が過ぎ、二ヵ月が経った。本格的な捜査が開始された様子はなかった。

駆け足で慌ただしく季節が移り、秋が過ぎても、松尾ら関係者が警視庁から呼ばれた形跡はない。

「何やっているんだ、あいつらは」

「やる気があんのか」

二人はじりじりとしていた。

松尾をめぐる疑惑は、噂になって少しずつ霞が関の中に広がり始めている。捜査二課の刑事の中には、情報係が外務省について調べていることを記者たちに認める者が出始めていた。それは、良い情報とホシを中才たちに取られそうだ、という刑事独特の嫉妬の現れでもあった。

その情報をもとに、読売新聞の記者は松尾のマンションを訪ね、直接、疑惑について問いただしていた。もちろん、松尾は全面否定である。

——事件がつぶれりゃいい、と思っているのか。

中才はそうした記者の取材や外野の噂を無視していたが、警視庁詰めの記者が中才の自宅まで押し掛けて、「どうなっているのか」と尋ね始めた。そして、最初に情報をくれた元総理補佐官の水野清まで口を尖らせた。

「外務省の捜査は一体、どうなっているのかね。つぶれたらしいじゃないか。外務省にはメスは入れられないということか。なんだい、天下の警視庁がだらしないぞ」

そう皮肉られても、中才は事件をナンバーに任せていたし、彼の内偵捜査にもおのずと限界があった。

今回の場合は松尾の口座に流れ込んでいるカネの性格がわからず、その使い道も不明であることだった。馬やマンション代、遊興費に使ったとしても、口座から費消されている何千万円というカネについては十分に説明がつかなかった。松尾自身を聴取しない限り、真相には近づけなかった。

ヒントの一つは、クレジットカードが頻繁に使われていたことだ。松尾のクレジットカードで引き落とされた金額は、一九九六年四月から一九九九年四月までの三年一ヵ月間で一億六〇九八万円に上っている。その内訳は次の通りである。

一九九六年　三四九三万九〇〇〇円（四月―一二月）
一九九七年　四七四八万二〇〇〇円
一九九八年　四四四六万八〇〇〇円
一九九九年　三四〇九万五〇〇〇円（一月―四月末）

精査してみて、松尾がクレジットカードを使った時期と、総理の外遊時期がほぼ重なっていることに中島は気付いていた。

例えば、橋本龍太郎は総理だった一九九八年四月二日から五日まで英国を訪れていたが、松尾はそれに同行してクレジットカードを使っており、その翌月のカード決済額は一〇六四万三〇〇〇円に上っていた。翌九九年二月の決済は三〇〇九万九〇〇〇円。このとき、総理の小渕恵三はヨルダン国王の葬儀に参列していた。もちろん松尾が同行している。

クレジット会社に聞くと、使った先は海外の一流ホテルである。しかも一括でどんと数百万円単位のカネが落ちている。

「これはどういうことですかね」

クレジット会社に再度尋ねると、「それから先の事情はホテルに聞いてください」という回答が返って来た。

だが、ホテルは外務省との関係が深いだろうから、警察が簡単に聞くわけにもいかない。松尾の渡航履歴も詳細に調べたかったが、公用ビザで彼らは出国しているので、通常の記録とは違って外務省が管理していた。調べれば外務省に筒抜けになる。

「総理が動いたときのカネだ。宿泊費か外遊の資金に絡んで何か悪さをしているな」

中島はそう推理していた。ただ、それから先は、やはり本人か外務省に聞いてみなければわからないことだった。

捜査を託した第四知能犯第二係はそうした事情をわかっているはずだ。それなのに、なぜ腰をあげないのか。

中島はこう考えた。

――彼らも、ある程度の捜査はやったのだろう。俺たちよりも賢い奴らだから。ところが、どこかの段階で、松尾の口座に入っているカネは、外務省か、あるいはどこか手の届かないところの秘密の資金だということに気付いたのではないか。

「それで捜査を投げちゃったのだ。外務省や警察庁の上層部がそんな大事について俺たちの捜査を許すわけがないと決めつけているのだ」

外務省が捜査に協力するわけがないし、警察庁も捜査を認めないと、あきらめてしまったのではないか。そうでも考えなければ説明のつかない捜査の〝停滞〟である。

「だけど、そんな馬鹿なことがあっていいのか。捜査しなくていいということなんか、あるわけないよ」

中島から愚痴られた中才が言った。

「うちが取ったネタだから、あいつらは面白くないんだよ」

彼は四知二係の主任を連れて、二課の車で郊外のゴルフ場に向かったときのことを思い出した。松尾は関東近辺に三つのゴルフ会員権を持っていたうえ、要人外国訪問支援室長だった一九九六年七月から翌年にかけて双園ゴルフクラブ（栃木県）など四つの会員権を次々と購入していた。それらのゴルフ場に乗り込んで、松尾の購入状況を確認し、一緒にプレーした役人や業者を特定しようとしていた。汚職捜査の基本に立ち戻ろうとしている。

ところが、年下のこの主任には意欲が見えなかった。車の中で中才を横に置いて、「この事件は難しいですよ」と言い出し、

「どうせ、ダメなんでしょう」

本音をぽろりと漏らしてしまった。中才は激怒した。

「何だ、この野郎。やる気がないなら、ここで降りろ。降りて帰れ！」

そこは高速道路の上である。本当に放り出しかねない勢いだったから、怒鳴られた主任は、

「いや、そんなつもりじゃなかったんです。すいません」

平謝りだった。だが、行動を共にすると、彼らが解明に本腰ではないことがよくわかった。

そんなとき、中才は松尾の周辺で異変が起きていることをつかんだ。松尾の口座から大金が

消え、子供たちの口座に流れていたのである。

大金が流出したのは、第四知能犯第二係に本格捜査を託していた二〇〇〇年八月一八日のことだ。第一勧銀虎ノ門支店の松尾名義の口座から七五八〇万二五二〇円が払い戻された。当初、その現金の行方はわからなかったが、第一勧銀の真向かいにある東京三菱銀行虎ノ門支店で、中才が伝票を繰っているうちに謎が解けた。

東京三菱銀行虎ノ門支店には、松尾名義に加えて長女と長男名義の口座があった。長女と長男名義の口座は七五〇〇万円余が消える直前に開設され、まず一〇万円が振り込まれていた。続いて三ヵ月後の二〇〇〇年一一月一四日、二つの口座にそれぞれ二九九〇万円が振り込まれ、さらに同日、松尾の口座にも一五〇〇万円が入金されていた。

これらのカネをすべて足すと七五〇〇万円になる。第一勧銀から消えた金額にほぼ見合う。つまり、銀行間で移し替えられたのだ。それに気づいたとき、中才は直感的に感じた。

――松尾は俺たちの動きに気づいて、偽装工作を始めている！

たぶん、銀行あたりから捜査情報が漏れているのだろう。しかも、松尾は長女と長男に約三〇〇〇万円ずつを振り込む八日前の一一月六日に、妻と協議離婚し、離婚届を提出していた。ということは、銀行間で移し替え、長女と長男名義にした計六〇〇〇万円は、妻への慰謝料や子供への養育費だったのではないか。

だとしたら、そのカネは松尾の手を離れ、簡単に差し押さえることができない厄介なものになろうとしている――。

いずれにせよ、松尾は警視庁を出し抜こうとしているのだ。あるいは外務省も不祥事の隠蔽《いんぺい》に乗り出しているのかもしれない。

その疑念を裏付けるような話が二人の耳に入ってきた。松尾が翌二〇〇一年一月一五日付でフランス大使館の参事官として赴任する――という情報である。

松尾の後輩で経済局総務参事官室課長補佐の小林祐武はこのころ、松尾が自席の電話で、新聞記者と口論しているのを目撃している。

「俺は逃げも隠れもしねえ」

松尾は電話口で叫んでいた。ただ事ではない。その後に、彼は松尾の口から警察の内偵を受けていることを告白される。刑事の影が近づくのをひしひしと感じていたのだった。一二月に入って、小林は松尾と一緒に食事をしたが、見たこともないほど憔悴《しょうすい》しきっていた。

その姿を見た小林たちは隠蔽工作に出た。工作の裏側を小林は二〇〇四年に出版した懺悔録『私《ノンキャリア》とキャリアが外務省を腐らせました』（講談社）で明かしている。

〈松尾の犯罪行為にうすうす気づいていた私は、外務省の内情に詳しく、松尾のことをよく知り、私も世話になっている恩人に相談することにした。二人で話し合い、松尾を一刻も早く在外公館へ出して、捜査員の手の届かないところに隠すのが一番いいという結論に達した。

松尾にしろ、浅川にしろ、そしてYにしろ、もしも逮捕されるようなことになれば、ただでは済みそうにない。芋づる式に外務省の不祥事が暴《あば》かれる危険性があった。当然、長年カネの管理をしてきた私にも疑惑の目が向けられることになるだろう〉

小林は省内の誰よりも危機感を抱いている。「三悪人」の一人に数えられ、松尾と同じような行為に手を染めていたからである。

小林は以前から、外務省の会計担当の幹部に「松尾さんのやっていることは大丈夫でしょうか」と打ち明けていた。松尾は「師匠」でもあり、強面でばーっと話を持って行って事を全部収められる能吏だが、大雑把な性格でカネの扱いが下手だった。そのとばっちりを受けたくないという気持ちもあったのだろう。ところが、幹部は取り合わない。露骨に嫌な顔をして、

「いいからそれには触れるな。こっちに相談してくるなよ」

「何でですか」

「うちは言われたとおりにやってるんだから、松尾がカネをどう使おうが、とやかく言われても、俺は責任取れないし、そこは言うなよ」

そうして封印した犯罪がいま暴かれようとしていた。小林の懺悔録はこう続いている。

〈松尾はカネの計算ができる男ではなかったので、ひとたび捜査員に狙《ねら》われれば、尻尾《しっぽ》をつかまれるのは確実だった。それに比べれば、浅川は「緻密《ちみつ》な男」と評価されていた。「簡単にバレるようなことはやってないだろう」というのが私たちの認識だった。そうした事情から、浅川はともかく、松尾にはすぐにでも在外に出てもらいたいというのが、当時の私と恩人の偽ら

ざる本音だった。

「松尾は在外に出したほうがいい」

恩人は本省サイドにそうアドバイスした。相手はかつての事務次官・斉藤邦彦である。恩人によれば、このとき彼は、松尾が公金を流用している可能性があることを、それとなく匂わせたという〉

それでも、第四知能犯第二係は動かなかった。

このままだと松尾はフランスに逃げ、疑惑は闇に包まれてしまう。中島の上には管理官や理事官がいたが、その頭越しに、彼は捜査二課長の樋口の個室にいきなり行った。嚙みつくような声で、

「私たちに松尾を叩かせてください」

と直訴した。

課長直属の情報係長は直接報告したり、談判したりすることも許されていた。それ以上に、中島と中才にはもう待てないという焦りがあり、第四知能犯の係長ら先輩を敵に回すのもやむを得ないと思い詰めていた。大恥をかくかもしれないし、思い通りにはいかないのが警察組織の常だが、ここは勝負してみなければわからないではないか。

情報係が取り調べまで出張って捜査をするのは異例のことであった。しかも、一度、ナンバ

ーに託した事件を情報係で調べ、事情聴取することなど前代未聞の出来事である。樋口は腕組みをして考えていたが、
「やりますか」
と短く言った。参考人聴取を任せるというのだ。そして、詳細な報告書を提出するように命じた。中島は飛ぶように情報係に戻って中才を呼び、
「中ちゃん、頼むよ」
と笑いかけた。警視庁の元幹部によると、中才が三ページに及ぶ報告書を提出したのは、二〇〇〇年（平成一二年）一二月一二日火曜日のことである。一回目の報告と同様に、揃目の幸運の日を選んでいた。
この時点で、松尾が第一勧銀虎ノ門支店に持つ個人口座には、
普通預金　四三〇九万七九九五円
定期預金　九三一〇万一〇五九円
合計一億三六一九万九〇五四円が残っていた。東京三菱銀行の家族口座などに分散してもなお、これだけの残高があったのである。
中才と中島がついていたのは、課長の樋口が東大法学部卒のキャリア官僚にしては、芯の通った男だったことだ。

樋口は一九五七年に大阪で生まれているから、中才、中島の八つ年下だが、中学生のころから検察官か裁判官になりたいと思っていたという。好きな言葉を新聞記者から問われ、「素朴な正義感」と答えている。

樋口の警察庁入庁は、ホテルニュージャパン火災で三十三人が焼死した一九八二年。在学中に司法試験に合格していたが、合格前に内定していた警察庁に入った。徳島県警、大阪府警に続き、警視庁でも捜査二課長に就き、知能犯捜査には自信を持っていた。

このころはまだ不惑に差し掛かったところで、柔らかな関西なまりを発しながら刑事部屋の飲み会に交じってくるので、癖のある二課員にも好かれていた。

捜査二課の庶務のいる部屋と第四知能犯の部屋の壁には窓際に隙間があって、夜になると課長や理事官がそこから入ってくる。飲んでいる第四知能犯の係長がうるさがって「理事官以上は出入り禁止」と張り紙をし、しまいには段ボールを積んで隙間を塞いでしまった。それでも懲りずに、樋口はドアのほうからずんぐりむっくりとした姿を現すようになった。

叩き上げの二課刑事の中には「キャリアは捜査員の見張り役のようなものだ」と言う者もいる。「奴らはな、あれこれいちゃもんを付けて、できるだけ霞が関の汚職はやらせないようにしてるんだよ」と大真面目で語る捜査員は一人だけでない。警察庁入庁にしろ、外務省入省にしろ、エスタブリッシュメントに信頼を置いていないのである。樋口についても、「お坊ちゃん」と言う捜査員もいたが、同い年の女性警察官と結婚した異色の経歴もあって、警視庁内では好意的に受け入れられていた。

警察官僚らしい逸話も多かった。その一つは秘密保持について異常なほど気を配っていることで、二課の元係長によると、大事な情報はマスコミと接触の多い刑事部長には上げずに、警視総監に直接報告することもあったという。二課のある幹部は、樋口に報告したところ、「これはおっさん（刑事部長）のところには行かないから」と告げられている。

真偽不明の話もある。

あるとき、東京地検特捜部から検事の名簿をもらい、「こっちにも警視庁の名簿をくれ」と当然のように求められた。ところが「うちのは秘密だから」と渡さず、特捜部幹部を怒らせたという。二課長席の電話に録音機を付けさせ、着信電話と発信電話のすべてを録音していたと言われている。元幹部は「言った言わないのトラブルを避けたかったのだろう」と言い、別の係長は「慎重な人だったから、そんな話まで出来上がったのだろう」と一笑に付した。いずれにせよ、情報のガードが固い課長で、記者会見で記者の質問に「ノーコメント」を連発することも多く、マスコミの受けは悪く、敵も多かった。

そのように一風変わった樋口だから、情報係に賭けてみる気にもなったのであろう。

樋口は警視総監室に報告に行き、一二月一六日、一七日の土曜日と日曜日に、松尾を警視庁に呼ぶことを決めた。警視庁詰めの記者に見つかりにくい日を選んだのである。

取り調べに当たっては、警視総監だけでなく、警察庁長官の決裁も仰いでいる。その決裁書を見せてもらって中才は身の引き締まる思いがした。長官である田中節夫の判子が大きかったためだ。その印影が五〇〇円玉ほどの大きさに見えた。

「殺すんじゃないよ」

刑事部長あたりはそう言っているのだという。捜査二課の取り調べは峻烈を極める。松尾を聴取し、自殺などに追い込まないようにとの注意である。何しろ相手は外務省の室長であり、その闇の資金に手を突っ込もうとしていた。下手をすると犠牲者が出る。幹部がそんな不安を抱くのは当然のことだった。

# 第五章
# パンドラの箱

# 1　漏洩

中才の報告書が警察庁長官の決裁を得て、数日後のことである。

元内閣官房副長官で衆院議員の鈴木宗男の携帯電話が鳴った。彼は警視庁から一・四キロ離れた赤坂東急ホテル（現・赤坂エクセルホテル東急）の三階カフェの奥にいた。五、六人の政治部記者とビールを飲み、カレーを食べているところだった。鈴木によると、電話の主は、「警察庁を担当する政治家」で、鈴木にこう告げたという。

「いま、警視庁で外務省を内偵している。あなたは外務省を心配している人だから、これを伝えておきます」

そこにたまたま、外務省国際情報局分析第一課主任分析官の佐藤優（現・作家）が同席していた。鈴木はロシア人脈を持つ外交族だ。在ロシア日本国大使館に勤めていた佐藤は情報源でもあり、極めて親しい関係にあった。

電話を切った鈴木は佐藤にこう漏らした。

「外務省で大変なことが起きている。松尾の事件らしい。警察庁としてはこれを大きな事件にはしたくないようだ。同じ霞が関の中の話だから」

鈴木が外務官僚を、しかも佐藤とそれほど親しくない役人を呼び捨てにするのは珍しいことだったので、その後のやり取りを佐藤は鮮明に覚えている。

「松尾克俊さんのことですか」

「そうだ、松尾だ」

佐藤は意外だった。松尾がカネをめぐって不祥事を起こすと思っていたのは、ごく限られた人だった。松尾は外務省内で滅私奉公型の人間として有名で、私生活を犠牲にして、汚れ仕事を淡々と引き受けているという印象であった。

海外勤務になると、外務官僚の場合は、国内では考えられないほどの法外な手当が付いて、多くの職員が蓄財に充てていた。だが、松尾はワシントン勤務の際も、自分のカネを仕事に使ったり、部下たちにおごってやったりしていて、よもやあの人が、という評価であった。そもそもカネでおかしなことをする人間だと思っていたらカネはいじらせないものだ。

ところが、鈴木宗男は松尾について、そうした見方とは全く異なる評価をしている、数少ない例外だった。「鈴木という政治家はひねくれた見方をするな」と外務省の職員は見ていたのだ。もともと、鈴木はノンキャリアの実力者である松尾とそりが合わなかった。初めて会ったときに、

「センセイ、お土産でもあれば、私に言ってください。何とかします」

と挨拶されたのである。なんと生意気な奴だ、そうやって職員からトップにまでネットワークを広げているのだ、と勘のいい鈴木は思った。

一九九九年にヨルダンの国王が亡くなった際には、鈴木と松尾の間で小さな衝突があった。総理の小渕恵三が急遽、葬儀に出向くことになり、鈴木が「政府専用機を早く出せ」と言ったのに松尾が素直に応じなかった、と彼は言う。松尾は政府専用機の差配をしており、座る席まで彼が決めていた。政治家から横槍を入れられるのを嫌ったのだろうか。

それを思いだしたのか、鈴木は「あいつは挙動が不審なんだ」と漏らした後、この事件は、外務省が先手を打って、内部で松尾の処分をすれば止まる話だ、と言い出した。

「止められるものなんですかね」

佐藤の疑問に、はっきりと鈴木は答えた。

「これは止まるよ」

警視庁の現場の捜査を警察庁が抑えようとしているのだ、と佐藤は受け止めた。警視庁と警察庁とのその隙間に鈴木はうまく入ったな、とも思った。

中才たちが掘り起こした情報は、警察庁に上げて数日で政界に漏洩していたのだった。そして外務省に還流しようとしている。

「あんた、来いよ」

食事の後に声をかけられ、佐藤は鈴木の自宅についていった。二人だけになって、警察庁から漏れてきた話になった。

「さきほどのお話なんですけども、これは組織の上にあげたほうがいいっていう話ですか。あるいは、放っておいて松尾を殺してしまえ、ということですか」

「俺から（外務省の）阿部（知之官房長）に言っておくから、あんたは齋木に言ってくれ」

鈴木の言う齋木とは当時の外務省人事課長の齋木昭隆（後に外務事務次官）である。

佐藤は翌日午前十時過ぎに人事課に飛び込んで、前日の話を齋木に伝えた。

「実は昨夜、鈴木宗男さんが警察の幹部からある情報が寄せられた、という話をしていました。松尾克俊室長が相当額のカネを抜いているということです。このままだと摘発せざるを得ないんだけども、外務省が自発的に処分をするのだったら不問に付すと。それと、その場には鈴木さんの非常に親しい番記者たちがいたので、一部の記者は知っています。だから、裏を取られるとこれは字になるかもしれません。いずれにせよ、管理対応が必要になります」

「わかった。こちらでも調べてみる」

齋木は答えた。佐藤は「ちなみに」と一つ付け加えた。

「鈴木さんは自分から阿部官房長に伝えると言っていました」

鈴木がなぜ警察庁情報を外務省に伝えたのか。佐藤はこう推測した。

――松尾の個人犯罪であれば、仮にそこに居合わせた番記者が新聞に書いて、それで松尾が死のうがどうしようが、鈴木には関係ない。むしろそんな者は除去されても構わない。だけど、外務省を助けてやるっていうことや、一度恩を売っているんだ、ということを記者たちに可視化させるために、あの場で敢えて言ったのだろう。記者たちにわかるように言って、仮にこの事件が止まった場合は、自分が働きかけたことで、外務省に「貸しを一つ作ったんだぞ」っていうことを、インナーの番記者がわかるようにするという計算が働いていたのだろう。

鈴木宗男という特異な政治家は、無駄なことを絶対にしないのだ。計算ずくではないが、自然に計算ができる。本社に情報メモをあげるような新聞記者が交じっている場合は、あんな話はしない。だから、佐藤に言わせると、あのときに同席した記者たちは裏返せば、鈴木に平気でおごってもらっている記者たちだった。

一方の鈴木は官房長の阿部を呼び、「いま松尾を処分すれば個人の責任で終わる」という趣旨の話をした、と証言する。

松尾の個人犯罪だろう、と鈴木や佐藤は漠然と考えていた。松尾の仕切るサミット準備事務局は巨額の予算が付いており、基金なども集まっているという話だった。そのからくりはわからないが、潤沢にカネがあることを省内で知らぬ者はいなかった。

「あるいは、相当のプール金を持っているのかもしれない。いろんな手がある」

とも鈴木は漏らした。ところが、数日後、官房長は問題ありません、と鈴木に言ってきたという。

「松尾から事情を聴きました。おカネや馬もあるんですが、親からの遺産ということです」というのだ。調査をする気配は全く感じられなかった。

佐藤も気になっていたので後日、「あの松尾の話はどうなりましたか」と尋ねると、鈴木が不愉快そうに漏らした。

「阿部官房長から返事があった。阿部の奴は俺を相当軽く見てるな」

「どういうことですか」

「松尾には親の遺産が散々あるそうだ。『松尾はセンセイよりカネを持ってますよ』と言われたよ。お前、俺の貯金通帳を見たのか、と言い返した。まあ、そういうことだったらいいんだがな。松尾は直接事情を聴かれて、むっとしてたらしい。『人聞きの悪いことを言わないでください』と、そんな感じのトーンだったらしいよ」

もう警察の取り調べは始まっているのだろうか。そうだとしたら、松尾はそこまでのタヌキだろうか。そこまですっとぼけることができるのだろうか、と佐藤は考えていた。

松尾には問題はない、と言っていたのは官房長だけではない。「ミスター外務省」の国際協力事業団総裁・斉藤邦彦も依然、松尾をかばっている、と省内では受け取られていた。

斉藤は松尾の結婚式の仲人も務めたほどの親しい間柄である。小林祐武によると、彼らが事件隠蔽のため松尾を在外公館へ一刻も早く追い出そうとしたとき、斉藤は、「松尾はそんなことをする人間じゃない」という反応を示したのだという。

あのときがターニングポイントだった、と小林は思っている。外務省首脳が即座に対応していれば、松尾が犯していた犯罪は永遠に光が当たることはなかったのだ。

## 2 任意調べ

晴天の一二月一六日はクリスマスの直前だというのに、桜の咲く四月並みの陽気だった。最高気温は二十・二度。東京都葛飾区の荒川土手にはツクシが顔を出し、散歩する人々を驚かせた。

都民が朝刊を開き、小春日和の暖かさを実感するころ、三人の刑事を乗せた捜査二課の車が、文京区小石川五丁目の高級マンションの前に到着していた。

十二階に住む松尾克俊に任意出頭を求めに来たのである。「吸出《すいだ》し班」と呼ばれる役回りで、午前七時任意同行という段取りが狂うことのないよう、中島より拝命年次が四年先輩の小澤忠や、安部勇一、平山久というベテランの情報係――それもすべて主任を配していた。五十五歳になる小澤らは搬送者、同行者、運転手という役割をそれぞれ与えられている。

一方の中才と中島は薄明かりの中、新聞記者が張り込んでいないかどうかを確認し、それぞれ郊外の一軒家を出た。前日はいつもと同じように振る舞って帰宅している。目立つことをしたくなかった。昨日のようなワイシャツにネクタイ、暗い色の背広姿である。

若いころの中島は、JR田町駅に近い東京都港区の田町宿舎に住んでいた。上司の紹介で一九八一年に千葉県の最北の街に三十三坪の土地を買って二階建ての家を建てた。

実家は四つ違いの兄の息子が継いでいる。かつては四町歩の田を耕す、村では大きな稲作農家だったが、今は花卉《かき》栽培に切り替えている。雪深い新潟平野の真ん中だ。「闇将軍」と呼ばれた田中角栄に反旗を翻した元法相稲葉修の地盤である。

それは遠い過去の話だった。中才宗義がそうであるように、郷里とは遠く懐かしく思うところで、中島の帰るところは、捜査二課の小部屋と、妻の待つこの質素な家以外にはなかった。

家を出るとき、今日の長い一日を思って、小さく身震いをした。

――叩かせてくれと言い出したのは俺たちだ。それで自供を得られなければ、赤っ恥どころか、捜査二課にも居場所はなくなる。

普通なら主任の中才が被疑者を取り調べ、中島に報告する役割なのだが、松尾が外務省室長なので、「こちらもやはり警部クラスでないとまずいだろう」ということに自然になった。つまり、中島が調べ官、中才は立ち会いという役割分担である。

調べ室は警視庁の二階にある。土曜日の早朝なので物音ひとつしない。被疑者取調室に入るには入り口に留置所の〝番人〟がいて、鍵を開けないと入れない。部屋のすべてに窓がなく、あるのは調べ用の机とパイプ椅子、立ち会い用の小さなデスクと警察電話くらいだ。取調室には三メートルくらいの幅の目抜き通りがあり、二メートルほどの小道が何本も伸びている。裏通りにあたるような道もあり、まるで迷路のように入り組んでいて、初めての人はまず迷ってしまう。

目抜き通り沿いに調べ室を持たされるようになると、刑事の中では一流と言われる。「良いホシ」と呼ばれる重要な容疑者は、目抜き通りに構えた取調室で聴取を受けるものだ。

もし松尾が容疑者になるとすれば、それは目抜き通りのど真ん中の取調室になるだろう。が、万が一にもそれが濡れ衣であれば、二人はダメ刑事の烙印を押されることになる。

「これだけ騒いだんだから、何も出てこなかったら俺たちはクビだね。（警察庁）長官にまで報告が行っているんだから」

中才がつぶやいた。午前七時前に来て、参考人調べ室と情報係の部屋を行き来しながら松尾の到着を待っている。

中島は俯《うつむ》いたまま黙っていた。口には出さないが、彼は中才に嫉妬を覚えている。

――この大ネタを取ったのは中才だ。偉い奴だ。だが、俺だって刑事の端くれだ。何としても松尾を落としてみせるぞ。

中島は心に秘めるものがあり、軽口を叩く気にならなかった。

二人は捜査情報が警察庁から漏洩し、政界や外務省に流れていることを知らない。その情報をもとに松尾が外務省官房長から聴取を受け、疑惑を否定していることも知らなかった。

警視庁の取り調べのやり方は人それぞれだ。あらかじめ取調室で容疑者を待ち構える刑事もいれば、被疑者を取調室に座らせた後、部屋に入室する刑事もいる。中島は後者のタイプだった。

任意同行を求めたときに、被疑者がどんな表情で玄関口に出てきたのか、中島はいつもそれを聞いて取り調べに入った。そのとき、何をしゃべったのか、べらべらしゃべる奴なのか、身に覚えがないと否認したのか、それは刑事にとって、とても大事なことなのだ。

調べ官が吸出しに行くと、玄関先で調べ官の腹の中も見られてしまう。それを見せないように、捜査二課では吸出しの刑事と取り調べる刑事は別にしていた。

中島は今日も、吸出し班に松尾の様子を聞いてから取調室に入りたかった。任意同行を求めた瞬間から取り調べは始まっているのだった。松尾は弁護士を呼んだり、外務省に連絡したりすることもなく、淡々と同行に応じたという報告であった。

調べ室のスチール机には、十枚ほどのB４判のわら半紙と鉛筆が三本ほど転がっていた。

中島たちの目的は極めて明白だった。松尾に疑惑のカネについて自供を引き出したうえで、その主旨を上申書の形で書かせることであった。

供述を引き出した後の処置には二通りある。一つは供述調書を取ること、もう一つは捜査幹部に対する上申書を書かせる手法である。供述調書は取り調べにあたる刑事が容疑者らの供述に沿って書き、調書の末尾に容疑者の署名、捺印を求めるものだが、容疑者は一度落としたつもりでも、供述を翻すことがある。すると、新たな供述調書を取り直すことになり、前日の供述調書は信頼性が揺らぐことになる。

これに対して、上申書は容疑者本人が自筆で記すものなので、刑事が作成する供述調書よりも任意性が高いと言われている。中島たちは何としても松尾の上申書を取ろうと心に決めていた。

それは定型があるわけではない。白紙から本人が書き起こし、署名してもらう必要がある。用意されているわら半紙はその上申書のためである。鉛筆は書き直しがきくし、ボールペンで書かせるよりも任意性が高いと、古手の刑事たちには信じられていた。

立ち会いの中才はこの初日に、あまりメモは取るまいと思っていた。立ち会い刑事がいくら詳細にメモを取ったところで、松尾に上申書を書かせなければ半端仕事に終わってしまう。いずれにせよ、二日間で落とさなければ失敗を意味するのだ。

二人は手持ち資料を見せないように、それぞれ一冊のノートを手にしただけで部屋に入った。集めた証拠書類を示しながら調べを進める刑事もいるが、中島は手札を明かさないことにしている。資料を見せるといくらでも抗弁ができるからだ。理詰めで追うよりも、飄々《ひょうひょう》と尋ね、顔色を見ながら時折、意表を突く話をするのが得意だった。

捜査二課の取り調べが苛烈を極めることはすでに記した。自供を得るために、刑事が言葉の限りに罵ったり机を蹴ったりすることも珍しくはない。

「アホか、馬鹿か」「そんなわけねえだろう、この野郎！」「頭がおかしいんじゃねえか」

興奮し、怒鳴り続けていると声が嗄《か》れてくる。調べ室から出てきた刑事が平静であると、二課の古参刑事はこう言い放ったものだ。

「お前、声が嗄れてないぞ。落とす気があんのか」

だが、中島は机を叩かなくても落とせるかもしれないと思っていた。彼もまた、カネをもらった、もらわないと言い争ったあげく、役人に「ふざけんな、この野郎！」と声を嗄らしたときもある。だが、今度は松尾の口座を復元し、多額のカネの出入りをつかんでいる。

警視庁警部の名刺を取り出して、彼は低い声で言った。

「中島です。こちらは中才主任です。今日、来てもらったのは、松尾さん、あなたには理由がわかっていますね。今からあなたを取り調べます」

そして、松尾には黙秘したり供述を拒否したりする権利のあることを、中島なりの言い方で告げた。

「当然なことだけれども、我々が無理やりに口を開かせ、言わせるわけにはいきません。言わないは、あなたに最終的な権利があることだ。一人の男として言いたくないことがある、という分には仕方ない。それは構わないけども」

と言って、間を取った。

「しかし、それだけでは済みませんよ。おカネのことはきちんと説明してもらうからね」

細い目に力を込め、松尾の目を圧した。黙秘をさせないというのは刑事の目力だ、と信じている。

捜査官は、黙秘権など被疑者の人権を保障する権利と法令を守らなければならない。被疑者は言いたくないことは言わなくても良いのである。彼らにはその権利があることを告げたうえで、今度は「その言いたくないこと」を語らせなければならない。だから取り調べには特殊な技術と能力が必要になる。

中才は会釈しただけで名刺は出さなかった。頭《かしら》の中島が名刺を出したのだから、下の者が出す必要はない、と思っていた。

中島と松尾がスチール机に向かい合い、中才はその横に少し距離を置いて自分の机を据えた。調べ官と被疑者の横顔を中才が見る、変則的な形になった。二人の刑事で松尾を落とそうとしているのだ。

目の前にいる男は、黒々とした髪をきちんと七三に分けている。眼鏡の奥は斜眼気味だが、太い眉毛には強い意志が込もっていて、彼を自信家に見せていた。

中島はいきなりカネのことを切り出した。

「あなたの収入に見合わない預金がありますね。あれは何のおカネですか?」

「何のことですか?」

――やれるもんならやってみろ、という感じだな。

「第一勧業銀行虎ノ門支店にあるカネですよ。それだけじゃないけどね」

ゆっくりと聞いていくしかない、と中島は思った。ともかく、黙秘したり、外務省や弁護士に連絡してくれ、と言い出したりする面倒はないようだ。

「まともじゃないでしょ、カネの動きが」

「…………」

「わかっているんですよ。第一勧銀虎ノ門支店には、一億三六一九万円の残高がありますね」

二人の刑事は口座の金額を暗記していた。長年のカネの出し入れについても、中才がノートにメモをしている。不正があったとすれば、松尾の胸に不安が広がっているはずだ。

「公務員の収入には見合わない金額だよね」

松尾は言葉を選びながら言った。

「父親からもらいました。内緒で父がくれたカネなんです」

「ほう」

二人の刑事は目を丸くした。予想していなかったのだ。

「父親はかつて厚生省の役人でして、資産を残していました。付き合いの広い人で、物真似芸人の江戸家猫八や演歌歌手の春日八郎とも知り合いだったんですよ」

松尾の父親である定俊が、曹洞宗の寺を継がずに旧厚生省の役人になっていたのは前述の通りである。一九八〇年八月一五日に亡くなっていた。母親も翌年のまったく同じ日に冥界に旅立っている。

「六、七〇〇〇万円はありました。現金で残していました」

「遺産ですか……」

隠し資産があったというわけだ。そんな大金を公務員が残していたというのか。しかし、松尾は九人きょうだいの三男坊である。それを相続したのだろうか。

「遺産といっても、他のきょうだいには内緒でくれたカネなんです」

脱税マネーという言い訳で切り抜けようとしている。用意していた言い訳だ。外務省で事情聴取を受けたときにも同じような言い訳でごまかしていた。

二人の刑事は身構えた。脱税は七年の時効が過ぎているから、いまさら国税当局の追及を受けることもない。うまい言い逃れのつもりだろう。

「現金と言ったね。そのカネはどこに置いていたの？」

「仏壇の裏に隠していました」

「それで？」

「税金対策なんかが終わった後で銀行に入金しようと思っていましたので……」

「ふざけるな！」

中島はカッとなったが、むきにならないように努めた。調子を合わせてはだめだ。

「そんな嘘をついていると、あんた、疲れるだろう」

中島が言うと、それまで黙っていた中才が横合いから口を出した。

「おい、松尾さんよ。おかしいだろう」

松尾は伏し目がちに中才を見た。中才は目を吊り上げてまくし立てた。

「仏壇の裏に二十年も隠していたんだったら、その中に聖徳太子のお札があるはずじゃないか。でも、あんたが銀行に持ち込んだカネは全部、福沢諭吉だったんだ。新札なんだよ！　嘘をつくんじゃないよ」

「えっ？」

曇ったものが目の中をよぎって、松尾は声を失った。

中才は松尾の釈明を聞いていて、第一勧銀窓口係の言葉を思い出したのである。虎ノ門支店に勤めていた女性は、松尾が銀行に持参してくる札束はすべて帯封を切ったばかりのような新しいお札だった、と証言していた。あのときの窓口係の表情を思い浮かべた瞬間、釈明の矛盾に中才は気付いた。

松尾の父親が亡くなったのは一九八〇年である。そのころの一万円札には聖徳太子像が刷り込まれていた。松尾が父親から現金をもらって隠したのであれば、それは旧札の聖徳太子の絵柄の札束のはずだ。

ところが、松尾が実際に第一勧銀に持ち込んでいたのは、福沢諭吉の肖像画が刷り込まれた一万円札であった。その新札と聖徳太子像の旧札が切り替わったのは一九八四年一一月一日。

松尾の父が亡くなって四年後のことだった。遺産が新札であるわけはなく、父の隠し遺産を銀行に持ち込んだ、という釈明は虚偽だということになる。

「銀行を聞き歩いているんだ。『松尾さんはいつも新しいお札を持ってきます』と一勧の窓口係が言ってるじゃないか。わかっているんだよ」

松尾の顔がスッと青くなった。そして、小さな声を漏らした。

「そこまで調べているんですか……」

その一言が傷口を広げた。動転している。

「そうだよ！」

中才が勢い込んで言った。

## 3 「しゃべったら殺される」

そのやり取りを、中島は冷や冷やしながら聞いていた。

松尾が冷静に「私が銀行に持ち込んだのは旧札です」と言い張り、窓口係の記憶違いではないか、と指摘すれば、追及はそれまでだったのである。旧札か新札か、それを決定付ける証拠など残っているはずがないのだ。

しかし、うっかり口から滑り出た言葉はもとには戻らない。

「じゃあ、遺産じゃなければそれは何のカネなの？　あなたの口座で、でかいカネが動いているね。それは人からもらったんだろう」

中才はたたみかけた。

二課刑事の世界には、「立ち会いが容疑者を落とす」という言葉がある。

取調室には、容疑者と調べ官と立ち会い刑事の三人しかいない。その空間では、脇役である立ち会い刑事の立ち居振る舞いが重要なのだ。取調官だけが容疑者を追及するのではなく、脇の立ち会いの刑事との掛け合いで容疑者を追い詰めていく。中島は先輩からこう教えられている。

――取り調べとは、被疑者に「お前はもうだめなんだよ」とわからせることだ。それが落とすということだ。すんなり自供すればそれで終わりだが、そううまくはいかない。調べ官が行き詰まったとき、後ろの立ち会いがこう声を掛ける。

「あの、さきほど管理官がお呼びでしたが」

その一言で気配を察した調べ官が部屋を出る。すると、立ち会いの刑事がすっと調べ官の椅子に座り、被疑者に話しかける。

「あの人が静かにしているうちにきちんと話をしておいたほうがいいよ。あの人が怒り出すと終わりだぞ」

仕組んだり脅したり、そんな駆け引きをして自供を引き出すのだ。だから立ち会いだからといってぼーっとしているんじゃないぞ。いちいちメモしてもしかたないんだ。「やりました」と言わせてからメモが始まる——。それが中島たちが教わった落としの術なのだという。

一方の中才は松尾が業者から賄賂をもらっていた、という疑念を捨てきれないでいた。巨額の不可解なカネの一部は、外務省出入り業者から入ったカネではないか、と考えていたのだった。

ところが、松尾は顔をひきつらせ、意外な言葉を口にした。

「これは言えないカネです。命を賭けないといけないカネなんです」

第一勧銀などに次々と入金したカネのことを指しているのだ。中島が松尾の言葉を引き取った。彼の口調もくだけたものになっていた。

「どういうこと?」

「これをしゃべったら殺されます。私は首つりをしないといけません。あなたたちは知らないでしょうが」

開き直った。中島は睨みつけた。

——俺はすごいんだよ、というわけか。世の中には刑事風情が知らなくてもいいことがある、とでも言うのかい。ここまできて……。

目の前にいるのは盛りを過ぎ、叩き上げの刑事の追及に顔を歪めて、喘《あえ》ぐ男だ。それが最後に外務省の権威のようなものを盾にしようとしている。外務省が室長の俺を見捨てるわけがないと思っているのだ。

「だから、何のカネなんだ」

「あれは、他人からもらったカネじゃありません」

松尾は、口座のカネが収賄の証拠になるわけがないと、それだけは自信を持っていた。そのわずかな追及の歪みを拠り所に、のらりくらりと追及をかわし、最後の虚勢を張っている。業者から大金を受け取らなくても、秘密の金づるが彼にはあるのだった。


三人が二階の密室で睨み合っているころ、その二つ上の階には、捜査二課長の樋口眞人が現れていた。土曜日に遊びに行く途中にちょっと寄ったとでもいうような普段着である。それなら、警視庁詰めの記者に玄関やエレベーターでばったりと会っても言い逃れができるだろう。マスコミ嫌いで通っている彼は、外務省の疑惑が少しずつ漏れ始めていることを気にしている。この二日間が勝負だった。松尾が落ちなければ、彼にとっても面倒な事態になるに違いない。

だが、階下の二人の刑事は確実に追いつめていた。

繰り返される「何のカネだ」という追及に、プライドの高い松尾は、黙秘することも逃げ出すこともできなかった。巨額の資金はどこから出ているのか——。現金遺産の嘘が崩れ、溜息を漏らしながら、一歩ずつ核心の穴へと後退《あとずさ》りしていた。

「あれは、変なところではなく、違うところから出ています」

「それは何？　聞きたいのは一つだけなんだよ。あんたの途方もないカネは何なの」

そして、二時間ほど過ぎたあたりで、松尾は苦し紛れに言ってしまった。

「あれは領収書がいらないカネなんです……。総理の外遊時の経費です」

「何だ、それは！」

総理の？　領収書がいらない経費なんてあるのか。

「総理が外国訪問するときに、一行の宿泊代金や土産代金が必要になります。その経費を、官邸から私が預かっているんです。官邸から預かって、第一勧銀の口座に入れ、私がクレジットカードで支払っていました」

松尾の手札を見せられ、中島たちが絶句する番だった。

「なぜ外務省ではなく、官邸から預かっているかと言いますと、旅費法で随行員の宿泊料が決まっているのですが、随行員も警備上の問題もあって総理と同じ高額の五つ星のホテルに泊まらざるを得ません。警察のＳＰとか警備の人もそうなんですよ。とても旅費法に基づく支給額ではホテル代が足りないので、官邸からその差額を支給してもらっているんです」

その言葉に中島は食いついた。

「松尾さん、あなたは官邸のそのカネを勝手に使っているね。マンション、馬、それとも、何なの……」

そしていきなり、

「アケミボタン、アケミダリアもあったね」

と言って、カネの出入りを記した自分のノートを、トントンと叩いた。ここに記してあるぞ、とでも言うように。

松尾の額に脂汗が浮かんでいる。蒼白の顔を伏せて、か細い声を漏らした。

「それは……自分で一時使ったものもありますが、ほとんどが経費として支払っています」

「一部は着服したんだね」

はい、という声ははっきりと聞こえなかったが、自分で使ったことを認めた以上、着服を認めたも同然だった。それから松尾は怒ることも抵抗することもなく、中島の質問にすらすらと答えた。

「お前さん、一体、いくらぐらい使ったの？」

「八〇〇〇万円か、九〇〇〇万円ほどになると思います。大半は取引銀行だった第一勧銀虎ノ門支店の私の口座に入れて使いました」

その一瞬、中島の背中をふっと寒気のようなものが駆け抜けた。間髪を入れずに迫った。

「どうやって着服したの？」

口座の出入りから見ると少なすぎる、もっと着服しているはずだと、傍らの中才は思っている。だが、中島がそこを突かないのは理由があることも何となくわかっていた。ここで着服金額を厳しく問うて、押し問答をしたくないのだ。

「現地のホテルや業者から白紙領収書やホテルの便箋をもらっていました」

「うん」

「そこにホテル代金を水増し請求した金額を記入し、それを使っていました。購入していない土産物や貴金属名目の代金を請求したりしたこともあります」

「それで通用するのか」

「はい……。例えばホテル代金を実際より五〇〇万円上乗せして精算したり、もらったカラ領収書に三〇〇万円と記載したりしました」

松尾は泣いているように見えた。こいつは気性のさっぱりした男なのだな、と中島は感じている。まだ嘘もあるだろうが、追いつめられると、取り調べ初日にあっけなく不正を供述してしまった。とんでもない着服行為だが、うなだれている男は薄汚い野郎には思えなかった。

ふと脇の中才を見ると、険のようなものが眼から消え、光るものを浮かべていた。松尾が自供したことで感極まったのだ。中才は目をしばたかせて、何かを訴えていた。

「中ちゃん、ちょっと」

そう言って、中島は相棒を廊下に連れ出した。中才が目を赤くして、部屋を出るなり言った。

「中島さん、やったよな」

「うん、やった」

中島の目からも温かいものがこぼれた。ほの暗い通路に刑事二人の影が立っていた。

調べ室のドアは細く開けたままだった。ここでは何が起きるかわからない。目の端に松尾の姿をとらえながら、中才は小さな声で囁いた。

「ごめん！　それでもサンズイじゃなかった」

彼は汚職事件を追いかけているのだ。松尾が外務省の事務用品や文房具の入札を仕切っている、という情報をたどってきた。

中島は小さく手を振った。

「中ちゃん、これは五〇万円の賄賂をもらったとか、一〇〇〇万円もらったとかいう騒ぎじゃない。そんなの屁みたいなもんだ。官邸を巻き込んだ事件だぞ」

調べ室に戻ると、中島は感慨を吹っ切るかのように、

「松尾！」

と呼んだ。「松尾さん」と呼びかけていたのを一転して、呼び捨てにしたのだった。

官邸のカネを横領した人間に敬称を付ける必要などない、という意思表示である。参考人か

ら完全な容疑者に落ちようとしている松尾にその立場を理解させ、自分たちにも再度気合を入れなければならなかった。

二人の刑事は次にやるべきことがわかっていた。それは彼らの世界で言う「カネの紐付け」である。

一方の端に着服したカネがあれば、片一方の先にはそれで買ったモノがあるはずだ。カネとモノ――着服資金と使い道の双方を、太い一本の紐で結び付けることで、犯罪解明の門が大きく開けてくる。「女にやった」とか、「貴金属を買った」といった曖昧な弁解をはねつけて、例えば、「私は第一勧銀の口座にあった七八〇〇万円を横領し、そのカネで一九九八年一二月に文京区小石川五丁目の新築マンションを購入しました」という供述を引き出すことだ。

――一億円の横領があれば七割は紐付けをしないと、地検の検事は食ってくれない。

中島はそう思っていた。

カネの使途を聞いているときだった。松尾が奇妙なことを言い始めた。

「カネはマンションや馬の購入代金、それに種付け料の支払いにも充てました」

「種付け料?　それは何のことだ」

競馬場に通っていた中才が口をはさむと、松尾が多弁に説明を繰り広げた。馬にのめり込んでいるのだ。

競馬は「ブラッドスポーツ」とも呼ばれ、血統の組み合わせこそが名馬を生む。人気種牡馬を優秀な繁殖牝馬と掛け合わせて受胎させるのだが、現役時代に活躍した種牡馬の種付け料は目が飛び出るほどのカネがかかる。

「私の場合は、北海道の社台ファームだったと思いますが、サンデーサイレンスという有名な牡馬の種付け料に二五〇〇万円。それに、いい牝馬の腹を借りなければいけませんので、その借り腹代に八〇〇万円かかりました」

「そんなにかかるのかい……」

中才が聞いた。ちなみに、社台ファームは北海道千歳市にある有名な競走馬生産牧場である。

「はい。それでうまく種がつかない場合もあります。それに三〇〇〇万円も払って、真っすぐ走る馬に育てばいいけれど、横や斜めに走る馬もありますからね。そんな馬だったらもう終わりなんですよ」

使途先を聞いているうちに、昼になった。

松尾の食事を情報係の他の刑事に任せ、中島と中才は四階に上がった。あくまでも参考人として聴取しているに過ぎないが、犯罪事実を突きつけた後に何が起きるかわからないので、松尾は警視庁の外には出せなかった。

二人はそれまでの経緯を課長に報告し、弁当をつついた。だが、中才は飯がのどを通らなかった。そんなことは初めてのことである。誰に言うでもなく言葉が口をついて出た。

「ここでとことん落としておかないと、俺ら、クビだぞ」

午後の調べが一段落したときだった。松尾が大きく吐息をついた。

「霞が関には、私なんかよりもっと悪い奴がいたんですよ」

眼には光がない。体を縮めて考え込んでいた。

「それは誰だい」

「さあ」

中島がぼそりと言った。

「総理府の橋本のことか」

「えっ、どうしてそんなことを知ってるんですか」

「あれは、もともと俺たちが追っかけていた男なんだよ」

橋本とは、総理府大臣官房の管理室長であった橋本哲曙《てつあき》のことである。一九八八年五月、東京地検特捜部に収賄容疑で逮捕されている。政府広報の契約にからんで、広告会社から計約二七二万円の賄賂を受け取ったという容疑だった。

松尾は北米第二課の庶務担当だった一九八二年から総理府事務官を兼任し、七年間にわたって総理府における橋本の権勢と腐敗を見聞きした。個人的に橋本と交遊もあった。腐敗人脈は霞が関の地下でつながっていたのだった。

その橋本について、中島は捜査二課の巡査部長時代に、彼の汚職情報を追っていた。地検特捜部より二、三年前のことだ。ところが、上司から突然に捜査中止を言い渡される。

「橋本氏はそんな誤解を受けるような人物ではない」とはるか上の人が怒っているのだという。

理不尽だと思ったが、中島はまだ若く、発言力もなかった。事件はやがて急展開する。東京地検が独自の捜査で、橋本の身柄を押さえたのである。

——一体、俺たちの捜査と中止命令は何だったのだろう。

忘れかけていた屈辱的な記憶が松尾の一言で蘇ってきた。そんな無念や恥辱を幾重にも纏《まと》って、中島や古手の刑事はそれを身を守る甲羅のようなものに変え、年を取るごとに脱皮して甲羅や面の皮を厚くしてきたのだ。

橋本は松尾とよく似た役人生活を過ごしている。一九四八年に総理府に入省し、会計課で総理府の予算会計を担当していた。一方の松尾は明治大法学部の夜間を中退しているが、橋本は中央大学の夜間学部を卒業して頭角を現し、会計課参事官に就いて、会計実務を切り回した。

その橋本について、一九八八年五月一一日の毎日新聞夕刊は次のように記している。

〈「頭の回転が早く、役所内の予算を知り抜いていた。上司にもズケズケものをいうタイプだった」とキャリア組の元上司。かつて広報室にいたある職員は「つらく当たることもあったが、最後は面倒見がよかった。大蔵省の査定でもあの人に頼めば通ることがよくあった」と振

り返る〉

まるで松尾に関する記述のようだ。橋本はノンキャリア組の頭領格だったが、松尾もまた、外務省の実力者として「外務省の三悪人」の一人に挙げられていた。

橋本は結局、収賄罪で懲役二年六月、執行猶予四年、追徴金二七二万円の有罪判決を受けたが、かつて橋本を取り逃がした中島たちによって、今度は松尾が追いつめられようとしている。

「松尾よ、だから……」

説諭するような中島の口調だった。

「俺は大概のことは知っていると言ったじゃない。それでなきゃ、外務省の室長をこんな部屋に閉じ込めて、わんわんわんわん言えないでしょ」

「…………」

「今にもフランス大使館に赴任しようという男をね、こんなところに入れて聞くにはね、それだけの証拠と自信があるんだよ。それがなければ、俺だって、自分のクビを考えなきゃいけない」

松尾はぽつりと漏らした。

「私もいつか調べを受けると思っていました」

# 4　上申書

「ようし、わかった」

中島は一日をかけた取り調べの締めくくりにかかった。

「今まで聞いたことを、松尾がもし反省してるなら、簡単でいいから一枚の紙にしちゃおう。言った言わないということになるのもあれだから、自分がやったことに反省の気持ちがあるのなら、言ったことを上申書という形にしておこう。捜査二課長宛てに書こうか」

そう言って、机の上のわら半紙と鉛筆を松尾に押しやった。そのときに「冗談じゃないですよ」とか、「私は書きません」と言うようであれば、まだ完全に籠絡《ろうらく》していない証拠である。するど、松尾はそれはどう書けばいいのか、と尋ねた。簡単に体裁らしきものを教えると、松尾は三枚の紙に縦書きで自分の犯罪の概要を書き連ねた。そこには〈私が要人外国訪問支援室長として勤務していた間、政府要人の外国訪問に関わる経費、お土産代、宿泊代、食事代等について在任期間中、八〇〇〇万円から九〇〇〇万円を私的に流用しました〉などと金額まで明記されていた。女性のような丁寧な字だった。

後になって、二人の刑事は上司や同僚から、「松尾はどれくらいで落ちたのか」と問われた。中島は、

「二、三時間ほどで」

と言った。中才の答えは少し異なっている。

「その日の夕方までかかったと思う」

こうも食い違うのは、「落ちた」という言葉の意味が違うからだ、と中才は考えている。

「中島さんは『事件が落ちた』というのではなくて、松尾という人間が罪を白状した、と言いたかったのではないかね。相手は偉い人間だ。警視庁という看板をもってしても、簡単に自供しない。それが上申書を書き、『俺はもう外務省をクビになる』と覚悟させた。それが落ちたということだと俺は思うんだ。そう覚悟させるまでに夕方までかかったと、俺は思うよ。どちらかが間違っているわけでもないんだ」


〈警視庁捜査二課長　警視正樋口眞人様〉

上申書の最後にそう記した後、松尾は「お願いが一つあります」と言い出した。

「局長や課長に話をさせてください。自分はこのことを言っていないのです」

松尾はすぐに逮捕されるかもしれないと恐れていたのだ。中島は、明日も取り調べを続けることを告げ、松尾の要請にはあいまいな答えをした。

今夜、松尾が上司に電話を入れたり、週明けに外務省に出勤して報告したりすることは止められない。松尾らの資金疑惑の噂は外務省も承知しており、だからこそ、彼をフランス大使館に赴任させて疑惑に蓋をしようとしたのだ。

外務省はどう出てくるだろうか、と中島はぼんやりと思っていた。

初日の取り調べは午後七時過ぎに終わった。松尾の身柄を、吸出し班に任せて帰すと、一気に緊張が緩んだ。二人の刑事はしばらく調べ室から動けなかった。

中才は涙を浮かべていた。嬉しいという気持ちではなかった。大変なカネを見つけてしまったという慄《おのの》きに、震えのようなものが来ている。背中がざわざわした。

——官邸のカネということは、総理のカネなのか。下手すると、俺たちが政府を転覆させるのか。

彼はまだ、松尾が「しゃべったら殺されます」というカネの性格を正確に知らなかった。漠然とわかっていたのは、着服した「官邸のカネ」について、松尾がまだ悪あがきを続けているということだった。


「着服したカネはもっとあるね。八〇〇〇万円とか、九〇〇〇万円ではすまないはずだ」

翌日も、中島ら三人は同じ調べ室にこもった。

中才は、「松尾さんよぅ」と気安く語りかけているが、刑事たちの心の重心は、松尾が自供した着服金額の矛盾に傾いている。

松尾が愛人との共同名義で購入した小石川のマンションの一室は七八〇〇万円もする。もし半分を愛人が出したとしても三九〇〇万円が必要だ。それに競走馬の購入代に約一億円。彼はそのうえに種付け料に三三〇〇万円をかけたという。これだけで一億七二〇〇万円に上っている。自供した金額の二倍にあたる。

一直線に進もうとする直情の中才に対し、中島は心にわずかな抑制をかけている。情報係の大事な心得の一つは、事件をいじりすぎないことだ、と彼は考えていた。

情報係の本来の仕事は、知能犯情報を収集して精査し、「ナンバー」という強制捜査部隊に引き渡すことである。今回の場合は、一度、第四知能犯第二係に引き渡しながら、そこが動かなかったために、情報係で聴取する異例の事態になった。だが、中島たちが松尾を落として容疑の概要をつかんだら、再度、専門のナンバーに身柄を引き渡して精査することになるだろう。彼らは容疑者を起訴する東京地検との折衝にも慣れていた。

その前に情報係が徹底的に問い詰めて、その結果、被疑者を貝のようにしてしまったり、本格捜査の前に弁解の策を幾重にも築かせたりしては、事件はまとまらない。

もちろん中島たちにも、自分たちの手で逮捕したいという気持ちはある。最後まで事件を追えないことは刑事として淋しいことだ。

送った情報を下手な捜査でつぶされて口惜しい思いをしたこともないではない。それを「しょせん、情報係はサンズイなんかやったことない連中だからな」と情報係のせいにされたり、「お前たちの情報はあてにならんよ」と面罵したりするナンバーの刑事もいる。仕事のないときには、「いいネタないですかね。中島さん、頼みますよ」とすり寄ったりする連中に限ってそうなのだ。

しかし、捜査二課という組織は、情報を取る人間と、それを生かして逮捕するナンバーがそれぞれ分をわきまえることで成り立ってきた。捜査の職人同士が角突き合わせながら分業をこなしていかなければならないのだ。

――あんまりぴっちり、詰めすぎないようにしなくてはいけないな。

そう考えながらも、中島の質問はやはり着服金額に移り、結局、松尾に上申書自体を書き直させることにした。

「金額を間違っていました。着服した金額は一億八〇〇〇万円から一億九〇〇〇万円です」

松尾もそう言ったのである。そして、上申書の内容も、

〈私は要人の外国訪問にかかわる経費の一部を着服いたしました。着服した金額は何かに書き残しておいたわけではなく、私の記憶に沿ったものでありますから、多少の誤差はあると思います〉

などと言い訳がましいものになった。

そのために、捜査二課には二通りの上申書が残った。新たな上申書は、前日のそれより一億円も着服金額が増えていた。中才は思った。

――悪事は一円でも過少に言いたいものなのだ。手柄は過大に言いたがるものだけどな。そ

れが人間の哀しい性なんだ。

夜になって、二人は松尾を「吸出し班」に任せて送り出し、新たな上申書を持って捜査二課長に報告をした。

樋口は冷静だった。これからが大変だ、と考えたのだろう。パンドラの箱は開いたばかりなのだ。パンドラの箱の底には「希望」が残っていたそうだが、これからの捜査に希望はあるのか。着服されたのが秘密の資金だけに、真の被害者が誰なのか、その組織が被害届を出し、協力してくれるのか、全くわからなかった。

そもそも松尾の不正が明るみに出れば、外務省は厳しい批判にさらされる。そして官邸の主である森喜朗と内閣は対応に追われるであろう。

何しろ、「領収書のいらないカネ」の存在など、公には認められないものだからだ。

――おれたちがまさか松尾を落とすなんて、課長は思っていなかったのかもしれないいな。

そんな考えが中才の脳裏をちらりとよぎった。

もうかなり前のことだが、ある汚職疑惑が浮上し、中才が贈賄業者を十六日もかけて自供させたことがある。もうだめだ、と周囲があきらめかけていたところを、業者を脅し、すかし、なだめて、とうとう落とした。そのとき、捜査二課長の部屋に行くと、課長が、

「よく落としましたね。これは、中さんに三回、頭を下げるよ」

大喜びして深々と最敬礼をした。

「えっ、やめてくださいよ」

「いやぁ、ありがとう、ありがとう、ありがとう」

だが、そこまで行った後に事件はつぶれてしまい、捜査班は深い挫折を味わっている。ホシが落ちるということと、事件をまとめ上げるということは別物なのである。外務省の事件はまだ厚い扉をこじ開けたばかりだ。

――どうなるかわからないが、捜査体制が出来上がるまで、俺たちで松尾のお守りもしなくてはいけないな。

中島はこの疑惑に決着がつくまでかなりの時間がかかるだろうと考えていた。逃亡させたり、自殺させたりするわけにはいかないのだ。しかし、結末がどうなろうとも、自分たち情報係は、「影の局長」と呼ばれる能吏の仮面を剝いだ。先手《さきて》として初戦に勝ったのだ。

中才は酒が飲めないので、その夜、二人の刑事は祝杯もなく、別々に帰宅した。帰ってもお互いに家族には何一つ漏らさなかった。夫が土日に出勤することは珍しくないので、妻たちが問いかけることもなかった。

中島はいつものように焼酎のお湯割りを飲んで心地よく酔い、中才は浮き立つものを秘めて寝床に就いた。静かで心地よい一日の終わりだった。

# 第六章
# 聖域の中へ

# 1　密会

日比谷公園で、中才は待っていた。

松尾と約束をしている。外務省を抜け出して、関連資料を持ってくることになっていた。

そこは、警視庁本庁舎からも、また外務省からも五、六百メートルのところにある都心最大の都立公園である。十六ヘクタールの土地と木々の間に公会堂や大小の音楽堂、図書館、テニスコート、レストラン、喫茶店を抱え、霞が関の役人や近辺のサラリーマン、観光客の姿が絶えることがない。

中才が松尾を警視庁に呼ばず、公園を密会の場に選んだのには理由がある。上司に報告させずに資料を提出させようとしていたのだった。

すでに松尾は警視庁捜査二課の調べを受けたことを、外務省の上司に報告している。外相の河野洋平のもとには初聴取の日から六日後の一二月二二日にその報告が届いていたが、河野は「この時点でまだそんなに重大に思っていなかったので、詳しく聞かなかった」と後で述べている。

外務省が事態を甘く見ていたことは中才には有利に働く。中才は、調べや上申書の内容がそのまま報告されているわけではない、ということを感じ取っていた。上申書を取られた、ということが正直に報告されていれば大騒ぎになっているはずだが、特段の動きは見られなかったのである。

ということは、解き放った松尾はやはりこちら側に落ちていて、外務省に嘘をつかざるを得ないのではないだろうか。中才はそこを突いて裏付けを急ぎたいと考えていた。本格的な捜査班は、ナンバーの知能犯グループをまたぐ大がかりなものになりそうだが、中才は生真面目な性格なので、それが組織されるのを待ってはいられないのだ。

松尾を警視庁に呼べば、彼はそこで聴取された内容を逐一、外務省に報告するであろう。公務員とはそうしたものだ。だが、公園でこっそりと会い、松尾個人の資料を持って来させるならば、お互い上司に報告する必要はない——。そんな計算が中才にはあった。

「松尾さんよ、あんたの外遊の日程表を持って来てくれないか」

「まあ、いいですけど……」

松尾の携帯に電話を入れ、やり取りをする。それが毎日のように続いた。

「そのころの日記か、手帳のコピーを取って来てよ。外遊日程や行事についてノートかなんかに書いてあるんだろう」

「ああ……書いていますよ」

「そっと持って来いよ」

内部資料やマル秘文書でなければ、松尾は渋々ながらも応じる。その資料を中才が日比谷公園で受け取るのである。松尾はスーッと現れ、書類だけを中才に手渡して、さっと消えていく。自分で自分の首を絞めていく、奇妙な協力者であった。

スパイ映画のようだな、と中才は思っていた。

そして、一枚ずつ事件の皮を剝いでいくたびに中才は驚き、中島相手に「この事件は本当にひどいよ」とぼやくのだった。例えば、松尾の水増し請求と精算のでたらめさである。

水増し請求に使った用紙があると言うので、松尾に持参させた。持ってきたのは、一流ホテルのレターヘッド付き用紙だった。用紙の上部にホテルの、何やらヤシの葉のようなロゴマークが入っていた。

「なんだい、あれは？」

「レターヘッドですよ」

「領収書じゃないじゃないか」

「いや、急いでいるときにはあんな用紙に金額を書き入れてもらって、領収書としています。それでいいんですよ」

本当は、ホテル側に書き入れてもらっていたのではなく、このレターヘッド付き用紙に松尾が水増しした金額やホテルマネージャーらしきサインを書き入れ、巨額の旅費を着服していたのである。

中才は彼が告白した、大胆かつ大雑把な手口に啞然とした。

総理や随行の一行とともに海外の五つ星ホテルに宿泊するとしよう。要人外国訪問支援室長の松尾は、事前に随行員の人数や宿泊単価を大幅に水増しした見積書を官邸の総理大臣秘書官付事務官に提出しておく。その国の迎賓館に招待されて宿泊費がかからないときも、「宿泊費等七〇〇万円」といった架空の見積書を作り上げる。

この見積書は、官邸の秘書官付事務官から総理秘書官、さらに実質的責任者である内閣参事官室首席内閣参事官の順に決裁を受け、官房長官に報告される。宿泊費のカネの流れはその逆だ。

こうした手続きの前後に、松尾は在外公館の職員に頼んだりして一流ホテルや迎賓館のレターヘッド付き用紙を入手しておく。そして、宿泊後、この用紙にでたらめな金額やホテルマネージャーの名前を自分で書き入れて、領収書を偽造してしまうのである。松尾自身がホテル支配人の署名を偽造したこともあったが、たいてい部下たちに偽造させていた。つまり、部下たちも水増し精算に協力していたのである。

そのうえで松尾は総理大臣秘書官付事務官のところに行き、水増しした何百万円という旅費を札束で受け取る。札束の帯封を取り、資金の出所がわからないようにして、第一勧銀などに次々と入金する――という手口である。

見積書がでたらめなものであることは官邸が少し調べればわかることだった。招待――つまり無料の迎賓館に宿泊したのに、相手からカネを請求されることなどありえない。

また、松尾の提出した領収書なるものを、官邸や外務省が一度でも監査すれば、それが偽造した精算書に過ぎないことも簡単に判明したはずだった。

松尾が支援室長の職にあった期間、一九九三年一一月の細川総理の韓国訪問から、九九年七月の小渕総理の中国訪問まで合計四十六回の総理による外国訪問が実施されたが、松尾は支援室長就任の翌年の一九九四年からずっと、サウジアラビアでもベトナムでもフランスでもそんなことを繰り返していたというのだ。

なぜ、こんな精算書が通用するのだろう。官邸の役人でおかしいと思う者はいなかったのか。彼を助けたか、何らかの理由で黙認していた者がいたはずだ、という疑念が頭をもたげた。

実は、松尾のようなレターヘッドを使った書類偽造は、外務省では日常的に行われていた行為だった。前掲の『私とキャリアが外務省を腐らせました』の中で、外務省課長補佐だった小林祐武がこう暴露している。

〈(その手法は) 庶務係の間では、広く利用されていた手法だった。かくいう私も、ホテルのレターヘッドを利用したクチなのだ。

それはこういう事情からだ。国によっては、宿泊代の精算は、請求書が発行されてから何日以内に行わなければならない、といった規定があるところもある。実際にはその期日を過ぎても、きちんと振り込まれれば問題ないのだが、請求書の上では「30日以内に支払いをするこ

と」などと期限が明記されていたりするのである。（中略）
一方、外務省は、「期日までには支払えないし、請求書を受け取っていながら、期日までに支払わなかったということになれば、あとあと問題になるかもしれない。だからそんな請求書は受け取るわけにもいかない。書き直してもらえ」と言ってくる。
双方の慣習・制度の間に挟まれる庶務係は堪《たま》ったものではない。そこで「仕方ない。レターヘッドを使って、請求書の日付を改ざんするか」となるわけだ。文書偽造ではあるが、こうすることで先方のホテルの顔も立つし、外務省や総理府の面目が潰《つぶ》れることもない。もちろん、多少期日は遅れるものの、支払いもきちんと済ませることができる。だが、こうした「偽造」が日常的に行われ、それをなんとも思わない雰囲気が、不正を生む土壌になったというのであれば、私には反論するだけの言葉はない〉
小林によると、松尾はしばしば出先の大使館員に、「きれいなレターヘッドをもらってこい」と指示して大量に送らせていた。「これは何に使うんですか」と問う大使館員もいたが、松尾は「いいんだ、そんなこと」と強引に取り寄せていた。フィリピンやマレーシアなど近隣諸国でサミットが開かれるときには突然、「下見に行く」と言い出すこともあった。
「おい、小林。行くぞ！」
小林は師匠格の松尾にこう告げられたことがある。
「どこに行くんですか」

「サミットの会場だよ」

「いいですけど、何をしに行くんですか」

小林が尋ねると、松尾は傲然と言い放った。

「サミットなんだから、会場の下見に決まっているだろう」

「何も二人で行かなくていいじゃないですか」

そんな声を無視して、松尾は首相一行が宿泊するホテルに泊まり、そこのレターヘッドをごっそり持って帰るのだった。それが偽造書類の用紙に化けるのである。

「それが自分たちの領収書であり、松尾はそこに部屋代であろうが食事代であろうが、好きなだけ金額を打ち込んでいました。周囲はそれを知っていたと思いますよ」

小林の証言である。

## 2　機密費という聖域

松尾の告白で、中才がその手口以上に驚いたことがある。それは松尾が着服していた「領収書のいらないカネ」が、「機密費」と呼ばれる極秘資金の一部だったことである。松尾たちを調べる中で、中才は知らず知らずのうちにその核心に近付いていた。

機密費とは言葉の通り、使途や金額、さらにその支出自体を秘匿することを目的とするカネである。太平洋戦争の敗戦後、ＧＨＱが「機密費は非民主的であり、民主主義を破壊する第一歩」として廃止を求めたことがある。だが、日本政府は内政や外政にわたる情報収集は不可欠であり、その情報収集には機密費が欠かせないとして、官邸や外務省などが「報償費」の名で予算に組み込み温存してきた。

特にこの機密費を必要としたのが、官邸と外務省であった。官邸の場合、内閣官房長官の裁量で使うことができ、自由に出し入れできるように、官房長官室の長官執務机の後ろにある黒い金庫に納められていた。

細川連立内閣で一九九三年から翌年にかけて官房長官を務めた武村正義によると、いつも金庫には一〇〇〇万の束が四十個で四〇〇〇万円入っていた。「使った分は、夜の間に担当者が来て補充をしていたから、朝が来れば必ず四〇〇〇万円のキャッシュが金庫には揃っていた」という。これは、中才たちが機密費の〝扉〟を開けた後、武村がＴＢＳの取材に明らかにしたのだが、就任後初めて官房長官室に入って、武村のところに真っ先に来たのが官房機密費の担当官だった。そして、「官房長官、一切記録は残さないでください。領収書も請求書もメモも」と求められたという。

松尾が中才たちの聴取に対して、「これは言えないカネです」と言い張り、「これをしゃべったら殺されます」と釈明したのは、その使途や明細が明らかにされない機密費のひとつだったからである。報償費は会計検査院規則で、領収書など使途を証明する書類の提出が免除され、実質的に聖域の中にあった。

外務省の機密費についてはもっと複雑な事情があった。これは中才たちの捜査が進み、国会やマスコミで注目を集めたために初めて明らかになったことだが、もともと一つのものであった外務省機密費は当時、本省分と官邸上納分の二つに分けられていた。一九九二年以降は毎年、本省分は五五億六六〇〇万円（在外公館で使う分も含む）、上納分は年度によって数億円の増減があったがほぼ年間二〇億円で固定化されていた。

週刊ポスト（96ページ参照）が取り上げた外務省機密費は本省分、中才が見つけたのが官邸上納分の機密費である。本省分の機密費は外務省の予算書に盛り込まれているが、官邸上納分はどこにも公表されていなかった。このため、上納分機密費は官邸や外務省の監査を免れ、聖域の中の聖域となっていた。

「報償費について」という表題の政府文書がある。一九八九年ごろに官邸でまとめられた内部文書だ。そこにチェックのきかないカネの秘密が記されている。

内部文書はまず、報償費の性格について、〈報償費は、国が国の仕事を円滑に実施するため、その状況に応じ、最も適当と考えられる方法により、機動的に使用される経費である〉とし、〈沿革的には旧憲法下における機密費の系統に属する〉と解説している。これは歴代の官房長官が国会で答弁する際の決まり文句でもある。

注目されるのは、次の〈報償費の額〉という項目である。ここには、官房長官の取り扱う報償費は「内閣分」と「外務省分」の二種類に分かれていることが明かされ、その内訳と金額の推移が記されている。

この報償費（決算額）を三年分だけ記すと、

〈

| | 内閣分 | 外務省分 | 合計（百万円） |
|---|---|---|---|
| 昭和62年度 | 1、180 | 1、577 | 2、757 |
| 昭和63年度 | 1、278 | 1、977 | 3、257 |
| 平成元年度（予算） | 1、297 | 1、997 | 3、294 |

〉

という具合である。平成元年度は予算額のため決算額とは若干異なるが、基本的には同じと考えてよい。そして、この政府文書には、〈官房長官が取り扱う報償費は、予算上、内閣官房と外務省に計上されており、形式的には外務省計上分を内閣官房に交付する形をとっている〉と付記されている。つまり、二種類の報償費のうち、ここで言う「外務省分」とは本省分とは別に一度、内閣官房に上納されたもので、外務省からの請求を受けた官房長官がその中から必要に応じて外務省側に渡していたのだった。その一部が松尾の言う「領収書不要の、官邸から預かったカネ」である。

外務省機密費が官邸に上納されるようになったのは一九六〇年代初頭からだという。毎日新聞に対し、複数の外務、財務両省関係者が証言したところによると、日韓条約交渉のため、首相官邸が多額の工作資金を必要とした。毎日新聞は二〇〇一年三月五日付朝刊で〈その後、官房機密費の見かけ上の額を少なく抑えるために上納が制度化されていったという。外務、財務両省の予算担当者らは上納分を外交機密費への「埋め込み」「もぐり込ませ」などと呼んでいた〉と記している。

上納の理由について、自民党総務会長でもあった水野清はそれに近い見解を抱いていた。彼は事務所に顔を出す中才たちにこう解説した。

「報償費を上納させるのは、官房長官が使える金額を多くするためなんだ。官房長官が外務省に電話して、『ちょっとこっちの（内閣分の）カネを使い過ぎたから、そっちを使う』って言ったら、ハイハイって差し出すのが当たり前だよ」

水野は若いころ、第二次岸信介内閣の官房長官だった赤城宗徳の秘書官を務めたこともあり、報償費が与野党の国会対策や外遊議員らの餞別《せんべつ》、政治部記者らの懐柔策に用いられるのを見聞きしていた。彼自身がその資金を使って小うるさい新聞社幹部の著書を大量に購入して、ご機嫌取りをしたこともある。

水野は中才たちの捜査が頓挫しかけたということを廣瀬から聞いて、けしからんことだ、と思っていた。親しい社会部記者には次のように漏らした。

「中才が外務省の機密費の着服を見つけたらしいよ。もみ消そうという連中もいる。でも、絶対に明るみに出さなければいかん。これはきっと大騒ぎになるぞ」

そして、いよいよ事件がつぶされるというときには、新聞ですっぱ抜いてもいいよ、と付け加えた。

水野の思った通り、中才が食いついた機密費の存在はやがて、外務省だけでなく政界を巻き込んだ大騒ぎに発展する。松尾が「外務省の上納分」を着服したことが発覚したために、機密費のうち官房長官が秘密裏に使っていた「内閣分」までがクローズアップされてしまったのである。

歴代の自民党政権はこの報償費の実態について固く口をつぐんでいた。「公開できないから機密費なんです」と国会答弁で開き直った首相の小泉純一郎がその典型例だ。

その実態が当事者の口から明らかになるのは、中才たちが見つけてから約十年後の二〇一〇年五月のことである。小渕政権下で一九九八年七月から翌年一〇月まで官房長官を務めた野中広務がTBS「ニュースの視点」のインタビューにこう証言した。

「(機密費の使途先は)国会対策が多かったですね。一つはやっぱり総理の部屋に毎月一〇〇〇万ほどは渡す。それから衆議院の国対委員長と参議院の幹事長室に五〇〇万円ずつ。自民党の歴代総理にも、盆暮れに一〇〇万ずつ(年間二〇〇万ずつ)送っていました。まあ、顧問料みたいなもんでね。

あとは政治評論家に盆暮れにあいさつ程度のことだけど届けていた。(議員への)外遊での餞別も慣例になっていた。五〇万か一〇〇万円ほど。機密費の固定費は月に五〇〇〇万。それとは別に出す分があり、大きいときには月に七〇〇〇万出したこともある」

## 3　すっぱ抜き

正月は二課刑事にとって最も心安らぐ旗日なのに、午前十時過ぎには腰の携帯電話が鳴った。仕事に駆り立てる警報——。捜査二課長の樋口眞人からだった。

おちおち初詣もしていられないのだ。年始の挨拶もそこそこに、樋口は言った。

「今朝の新聞に記事が出ているね。何かあるかもしれないし、ブンヤが動くだろうから、うちにいてよ」

中才宗義は妻の恵子とともに、埼玉県所沢市の狭山不動尊の人混みの中にいた。強い冬風が色彩の乏しい寺に吹きつけ、鮮やかな振り袖が舞っていた。

急いで自宅に戻って、改めて読売新聞の朝刊を取り出した。早朝、新聞を見たときはぎょっとしたが、落ち着いて考えるとそれで何が変わるというわけでもない。自分にそう言い聞かせて初詣に出かけたのだった。読売の一面には、

〈「外交機密費」流用か　外務省幹部口座に1億5000万円　警視庁捜査〉の見出しが躍り、こんな前文が掲載されていた。

〈首相の外国訪問の際に支出される「外交機密費」を扱う外務省大臣官房の幹部（55）が、自分の銀行口座に一億五千万円もの資金をプールしていることが三十一日、読売新聞社の調べでわかった。問題の口座には、約五年にわたり、一回当たり百数十万―数百万円の入金が月数回のペースで繰り返されており、最も多い時には二億円の残高があった。警視庁捜査二課は、外交機密費の一部が流用された疑いがあるとみて、口座開設の事情を知る関係者の聴取に踏み切るなど捜査を始めた〉

新聞を脇に置き、テレビを見ていると、警視庁詰めの新聞記者が押し掛けてきた。元旦早々に読売新聞に抜かれ、その記事を後追い掲載すべきかどうか、走り回っているのだ。

「明けましておめでとうございます！」

そして、うるさくインターホンを鳴らす。正月でもあるし、中才は気の毒になって玄関に出た。

記者が「あれ？」とわざとらしい声を上げた。

「中才さん、家にいるんですか。事件をやってるんじゃないですか」

「おいおい、正月だぞ。何を言っているんだ」

とぼけて調子を合わせると、食いついて来た。

「外務省の事件は情報係でやってるんでしょ。元旦早々、読売に載っていますよ」

「え、うちで何かやってるの？」

けむに巻いて追い返すと、松尾の身が心配になってきた。新聞だけでなく、テレビ局や週刊誌は、一斉に彼を追いかけまわすに違いない。これまでうまくやってきたのに――。追いつめられると、人間は何をしでかすかわからない。

しばらくすると、中才の携帯電話が鳴った。

「ひどいですよ！」

吐き捨てるような松尾の声だった。警察が新聞に漏らして書かせたと思っているのだ。混乱し、切迫していた。

「どうしたんだ」

「記者たちに囲まれて……自宅から出られません。表に二、三十人もいる。どうしたらいいですか」

読売の記事を見た警視庁詰めの記者たちが、松尾の住む文京区小石川のマンションに押しかけ、インターホンを押し続けていた。記事には、読売の記者が昨年のうちに松尾を直撃したこと、そして、松尾と読める「外務省幹部」が「機密費を流用した事実はない」と疑惑を否定したことも記載されていた。読売に抜かれた他社の記者たちにとって、いまさら松尾宅への直撃取材を躊躇《ちゅうちょ》する理由も余裕もないのだ。

彼らは松尾が出て来ないとみると、マンション前の播磨坂通りに車を停めて、張り込みにかかった。歩道は広く、通りの中央には緑道があるので、持久戦を挑まれると部屋に潜んでいる松尾は身動きがつかなかった。

――このまま見捨てるわけにはいかないな。

中才には、松尾の窮状が見えるような気がした。ノンキャリアの親分のように言われていたのに、すっかり孤立している。自分を捕まえようとしている刑事に相談するしかなかったのである。

どうしたら外に出せるか。何度か電話でやりとりをした。そのうちに、中才は思い付きを口にした。

「あんたに背格好が似た男と女を、部屋に引き入れるんだ。電話して来てもらえばいいじゃねえか」

部屋に同棲している女がいるのであれば、だれか男一人に電話をして頼めば済むだろう。

「それから、その男に化けてアベックで外に逃げなさいよ。人間は帽子でもかぶったらわかりはしないんだ」

松尾がその助言に従ったのかどうかは知らない。だが、彼の姿がその後、新聞やテレビに映っていなかったところを見ると、報道陣の包囲をかいくぐって何とか脱出したのだろう。

松尾が逃げ込んだ先は、小石川のマンションから約三キロのところにある順天堂大学医学部附属順天堂医院である。前年の二〇〇〇年四月に、総理の小渕恵三が脳梗塞で倒れ、運び込まれた病院である。

執務不能に陥りながら、小渕はこの病室で首相臨時代理に官房長官の青木幹雄を指名したとされている。政治の裏舞台ともなるくらいだから、警備や秘密保持は万全だが、特別室だと一日、最低でも五万円以上はかかったという。

そこならば「体調を崩したから勤めを休む」という理由も付けられたが、着服疑惑が公になったために、松尾は一月六日から役職を剝がれ、大臣官房付という身となってしまった。新聞社やテレビ局は一斉に騒ぎ立て、野党の民主党や共産党はここぞとばかりに、官邸と外務省への批判を強めた。

「松尾はやましいことはないと言っていますよ」

と、かばっていた外務省も渋々、官房長をトップにする内部調査チームを発足させていた。後輩の小林祐武でさえ、「いくらなんでもこれはねえだろう」とびっくりするような着服額である。小林は確信した。

「これは、直近の部下でカネを作らされていた奴がいるな。部下たちもめちゃくちゃだと思いながら、やれというのでやっていたんだろう」

そのころになって、松尾が疑惑発覚直前に贈答品を配っていた、という話が省内を駆け巡っていた。松尾は日頃、官邸や外務省幹部には高価な土産や贈答品を提供していたと言われていたが、同僚や部下にはそこまでの振る舞いは見せなかった。ところが、彼が警視庁から追いつめられているころ、同僚や部下たちの家に高額の仕立券付きワイシャツ生地が送られていた。

「君は仕事をよくやっているから」と松尾は言ったという。だが、着服疑惑が浮上すると、

「いいんでしょうか、あんなに高価なものをもらって……」という職員が現れる。

「うちには現物の生地がぐるぐる巻きで一反も届きましたよ。すげえいい生地で、女房が『これだったら私が何回間違っても、ワイシャツ二、三枚は簡単に作れるわね』って言ってましたよ」

「いいんじゃないか、そのままもらっていても。松尾さんもカネがじゃぶじゃぶ余っていて使い道に困っていたんだよ。いよいよ危なくなったことがわかって、部下にも何かしてあげようと思ったのだろう」

そんな緊張感のない会話が続いていた。

読売新聞の報道の後、鈴木宗男にくっついている報道各社の番記者が「あの話は本当だったんですね」とやってきた。だが、外務省内では外相の河野洋平が対応に追われていたものの、「外務省に火が付いたっていう雰囲気は全然なかった」と佐藤優は語る。

「田中眞紀子氏が小泉政権の外相として来るまでは、『ふーん』という感じで、彼女が騒ぎ始めるまでは、（この疑惑も）抑えられるというか、松尾にかぶってもらうという感じでした。日露関係の問題で説明に行ったとき、当時の外務事務次官に『松尾の件は、どうなりますか

ね』と尋ねると、『捕まるんじゃねえの、そのうち』。そんな感じだったから、自分のところに火が飛んで来るとは誰も思ってなかった」

一人追われる身の松尾は広い病室にいる。中才が順天堂医院に行ってみると、病室といっても二部屋続きで、一室にはソファが構えてあり、風呂やトイレも完備されていた。

「まるでホテルじゃねえか」

中才は目を丸くした。

松尾の姿を見失った報道各社は、捜査員の自宅目がけて取材攻勢に転じた。夜討ち朝駆けの古典的取材である。自宅で取材を受け付けないとみると、通勤の駅に深夜、待ち伏せをし、あるいは早朝の寒空の下、自宅近くで待ちかまえ、徒歩出勤に付いていって話しかけてきた。

中才の自宅前の小道には砂埃が舞っている。多い日には四人ほどの記者が待ち伏せていた。共同取材ではお互いに牽制しあって思うように話せないというのだろう。駅まで徒歩十五分の距離を三、四人の記者で分け、歩きながら順番に中才に聞いてきた。

「もう松尾を聴取したんですか?」

「知らないよ。俺は情報係だぞ」

「でも、事件をつかんだのは情報係というじゃないですか」

住宅街を抜けるところまではA社の記者、坂の途中のセブン-イレブンまではB社という具合だが、順番が終わった記者も中才の数歩後にくっついてぞろぞろとついてくる。恥ずかしくて仕方なかった。

「松尾は自供しているんでしょ」

「課長に聞いてよ。俺の口はね、記者さんに話すようには付いていないんだ」

駅までは緩やかな丘を越えていく。県道を渡り、歯科医院やホルモン焼きの看板の前を抜け、商店街にたどり着くまで、次から次へと蒟蒻《こんにゃく》問答を繰り返さなければならない。駅前のタクシー乗り場が見えて、「じゃあな」とほっとしていると、通勤の電車まで乗りこんでくる記者がいた。

「すいません。それで……」

満員に近い私鉄である。

「こんなことやられたら困るんだよ。お客さんも迷惑だぞ」

強く言い放って、途中駅で降りてもらった。記者たちもネタ集めに必死だったのである。

小渕政権から森喜朗内閣に代わって十ヵ月。中央省庁が再編されても株価と経済は低迷を続けている。一方で、東京地検特捜部が財団法人「ケーエスデー（ＫＳＤ）中小企業経営者福祉事業団」を巡る受託収賄事件の捜査を続けていた。中島や中才は社会部記者たちがそちらに気を取られているうちに、外務省の着服疑惑にメドを付けたかったのだが、記者たちは、なかなか政治家逮捕に発展しないＫＳＤ事件から、こちらの外務省疑惑へ雪崩を打ち、報道合戦を始めていた。

連日、中才家に記者が押し掛けるので、無関心を装っていた妻の恵子も黙っていられなくなったようだった。外務省疑惑を報じるテレビニュースを見ながら、中才に尋ねた。

「これ、やってるの?」

「うん……俺らだよ」

嘘は言わないのだ。

「そう、やってるんだ」

それだけだった。「体に気を付けて」などと声をかけると、中才が嫌がるので、黙っている。忙しくて帰宅できないときは、中才が、

「今日帰れないからね、ちょっと事件があるから」

と電話を入れるだけで済む。たいてい、柔らかな声が返ってくる。

「うん、ニュース見たよ」

刑事の女房はそんなものだった。


情報係長の中島政司は新聞を手に毎日、溜息をついていた。

——やりにくいな。衆人環視の中で捜査をやるのか。

すでに第四知能犯二係は捜査から降り、本格的な捜査班は組織されていなかった。外務省や

官邸を相手に、杳《よう》として知れない機密費に手を突っ込まなければならない。中才に松尾のお守りをしてもらっている間に、二課の本隊は、あちこちに散っている捜査途中の二課刑事たちをかき集めなければならなかった。

焦点の松尾は、順天堂医院に払うカネが続かないと判断したようで、入院から五日ほどすると、今度は虎ノ門にあるホテルオークラに逃げ込んだ。要人が利用する五つ星ホテルで、外務省関係者は、帝国ホテルやホテルニューオータニと並ぶ「御三家」と呼んでいる。当時は、「外務省レート」と呼ぶ特別料金で泊まれるとも言われ、外務省や松尾との関係も深かったことから、順天堂医院の特別室よりはずっと安くつくのだという。

そこが松尾との新たな密会の場となった。中才は毎日のように松尾の携帯に電話を入れ、ホテルに通った。課長の樋口にはこう宣言をした。

「俺は抱っこしますよ、松尾を。あいつを死なすなと言われていますし……。仲良くなって、あいつの取り調べはもうできなくなります。いい子ぶって、それで手の平を返して、ぎりぎり調べることは俺にはできません」

樋口は、

「わかりました。松尾を抱いてください」

と答えた。

捜査班が結成されたとき、刑事の一人が、

「ドカンをやったら、怪しい電話先が出てきた」

と言い出した。ドカンとは刑事用語で「度数管理」の略である。NTTの通話履歴を調査することを指し、松尾の携帯電話の履歴を調べたら、松尾が頻繁にやり取りしている相手が見つかったという。

「これは証拠隠滅を図っているのかもしれませんね」

その刑事が通話先の住所を調べているので、通話記録をのぞき見した。それは中才の携帯電話番号だった。

「これは俺の電話じゃねえか！　刑事が電話するのはあたり前だろう」

中才は開き直ってやった。後輩にはこんなことを言った。

「俺はさ、松尾と仲良くなろうとしたわけじゃないんだ。ホシっていうのは、穴を作ってやらないと絶対に落ちないんだよ。逃げ場と言うほうがわかりやすいかもしれないが、俺は穴と言うんだ。

ホシはね、ガンガンガンガンやったって、そこから入っていく穴というか、出口というか、そうしたところを作っておいてやらないと、安心して落ちてくれないよ。泥棒であっても、妻も子供もいるじゃん。愛人もね。ホシが刑務所行ってる間も、彼女たちは生活があるんだ。誰かその間をつないでやる刑事がいないといけないんだよ」

追い込まれた松尾は自宅に帰ることはなく、ホテルに籠もっていた。中才の記憶では、そこは三階ぐらいの部屋で、ここならば飛び降りたって死ぬことはねえな、と思っていた。

——まあ、飛び降りる奴がこんな大それた事件はやらないか。

それでも松尾は時々、「ここから飛び降りたい」と口走るので、やはり孤立した身を一人きりにはできなかった。

朝、松尾の部屋に行くと、おにぎりやサンドイッチが置いてあった。

「どうしたんだ、これ？」

松尾が買い物に出かけられるわけがない。ホテルも報道陣に囲まれ、ロビーや喫茶室にも記者やカメラマンがたむろしていることがあった。

「いや、外務省の者からですよ」

松尾は言った。外務省の部下たちが差し入れに来たというのだ。

——謀議があったのか。いや、証拠は残さないものだ。そうじゃないだろう。

松尾はそのころアケミとも別れ、外務省の職員と交際している。外出できない松尾に代わって、彼女がコンビニで買ってきたのではないか。中才はそう推測していたが、あえて問い質すことはしなかった。それも彼の逃げ場になっているように思われた。

外務省内には、松尾がまだ大金を隠しているという噂があった。本格的捜査を受ける直前、松尾が「俺はこれがあるから大丈夫だ」と札束の入ったトランクを同僚に見せていた、というのだ。松尾に万一のことがあっても、愛人か誰かがその大金を隠匿するのだ、と職員たちは囁いていた。

だが、中才たちは松尾の開けっ広げな犯行から見て、着服資金の多くは口座などから解明できる、と自信を持っていた。そのころ彼が恐れていたのは、松尾の発作的な自殺に加えて、記者たちに事情聴取などの情報が抜けることだった。

だから、中才は部下の巡査部長を連れて警視庁を出ると、三宅坂方向にゆっくりと歩いた。そこから、国会議事堂方向に行ったり、文科省方向に向かったりして、尾行されていないことを確認する。真っ直ぐに行けば二十分で着くところを三、四十分もかけることがあった。そして、米国大使館前の緩やかな坂を上って、瀟洒《しょうしゃ》なホテルを見上げた。

そのホテルから、松尾を警視庁へ呼び出すときにも注意を払った。

まず、ワンボックスカーを用意して、車の両側のカーテンを下ろし、後列に潜ませる。車の後ろには中型のオートバイを配置した。白バイではない。オートバイの運転に長けた捜査員に追尾させたのである。対するテレビ局や雑誌社がしばしばオートバイを用意することがわかっていた。その追跡を見張り、もし追跡されたらそれとわからないように妨害するのが追尾オートバイの役目だった。

ところが、ある日、松尾がそのオートバイに気付いた。

「あれ、何ですかね。ホテルからつけられていますよ」

振り向きながら言った。中才は「ちっ」と舌打ちした。

――ホシに見抜かれるような運転するなよ。

運転していた捜査員を後で怒鳴り上げた。

「馬鹿野郎、お前、青免を持っているんだろう。一緒にくっついてくるんじゃねえ」

「青免」とは警察官だけに与えられる運転技能証明書で、これを持っていないと、警察車両は運転できない。警視庁の場合、通常の免許を取得したうえで、特殊訓練を積むと、〈合格証明警視庁自動車運転普通（オートバイの場合は自動二輪）技能検定に合格したことを証する〉という警視総監名の小さな証明書をもらうことができる。別に青い色をしているわけでもないのだが、警官はこの小さな証明書を警察手帳に貼って、運転のプロの証明としている。

その青免の運転が簡単に見破られ、松尾に皮肉を言われてしまった。

「中才さん、カーテン下ろしているけど、車の横には『松尾護送中』って貼り紙がしてあるんじゃないでしょうね」

松尾が嫌味を言いたくなるのもよくわかった。朝から晩まで、テレビのニュースやワイドショーで外務省をめぐる不祥事を流し、極悪人のように報じられている。

松尾はホテルで新聞各紙を読んだ後、一日中、テレビを付けっ放しにして、それをじっと見つめていた。

「俺がしゃべったことが出ているじゃないですか」

「松さん、俺たちは漏らさないよ」

「じゃあ、これは何ですか。警察はずるいですよ」

今度は新聞記事を指さし、眼を吊り上げた。捜査二課の刑事が新聞にリークすることで海外赴任を阻止し、逮捕へ強引に持ち込もうとしていると思っている。逮捕は免れないと思いながらも、「あるいは……」という一縷《いちる》の望みも持っていたのだろう。

その焦燥と怒りをぶつける相手が中才以外にはいないのだ。そうかと思うと、一日中、口をきかなかったり、

「俺の持っている馬だけどね。逮捕されたら馬に食わせる餌のランクも落ちるんですよ。いまは青草を食わせているんだが、それが枯れた飼葉に落ちるんだ」

と、ぼやいたり、

「土産代も水増しするんですよ。二〇〇万円のところを二倍にしてね。領収書はいりませんから。それにしても、村山（富市）総理は機密費のことをよく知らなかったようでしたねえ」

と漏らしたりした。そんなときにぽつりと言った。

「いつかばれると思っていました」

「それがわかっていてどうしてやったんだ」

中才が尋ねると、松尾は泥沼という言葉を使った。

「一度やったら引き下がれないんですよ。泥沼から抜け出せないというか、戻れない。今さら帰れなかったです。いつばれるか、という気持ちもあり、内心ではびくびくしていました」

そして、小石川のマンションで同棲していたアケミのことも少しずつ話を始めた。

「アケミは国立病院の看護師でした。一九九六年に起きた在ペルー日本大使公邸占拠事件のときに、現地対策本部に日本から医師や看護師が派遣されました。彼女はその関係者で、外務省から派遣された私と知り合ったんです」

ペルーの日本大使公邸占拠事件は、現地の武装勢力「トゥパク・アマル革命運動（MRTA）」が、天皇誕生日祝賀レセプションが開かれていたリマの日本大使公邸に乱入し、大使の青木盛久やペルー政府要人、日本企業駐在員ら約六百人を人質にした未曾有の占拠事件である。仲間の釈放を要求して解決まで四ヵ月を要し、松尾は日本の外相らとともに現地対策本部へ派遣された。その混乱の最中に親しくなったというのである。

松尾が十九歳年下のこの女性を、彼なりに愛していたことは疑いようがない。複数の刑事たちが「人情味があったな」と振り返る、ぽっちゃりとした女性だったという。

松尾が競走馬に「アケミボタン」や「アケミタンポポ」などと、アケミという名前を冠したのは、彼女の歓心を買おうとしたのだったし、彼女自身を東京都馬主会の馬主にしようとしたこともあったのである。だが、彼によると、

「馬主になるには一定の収入資格があり、その基準に満たなかったので、彼女は馬主になれませんでした」

中才は気安い雰囲気を作るのが上手な刑事だった。気軽な雑談のなかに、松尾の犯意と、馬

や女のためという着服の動機がにじみ出た。

# 4　結成

中才が時間稼ぎをしているのに、捜査二課は特別捜査班の編成に手間取っていた。外務省と官邸を敵に回す事件だったうえに、捜査次第で松尾の部下や大使館員、それに外務省キャリアに波及する恐れもあり、警察庁や警視庁首脳は慎重だったのである。松尾の着服だけをとっても、水増し請求書や偽造領収書の作成に延べ四十人以上のロジ室や大使館職員が関与しており、彼らが水増しを知らないことはありえなかった。

捜査二課長の樋口は、特別捜査班の中心に第四知能犯の第三係を据えようとしていた。最初に事件を任され動かなかった四知第二係の隣に机を構える別の捜査班だ。

この第三係は全部で十一人。たまたま渋谷警察署や成城警察署に散らばって、それぞれが捜査の終盤を迎えていた。厄介なのは、第三係長の警部・萩生田勝が名にし負う反骨者だったことである。中背、痩身で口が達者なら取り調べの腕も一流、長い張り込みの日々と酒で鞣《なめ》された浅黒い肌と精気――酒精と言う人もいる――に彩られていた。

「決まり事だけをやる奴は良い警察官になるかもしれないが、良い刑事にはなれない」というのが口癖である。部下や新聞記者にはこう言っていた。

「ちょっと危ないような刑事、家のローンが非常に多額だったり、遊ぶためにカネを借りていたり、ちょっといかがわしい所に出入りしたり、ギャンブルをやったりするとか、そんな刑事のほうが腕はいい。真剣味が違う。平凡はだめなんだ。そういう奴を育成すると言ったら語弊があるが、はみ出した刑事を真剣に仕事に向かわせる環境をつくらないといけない」

その言葉を借りると、萩生田もまた平凡には程遠い、面倒な警部だった。彼は素直に事件担当を引き受けようとしなかった。

一番の理由は、萩生田が率いる四知三係の多くは、渋谷署と共同で架空融資詐欺事件の捜査に当たっていたからである。詐欺グループは、「無担保融資する」という案内を全国の中小企業に送り、融資を申し込んできた企業から保証会社に支払う保証金などの名目で、約五五〇万円分の小切手をだまし取っていた。そのナンバー2を萩生田らは逮捕し、主犯格の摘発までもう一歩というところまで迫っていた。

そこへ、上司に当たる捜査二課管理官の松田哲也が渋谷署にやってきた。松田は警察庁キャリアの警視だが、まだ二十代である。萩生田とは親子ほどの年の差がある。その若者が海千山千の刑事たちを率いている。萩生田たちは、「管理官は将来の勉強をしているのだ」と割り切っていた。

「あれは、ただいるだけのポストだからね」と言う刑事もいたが、その松田がいつになく思いつめた表情である。渋谷署の独身寮の一室で人払いをすると、切り出した。

「実は萩生田さんの班でやってもらいたい事件があるんです。捜査二課長命令です」

そして、事件は内閣官房報償費をめぐる疑惑であること、前年暮れ、情報係が外務省官房総務課機能強化対策室長兼九州・沖縄サミット準備事務局次長の松尾克俊を二日間、任意で取り調べをしたこと、そこで官房機密費らしき資金を一億八〇〇〇万円も着服したと供述したことを手短に説明して、付け加えた。

「情報係が取った松尾の上申書もあるんです」

ところが、萩生田は松田に向かって言い放った。

「無理ですね。そんなことをしたら渋谷署に怒られますよ」

上から降ってくるようなネタなんて碌《ろく》なのがない、と彼は思っている。むちゃくちゃで、ぐちゃぐちゃした、そんな事件ばかりだ。

「他の班だってあるじゃない。お断りですよ」

松田は、この事件をすでに四知二係が手掛けて放り投げたことは伝えなかった。それを言えば、オオカミのようなこの警部はますます吠えただろう。松田は、これは二課長からのお願いでもあるのだ、と強調した。

「明日まで待ちますから、いい返事をください」

その夜、萩生田は松田が置いていった捜査メモと上申書を読んだ。上申書は三枚に及んでいた。その末尾には、〈多額の現金を手にして魔が差してしまい、国家公務員として多くの恥ずべき犯罪をおかしてしまったと深く反省しております。今後、出頭要請があればいつでも出頭し、刑事罰も覚悟しております〉とあった。それを読み終えたとき、事件の重大さに気づいた。

萩生田はもともと情報係を信用していない。情報係長の中島政司に向かって、
「情報係はいい加減なことを言うし、裏も取らずに叩いたりする」
と言ったこともある。ライバル心と二課の先輩意識がそう言わせるのだ。

萩生田と中島は、一九六八年に巡査を拝命した高卒の同期生だ。だが、俺は警部に先に昇進したし、二課生え抜きだ、という意識が萩生田にはある。中島は警部補時代に捜査四課に籍を置いているから、あいつは生え抜きじゃない、と思っていた。

この上申書にある一億八〇〇〇万円の着服金額にしても内心、当てにはならない、と考えている。しかし、情報係が扉を開けたこの疑惑は、衝撃的な事件に発展するだろうということは否定しようがない。そして、まとめるのが難しいヤマだということも。

萩生田も内閣官房機密費について、ベールに包まれたカネという程度の認識しかなかった。そんなものが警視庁の捜査で本当に表に出てくるのだろうか。こんな事件を担当したらえらいことになる。外務省と内閣を巻き込み、マスコミはさらに騒ぐことだろう。失敗すれば批判を浴びるし、大きなリスクを冒して取り組むべき仕事なのだろうか。しかし、事件を成功させれば前代未聞の公務員犯罪を摘発したことになる。

彼は躊躇した末に、迷ったときは前向きで行こう、と開き直ることにした。選ばれたという高揚感もあったのである。

ところが、萩生田が引き受けてもまだ捜査班は動き出すことができなかった。松尾の取調官に充てようとした警部補の鈴木敏《さとし》が「やりたくない」と言い張ったからである。

鈴木は第四知能犯第三係の古参の主任で、福島県相馬市出身である。身長百七十三センチ、八十三キロだが、肩幅が広いのでもっと大きく見えた。大きな顔をした、もっさりした男である。捜査二課の中では、名前の「敏」を音読みで「ビンさん」、あるいは「ビン」と呼ばれ、いつも哀しそうな顔して歩いている。その存在を知らない刑事は一人もいなかった。めったに人をほめない萩生田に、「ビンが落とせなかったホシはいない」と言わせるほどの特異な刑事だった。

萩生田によると、ビンは動きが悪くて、内偵捜査はまるっきりできない。物分かりも悪いように装い、なんの取り柄もないような感じなのだが、調べをやらせると朴訥《ぼくとつ》な福島弁で、「なんだよ、おめえ、どこから来たんだよ」と絡みついているうちに落としてしまう。見かけとは裏腹に、異常に細かいところまで執拗に詰めるから、調書も見事なものを仕上げる。上司にも不遠慮な口をきく代わりに、一度会えば「おめえは俺の友達だ」というような不思議な親近感を醸し出すのだという。

あるとき、関西辺りから呼んだヤクザ者を調べて仲良くなり、調書を仕上げたその晩に二人で一杯飲みに行ってしまった。ホシが出所すると、必ずと言っていいほど、ビンのところに会いに来る。元受刑者に会いに来させる何かを持っていた。

人が取り調べで落ちる瞬間があるとすれば、それは人間同士が腹を割って付き合っているうちに、ふわっとした、どこか懐かしいような浮遊感が生まれるときだと、萩生田は思う。

――ビンは被疑者との間にその、ふわっとした感覚を生み出せる、心の幅を持った取調官なのだ。だから、良い刑事なんだろう。

萩生田が渋々、松尾の捜査を引き受けたころ、当の鈴木は、四知三係や萩生田のいた渋谷署合同捜査本部からも一人外れて、東京の山の手にある成城警察署で介護老人を狙った詐欺事件の捜査を続けていた。認知症の老人が大金をだまし取られていたことが死後に判明し、マスコミで騒がれたことから、鈴木が捜査二課から成城署に派遣されていた。

管理官の松田からはあらかじめ「ビンさん、成城の事件は絶対に最後までやってください」と言われ、「よし、わかった」と約束していたのだ。

ところが、松田からこんな電話がかかってきた。

「新聞でご存じでしょうが、外務省の事件があるんです。捜査二課に戻ってこちらの捜査班に入ってくれませんか」

鈴木は怒り出して、机をバンバンと叩いた。成城署の捜査は大詰めを迎えているのだ。

「約束が違うじゃないか。俺はいま、ホシを持ってんだから。外務省なんて俺んとこでやる事件じゃないでしょ。管理官は『これは最後までやってくれ』と俺に言ったじゃねえか。俺はどこにも行かないよ」

このころの捜査二課は、上司への反抗やタメロが許される職場であった。古手の巡査部長が怒りだして、警部に向かって、「おい、なんだ！」などと怒鳴っていた。キャリアの課長といっても、その多くは若いころに警視庁捜査二課に配属されて叩き上げの刑事から捜査のイロハを教えてもらったり、結婚式に出席してもらったりして顔見知りだ。階級を剝げば、叩き上げ刑事のはるか後輩にあたる。

中には、捜査の進め方を巡って衝突し、課長に向かって灰皿を投げつけたという武勇伝を持つ係長もいた。

萩生田自身も、ある事件の打ち上げで、若いころから知っている課長に「あんたの指揮はなってねえよ。あんたの言うことを聞いてやってたら、この事件はできなかったよ」と言ったことがある。お互いに酔ったふりをしていたが、二課長は激怒したのだろう。持っていたガラスのコップをぐっと握りしめ、パリンと割ってしまった。

タメロを叩くことで有名な鈴木は、事件の重要度は被害額が大きい小さいの問題ではない、と思っていた。それに、刑事は自分の事件が可愛いもので、同時に苦楽を共にしている捜査の仲間こそが大事なのだ。

いやだ、どこにも行かない、と意地を張っていると、萩生田から電話が入った。

「ビン、頼むよ」

「なんでこっちもそっちもやらなきゃいけないんだ」

「俺は今回、調べはしないんだよ」

「誰が調べをやるんだ？」

「お前しかいないよ。特命で課長から（要請が）来ちゃっているんだよ」

萩生田は捜査指揮にあたるから、松尾の取り調べをビンに任せたいというのである。本来なら、現場の指揮は管理官の松田がやるのだが、彼は若く経験も乏しいので、松田を頭にいただきながら実質は萩生田が仕切ることになるだろう。すると、取調官は右腕の鈴木にやってもらうしかない。

情報係では、松尾が外務省室長の地位にあることを重視して、係長の中島が調べを担当したが、萩生田はそうしたこだわりがない。鈴木もまた萩生田たちに、

「刑事に星（階級）はいらない。星で調べをやるんじゃないんだ」

と言っていた。だが、今回は萩生田の言葉も耳に入らなかった。

「俺は行かないよ。最後までここでやる」

そうして二日間、成城署で突っ張っていると、捜査二課長が部屋で話したいことがあるそうだから、桜田門にまで出張ってくれ、と連絡が入った。

渋々、警視庁に上がり、捜査二課長室に行った。課長の樋口が立ち上がって、いきなり「握

手しましょう」と言い出した。

「なんで握手するんだ」

「ビンさん、お願いしますよ」

「うう」と口をもごもごさせながら、課長にそこまで言われれば仕方ないと、鈴木は思っていた。

引き受けるにあたって、課長に一つだけ注文を付けた。捜査は何ヵ月もかかりそうなので、遅くなった日は、警視庁に近い警察共済組合経営のビジネスホテルに泊めてくれ、というのだった。

鈴木たちは普段、警視庁の地下にある仮眠室に泊まっている。長期化すると中央区晴海にある古い旅館を定宿にするのだが、そこは、安い代わりに、部屋が狭く、壁が薄い。隣の鼾《いびき》が聞こえてきて、うるさくて眠れないのである。

私が何とかします、と樋口は答えた。

# 第七章

# 瀆職刑事の誇り

# 1　陣容

　こうして、とにもかくにも「ナンバー」を中心に捜査の陣容は整っていった。特別捜査班の結成は、中才たちが松尾を初めて聴取してから三十七日後の一月二二日。警視庁に残された記録によると、総勢は八十六人であった。

　第四知能犯第三係長の萩生田と主任の鈴木は「取調班・事務局」の中心に座り、松尾の身柄を抱えて本筋を追うことになった。情報係長の中島や情報係員は「特命班」として外務省などの関係者を次々と呼び出し、聴取する役割である。ただし、主任の中才は松尾の疑惑について萩生田や鈴木の依頼を受けて調べたり、残る外務省疑惑を追及したりする、独自の位置を確保していた。

　萩生田、鈴木、中島の三人は一九六八（昭和四三）年に、中才は翌六九年に警視庁に入った。いずれも高卒採用である。中島、中才が農家の末子であることはすでに触れたが、鈴木もまた農家の六人きょうだいの末っ子だった。四人の中ではただ一人、萩生田だけは東京都八王子市で電気技術者の長男として生まれたが、父の実家は山一つ向こうの農家であった。

　当時の日本はいざなぎ景気の中、国民総生産（ＧＮＰ）が西ドイツを抜き、アメリカに次ぐ世界二位に躍進して経済大国の繁栄を謳歌していた。その一方で、ベトナム反戦や反米、反軍を訴える学生運動が最高潮に達し、東大などが占拠されたり、国際反戦デーの新宿駅占拠事件に騒乱罪が適用されたり、安保粉砕・沖縄闘争勝利を叫ぶ学生が首相官邸に乱入したりして、騒然とした世相のただ中にあった。

四人は、こうした時期に年間千五百人以上も警視庁に大量採用された高卒者の一群である。大学・短大進学率はこのころ、男女合わせて一九・二％に過ぎなかった。残る八割の高卒者は家庭の事情で就職を選んだ秀才もいれば素行不良者もいて、まさに玉石混淆《ぎょくせきこんこう》。その一部が治安維持の尖兵として駆り出され、同世代の大学生と衝突したり、交番や第一線の警察署で泥棒を追いかけたりしながら、一人ずつ抜擢され、私服刑事の道を進んでいく。

同じ世代のこの四人の問題点はただ一つ、競争意識が強く、中島と中才を除けば仲はあまり良くないことだった。

萩生田の最初の仕事は中島から引き継ぎを受けることなのだが、萩生田は常々、「情報係はいいかげんだ」と公言していた。今回の場合、初めに自分が率いる第四知能犯第三係に事件を持ってくればよかったのに、と思っている。きっと、自分とウマが合わないから二係に頼んだのだろう。二係は隣にいるから内情をよく知っているが、あそこはいつも暇だし、ヤバイ事件はやらないのに――という気持ちだった。

中島は、そうした萩生田の高飛車な態度が気に障る。今頃、俺に頼みに来たのかよ、どうしても三係で調べてくれ、と言うならやってあげるよ――。まるでそんな感じではないか。

しかし、中島は一歩引いて構えることにした。ここはナンバーに食ってもらわなければ収まらないのだ。だから、

「萩さん、後はよろしくお願いしますよ」

という言葉がすんなり出た。

それに心底では、萩生田の腕に一目置いていたのである。

――マスコミにいきなり報道されて、せっかくの事件にけちがついてしまった。だが、後戻りはできない。こんな面倒な事案は萩生田のような係長でなければやりきれない。ウンもスンも言えないように追い詰めていく。あの口汚ささえなければ、萩さんもいい男なんだがな。

係長が引き継ぎをすれば、中才と鈴木の主任同士も書類やメモの引き継ぎをするものだ。しかし、中才は鈴木に何を話したのか、さっぱり覚えていない。はっきりしているのは、鈴木に、

「ビンちゃん、よろしく頼みます」

と挨拶したことだ。中才はナンバーの鈴木が萩生田と同様に、情報係を低く見ていることは知っていた。鈴木は情報係の刑事と付き合いを持っていて、「情報係は調子のいい奴が多い。連中が持ってきた汚職情報で事件になったことなんかない」と思っており、それに近いことを口にしていた。彼は講釈だけ垂れて捜査ができない刑事を「ラッパ屋」と呼んで、「ラッパを吹いてるのと、俺たち事件屋とは違うんだ」と言っていた。

そのうえに、元日付の読売新聞の記事は情報係が新聞記者に流して書かせた、と鈴木は思っている。あのころ、外務省は松尾を海外に転勤させて事件をもみつぶそうと画策していた。

――中島たちはそれを何とか食い止めなければならなかった。あの記事だけでなく、上中書もきっと、中島らがこれは大事件だという流れに持っていくために書かせたものだろう。それはまあいい。が、奴らは見かけよりもしたたかな連中なのだ。

鈴木も、この事件は最後になって俺たちに投げられてきた、と考えている。「じゃあ、しょうがない、やろうか」と、そこは萩生田に似た姿勢であった。

一方の中才もここは我慢して見守るしかないと思っていた。三係に松尾の身柄を託すことは上が決めたことである。屈折はしていても、中才は功名心が薄い刑事で、それが事件の進展には幸いした。

鈴木に引き継ぐと、中才が松尾と面談することはなくなる。中才は松尾と意思が通じ合うようになっていたが、情が絡むと鈴木の取り調べの邪魔にもなるし、独自行動の中才には仕事が山積している。

最後に松尾と会った日に少し話をした。一月末か、二月一日のことだった。

「松さん、俺はこれで終わりだからな。これからは調べ官が違うぞ」

「今日で終わりですか……」

悄然《しょうぜん》と首を垂れた。いよいよ逮捕されるのだ、と覚悟したのだろう。

――かわいそうだよな。ただその日を待ってるんだ。針の筵《むしろ》に座っているような気持ちだろう。でも俺はあんたを生かさなきゃいけねえんだ。人間は死んだら終わりなんだよ、生きて償ってもらわなければならねえんだよ。

そんなことを中才は考えていた。

## 2 償うべきもの

生きて償ってもらうと中才が言うように、古手の刑事になると、独特の哲学を持つようになる。鈴木も「償い」について、中才に似た思想を持っていた。

――松尾が上申書にあるような罪を犯しているのならば、同情の余地はない。しかし、それは償える。生まれつきの犯罪者はいない。環境が人間を変えていくのだ。不正を許す環境に身を任せたときに、人間が犯してしまった部分が犯罪であって、その部分だけは責任を取ってもらわなければいけない。

俺たち捜査二課の刑事というものは、取り調べて、落とし、刑務所に送ることが最後の目的ではない。人間がその罪を償った後、対等の関係になって、できれば付き合うということが本当の役目なのだ。捕まえることだけが目的ではない。

こうした思想は、先輩から叩き込まれ、自分より学歴や地位のある犯人と調べ室で相対する中から自分のものになっていく。

鈴木は一九六八年拝命組だが、実は萩生田や中島、中才の三人より一つ年上である。福島県立小高《おだか》工業高校工業科を卒業した後、一年間、会社勤めをしたのだった。そこで働くうちに、もっと生きがいのあることをやりたいと思い始めた。騒乱の時代に、増員を図っていた警察官という職業は、転身先として手近なところにあった。

警察学校を卒業すると、板橋警察署に配属され、そこで十三年も勤務している。交番勤務から始めて、盗犯やパトカー勤務をこなしながら、専修大学の夜間学部に通った。

仲間の多くは途中で夜学を辞めていく。仕事のほうが面白くなった者もいれば、警察の激務と勉学の両立はできない、ゆっくり寝ていたい、と訴えた者もおり、中退の理由は人それぞれである。第一線の警官の勤務は毎週、当直があり、早朝・夜間勤務があり、突然の呼び出しがあった。同僚たちが寮で疲れて寝ているときに起き出し、大学へ通わなければならなかった。

大学の教室は大学紛争で封鎖されたりして騒然とした雰囲気の中にあった。同じころに中才は飯田橋の交番に勤務しながら、国士舘大学の夜間学部に通っていた。ところが、彼は制服で巡回警邏《けいら》中に、ヘルメットを被った学生たちと遭遇し、「キリン棒」と呼ばれた長い旗竿で自転車ごと突き倒されている。飯田橋の法政大学の学生たちだった。彼は這《ほ》う這《ほ》うの体で交番へ逃れ、後で自転車を取りに戻った。

混乱の続く大学で学ぶものはあまりない。中才はそう考え、中退の道を選んだ。付け加えれば、彼らの世代は、大学生への憧憬の念を抱く一方で、「学ぶにはまず学校へ」という「学校信仰」が希薄であった。もちろん、カネもなかったのだが。

鈴木はもう少し専門知識を得たいと思っているときに、手形・小切手法の試験で赤点を取り、先生に呼ばれた。

「警察官なら手形・小切手法がわからなきゃだめだ。もう一回勉強をやり直せ」

叱られてハッとし、身を入れて学んだ。あのときの言葉は今でも覚えている。

告訴係、看守、マル暴（暴力団）担当とたいていの仕事をこなしているうちに、捜査二課に引っ張られた。そのころの警視庁の花形は「殺しの捜査一課」だったし、警視庁本部のマル暴刑事にも憧れていたが、夜学で法学部を専攻していたから、捜査二課がふさわしいと思われたのだろう。後で考えると、確かに自分に合った道だった。

二課の先輩は「瀆職《とくしょく》刑事」と自分たちを評していた。職を瀆《けが》す公務員は社会の敵であり、汚職や公務員犯罪こそが国を滅ぼす。国が衰退しないために、俺たち「瀆職刑事」がいる――と胸を張っていた。「俺たち二課の刑事は、自分で筋読みをし、それが見込み通りにストーリーになっていくときに喜びを感じるものだ。ホシというものはおかしなことがあると、唇が渇いて焦点が合わずきょろきょろとするようになる。そこまで追いつめることだな」。そうした先輩たちの酒場での教えは自然に身についていくもので、やがて鈴木自身も無名の〝石つぶて〟の一人となる覚悟を抱くようになる。そして、親しい人にこう漏らすようになっていた。

「俺はただの田舎育ちの百姓のせがれで、国の大きなものを背負う柄じゃないんですよ。それでも、少しでも国の力になりたいという気持ちはありますよね。そのために何ができるかって思うと、汚職がはびこっている国は発展しないんだ、という気持ちにたどりつくんだ。そして、執着が生まれていったんだよ」

ただ、鈴木は表情のない熊のようにもっさりと動くので、執着というものが見えない。松尾の取り調べ自体もゆったりとしたもので、急いでいる気配が全くしなかった。しばらくは任意調べが続くだろう。松尾は監視下にあるが、任意捜査であることに変わりはない。「おい、こら」と言ったって、相手はしゃべらない。

それに、急ぎようもなかったのである。

矛盾した現実が横たわっていた。機密費問題を封じ込めたい総理官邸に被害届を、事件をもみ消そうとした外務省には刑事告発状を、それぞれ提出させて協力を取り付けなければ、捜査は進まなかった。そのうえ、松尾の供述を裏付けるには機密費を支出した官邸や外遊に関与する外務省の役人たちに――幹部から松尾の部下に至るまで百人を超す職員に――聴取する必要がある。だが、役人たちは協力する素振りを見せなかったし、松尾をどの罪名で逮捕するのかすらはっきりしていなかった。

係長の萩生田は報道機関の裏をかいて、この事件を詐欺罪で立件したいと考えている。外務省は、松尾が官邸から預かった機密費を競走馬などの購入に使ったことを捉えて業務上横領だとし、新聞やテレビはそれを受け、「横領だ、横領だ」と声高に言う。これに対し、萩生田はその向こうを張って、「官邸から機密費をだまし取った詐欺事件だ」と言いたいのである。天邪鬼ゆえの論理である。

業務上横領罪（刑法第二百五十三条）と詐欺罪（同第二百四十六条）の罰則は、いずれも十年以下の懲役だから、一見どちらでもいいように思えるが、実はいずれの罪名を適用するかで、事件の性格と捜査内容は大きく変わってくる。

業務上横領は、他人から預かり、管理していたものを自分のものにしてしまう犯罪だ。正当な目的以外にどれほどの金額をどのように使ったのか、カネの「入」と「出」を明確に立証する必要がある。公金がいかに管理されており、それがどのように流用されたのか、その特定は重要で、それだけに立証は難しい。官邸や外務省が隠したがっている機密費の管理の実態解明も大きな焦点となる。

これに対し、詐欺は他人が所有しているものをだまし取る（騙取《へんしゅ》）行為を言い、騙取した時点で罪は成立する。騙取の時点とは「自らの支配下に置き、ほしいままにできる状態になった」時点を指す。松尾の場合は、官邸に偽の見積書を出した時点で詐欺の行為開始となり、官邸から自分の口座に機密費を移した時点で自らの支配下に置いたと見なされるから既遂となる。ここで問題となるのは、犯意や手口の立証である。カネの使途はすべて特定が必要というわけではなく、管理体制の在り方も立証上は問題にならない。松尾の事件に当てはめると、被害者は官邸ということになり、松尾が国から機密費をだまし取ったという側面が強調される。つまり、官邸や外務省の責任に触れず、松尾の個人的犯罪として処理することが可能になる。東京地検の法解釈もあって、捜査班は立件が容易な詐欺罪の適用へと少しずつ傾いていく。それはかなり時間が過ぎてからのことであった。

鈴木は舌打ちをしていた。

――調べろ、調べろって言うけれど、そもそも何の罪名で、どう調べろって言うんだ。上の連中は何をやっているんだ。

外務省は松尾を独自に事情聴取した後、一月二五日になってようやく、大臣官房調査委員会名で調査結果を公表し、官房長の阿部知之名で松尾を業務上横領罪で告発していた。しかし、その調査報告書に記された公金横領額は約五四〇〇万円。中才たちが上申書で告白させた金額のわずか四分の一に過ぎなかった。

調査報告書は、〈調査の結果、松尾の銀行口座における記録の精査に基づいて、平成九年一〇月から平成一一年三月までの間に、松尾が少なくとも約五四〇〇万円の公金を横領し、競走馬購入等の私的目的に使用した明白な疑いがあることが判明した〉という内容である。

それでも外務省が公金横領の事実あり、と告発したことで、その公金（官房報償費）を支出した総理官邸に被害届を提出させる大義名分が立った。

萩生田は外務省が告発したその日、警察庁捜査二課長の井上美昭や警視庁捜査二課管理官の松田とともに、国会内にいた内閣参事官（総務官）の内田俊一を訪れ、極秘資料の提出と協力を要請した。松尾が関与した外国訪問にかかわる内閣官房報償費の明細を提出してほしい、と依頼したのだった。「上司の方にもご相談できればよろしいのですが」ということも付け加えた。

萩生田の考え方は明瞭だ。

——松尾が在任していた期間に、官邸が松尾に渡していた官房報償費を一つずつ精査していこう。総理の外遊のたびに報償費がいくら支出されて、財布を握る松尾がそこから実際にホテルの宿泊費や土産代としてどれだけ払ったのか。その金額を差し引けば、着服金額が見えてくるだろう。それを松尾の銀行口座の出入りやクレジットカード決済額と突き合わせ、松尾の詳細な自供を得れば、犯罪事実は明らかになる。

情報係の中才たちがてこずったのは、松尾に現金で渡された官房報償費の金額がわからなかったからだ。官邸の協力を得られない段階で、松尾に「よく覚えていない」と抗弁されると手の打ちようがなかったのである。

だから、焦点の一つは、総理官邸から内閣官房報償費の明細書が入手できるか、そしてどこまで協力をしてもらえるか、であった。

官邸が明細の開示を拒めば、事件の立件は困難になるし、事件にかかわる部分の官房報償費の記載だけを抜粋して提出してくるようでは、証拠としての価値が失われてしまう。裁判では松尾がかかわった期間の全明細書が必要なのだ。しかし、明細書には事件以外にその期間に支出された官房報償費も記されているはずで、その極秘事項を官邸側が開示するとは思えなかった。

三日後の一月二八日、萩生田らは内閣官房首席内閣参事官の江利川毅に皇居近くのホテルの一室で会った。目立たないようにと官邸側が指定した場所だった。江利川は内田の上司だが、小さな部屋をちょこちょこと動いた。自らコーヒーを入れたりした後、萩生田らの話を聞いて、「いいですよ」とあっさり官房報償費の明細書を手渡した。

「ずいぶん丁寧な人だねえ、江利川さん。あんなことやんなくていいのにね」

萩生田は入手できたことでほっとし、同行した松田にそんな話をした。

明細書は警視庁が必要とする事件以外の部分は、黒く塗ってあった。急いで塗りつぶしたせいか、黒塗りの箇所が透けて見える。そのまま証拠にして法廷に出すと、情報漏洩などの騒ぎを引き起こす可能性があるので、萩生田は松田と相談したうえで、資料を一旦返却し、黒塗り部分を塗り直してもらって再提出を受けた。

この資料でわかったことがある。

松尾がかかわった総理大臣は、細川護熙、羽田孜、村山富市、橋本龍太郎、小渕恵三の五人で、総額一一億五七八六万七五一九円の内閣官房報償費が松尾に交付されていたという事実である。これが現金で松尾に渡され、松尾の個人口座に入っていた。

後は、官邸に被害届の書類を出させれば、捜査は本格的にスタートできる。そう思って同じ二八日に総理官邸事務所を訪ねた。ここで一悶着が持ち上がる。

「早急に被害届を提出していただけませんか」

そう依頼すると、それならこちらへ取りに来てくれ、と事務所長に言われたのである。萩生田はカチンときた。

「何を言ってるんですか。被害の届けなんですよ」

「だから、そちらが取りに来ればいいでしょう」

――何を生意気なこと言ってるんだ。大金をだまし取られているくせに。こいつは官邸の権力を自分の力と勘違いしているんじゃないか。

萩生田の言葉はさらに激しいものになった。

「出すほうが持ってくるのが筋ですよ」

ここで引いてしまうと、官僚は言うことを聞かなくなる、と思った。

官邸にとっては前代未聞の不祥事のはずである。二課の上司や検事たちと、「総理官邸の役人ともあろうものが、なぜこんなに簡単に松尾にだまされたのか」と首をひねっていたのである。松尾が横領したカネが官邸側に還流しているのではないか、と勘繰る捜査官もいた。それほど松尾への機密費の支給は不可解であった。見積もりや精算の段階でほんの少しでも気を付けていれば、松尾の水増しは見抜けたはずだった。

官邸と萩生田のそんな険悪なやり取りがあって、官邸の職員が業務上横領の被害届を持ってきたのは四日後の二月一日のことだった。届け出は内閣参事官加藤利男の名前で、被害額は五四〇〇万円となっていた。

萩生田や鈴木は、松尾の着服額がその程度の金額だとは全く思っていない。その差を供述によってどう埋めていくか――。

## 3　身も心も預けろ

鈴木はその翌日の二月二日から、松尾の取り調べを始めた。

前の晩は酒を控え、下着は真っ白なものにしたが、構えないように努めた。調べ室に先に入っていて、そこへ松尾を連れて来てもらった。

立ち会いの刑事はまだ若かった。中島、中才組と違って、彼は一人で落とそうと考えている。

「捜査二課の鈴木です」

そう名乗って、眼鏡の奥から松尾の顔をじろりと見た。

「今からあなたを調べます。これは犯罪ですから。わかるね」

鈴木が心がけていることは、罪を犯したから調べを受けている、という認識を相手に植え付けることだ。この狭い部屋は容疑者のための部屋なのだ。そこを曖昧にして調べを始めると、相手は何とか逃れようと嘘を重ねる。それが人間の性だ。

「百パーセントではないけど、まあ、やったことはわかってる。少しずつ聞いていくからね」

そうして、松尾の生い立ちと親族について聞き、外務省に入った動機と仕事の内容を尋ねた。松尾の父親の定俊のこともこのときに確認している。

「自分のやったことには責任を取りなさいよ。あなたの悪いところは知っているからね。身も心も俺に預けてくれねえか」

「ああ、はい」と松尾は言った。もっと心を開かせたい、と鈴木は思った。

警視庁はずるい、という気持ちが松尾にはある。元日付の読売新聞の記事は、捜査二課が自分を海外に逃がさないために書かせた、と確信しているのだ。

彼の不信感を和らげる意味もあって、鈴木は、

「あんたをマスコミから守るよ」

と告げた。彼の送り迎えや家宅捜索用に、捜査二課はレンタカー会社からワンボックスカーを借りていた。捜査二課の車両は警視庁詰めの記者にマークされていたのである。

松尾がホテルオークラに泊まっている、という情報はいつの間にか漏れていて、ホテルの周

囲は新聞社やテレビのカメラマンたちが張り込んでいた。その目を逃れるため、借りてきたライトバンの前と後に空の段ボール箱を積み重ね、箱の間に松尾の身を潜ませた。さらに、ホテルの担当者と打ち合わせをしてホテルの裏出口に滑り込ませ、松尾を部屋に送り届けた。翌日はその逆で、偽装したライトバンをホテルの裏出口から出し、警視庁の地下駐車場へと入れる。中才もやったことだが、この「保護」が鈴木と松尾の約束事となったために、鈴木はさらに慎重になり、東京地検の担当検事だった川原隆司にも頼んだ。

「申し訳ないけど、川原さん、本人と約束しているんです。マスコミから守ってやるってね。勾留尋問などで裁判所に行くときは私のほうで何とか（偽装を）しますので、マスコミにばれないよう、どうかよろしくお願いします」

すると、川原は検察庁舎に松尾を連れて来なくてもいいように、わざわざ警視庁まで出向いて検事調べをやってくれた。

俺に預けろ、と言ったものの、足元を見つめるといらだちを感じることが多かった。取り調べの準備があまりにも不足している。

「これはおかしいんじゃないの。こんな中身では、俺は調べられないよ」

鈴木は管理官の松田に嚙みついていた。総理官邸から届いた黒塗りの明細書を手にしている。

「いくらなんでも。これでは詰められないよ」

明細書には、官房報償費が松尾に渡された日にちや金額が記されていた。松田や萩生田が官邸から受け取ってきた証拠資料で、入手にはそれなりの気苦労があったのだが、鈴木はこんないいかげんなもので事件にまとめることができるか、と思っていた。

被害届にしてもそうだ。

業務上横領というのであれば、いつの、どの総理外遊について、官邸の誰が、松尾にどんな根拠（見積もり）で、どれほどの金額を、どんな形で預け、それはどんな形で精算され、誰が領収書のようなものを受け取っていたのか——そうした事実が、被害にあった官邸側から事細かに明らかにされなければならない。ところが、黒塗りの明細書はただ、これだけの大金をいつ渡しましたと、それだけしか記されていないのだ。官邸側はそれ以上、出したくなかったのである。

——これではいつまでたっても進まない。

鈴木はとりあえず搦《から》め手《て》から攻めることにした。まず任意調べを引き延ばして時間を稼ぐ。その間に松田や萩生田に頼んで官邸から詳細な報告を出させ、関係者を聴取する。引き延ばす方法は鈴木が考えるしかなかった。

鈴木は孤独に耐えられる質で、取り調べに入るとさらに単独行を好むようになる。

萩生田が二課の部屋でちびちび酒を飲みながら報告を待っていると、午前零時ごろに二階の調べ室から電話がかかってくる。警察電話からの内線――。鈴木からだ。

うん、と萩生田が答えると、鈴木が昏い声で言う。

「早く帰ってくれ、そこで待っていられると落ち着かないんだよ」

それを潮に部屋に残っている者は、全員で酒盛りを始める。鈴木は未明まで資料を読んだり、調書を整理したりしているのだ。

そうして一人で考えたことがあった。鈴木は松尾に告げた。

「お前の書いた『翌檜《あすなろ》』を読んだよ。面白かった。なかなかいいことも書いているね。どうしてあんなものを書いたんだよ」

「ああ、私の人生の中で一つの記録を残しておきたかったんです」

第三章ですでに記したが、「翌檜」は松尾が外務省内の研修資料として限定発行した九十二ページの小冊子である。翌檜はⅢ種と呼ばれるノンキャリア職員を指し、精進次第で翌檜も松や杉であるⅠ種（上級職）、Ⅱ種（専門職）のエリート以上の力を付けることができる、という松尾の思いが込められている。文章は紋切り型だが、役人にしては描写が丹念なので、新聞にも取り上げられた。例えば、松尾は外務省秘書のあるべき装いについてこう記述している。

〈「素敵でセクシーな秘書」になるため彼女はローヒールの靴をやめ、黒のエナメルのハイヒールに変えた。ストッキングは足を細く見せるために薄い黒、濃紺に変えた。髪はおさげ髪から、首筋がはっきりするアップにし、口紅はピンクに変えた。目にはアイラインを薄く引い

た〉

こうしたところを鈴木は見逃さない。松尾の文才をくすぐって、それから鉛筆とわら半紙を松尾に押しやった。

「お前よ、文章がうまいんだから、今度のことをちょっと自分で書いてみろよぉ。なぜこんなことをやったのか、順番に書いてけよ、な」

話すのも面倒だろうからな、と言葉を付け足した。作文を書けというのである。実際のところ、松尾の「翌檜」はなかなかいいことを書いていると、鈴木は思っていた。

――もともとは純粋なところを持つ野郎だったのかもしれない。心の弱さを抱えた人間じゃないのか。

松尾自身の生い立ちに始まって毎日、課題を出した。

役人としての経歴、着服のきっかけ、外遊と着服の手口、資金使途、水増しの手法、競馬という趣味、女性関係、反省の有無……教師が生徒に作文を書かせるように、あらゆることを書かせた。まるで自習だ。

官邸の資料が整う時間を稼いでいるのだが、一方ではそれが捜査の基礎資料になるので一石二鳥である。書いてあることが事実であれば供述調書を書くとき、大いに参考になるし、疑問があれば追及の材料になる。松尾の嘘や書こうとしないことこそが大事なのだ。

松尾は毎日、鈴木が目の前にいなくても、せっせと作文を書いていた。書いたものは調べ室の中の段ボール箱に積んでおいた。そのうちに段ボール箱が作文で一杯になった。

時々、その中の大事な部分を萩生田のところに持って行って報告した。萩生田は他の部下が綴った関係者調書の山に埋もれながら、鈴木が現れるとそれを手に取り、ふーんと唸った。

「きょうの調べは午後からでいいですか」

松尾が鈴木に言い出すときもあった。任意調べだったので、外務省と連絡を取ることは自由だったし、親しい女性と会うことも認めていた。

ホテルの部屋に現れた女性は外務省の職員のようだった。

アケミとの内縁はとっくに切れている。松尾は一月二五日付で懲戒免職になっていたが、それでも身を案じてくれる女性がいることに、「男と女の関係はわからんもんだ」と漏らす捜査員もおり、松尾が馬主であることを皮肉って、「あいつはまるで種付け馬だ」と嫉妬をあらわにする刑事もいた。

すでに触れたが、松尾は三度結婚し、その間、少なくとも八人の女性と交遊を持っていた。最後に残ったのは二十八歳の外務省の女性だったが、その間の女性関係があまりに複雑だったので、捜査二課では、年表形式の「松尾克俊交際状況一覧表」と「松尾の結婚歴・女関係」という二枚の資料にまとめ、交際の時期と彼の役職、職務権限などを整理していた。

それを「設計図」と呼ぶ捜査員もいた。松尾は着服したカネでマンションを買ったり、一流レストランで食事したり、ティファニーのブレスレットや指輪、ネックレスなどを外遊土産として買ってきたりして女にプレゼントしている。これらの事実をクレジットカードの記録や、この一覧表などと突き合わせることで、詐取資金の流れが浮かび上がってくるのである。「設計図」はつまり、逮捕への設計図と言うべきであっただろう。

## 4　母親の記憶

刑事にはそれぞれの心得というものがある。萩生田はどんな事件でも異様に興奮したり、ことさらに冷めたりしないで、変わらず淡々として進めることが大事だ、と考えている。思い込みが一番よくない。鈴木も奇をてらうやり方はしない男だ、と思っていた。だから、その日、鈴木が取調室で取った行動を後で聞いて、萩生田は仰天してしまった。

任意調べに入ってしばらく経った日のことである。鈴木は調べ室に入ると、三枚のわら半紙を取り出した。情報係の中島や中才が二ヵ月前、苦労して松尾に書かせた上申書だった。

それを松尾の前に突き出すと、

「俺はこんなもの信じないぞ」

と言いながら、ビリビリと破り捨てた。

「これはまったくでたらめだ。絶対に嘘だ」

松尾は驚いて目をむいている。なんだこの男は、とでも言うように敵意むき出しの目だった。

「金額からして違う。嘘の上申書なんか必要ないんだよ。お前の話は信用できない。俺は一から調べ直すぞ」

人間はずるい生き物だ。素直に供述したように見せて、肝心なところをはぐらかし、一円でも着服した金額を少なく見せかけようとする。鈴木は松尾の作文や供述を聞いているうちに、彼が情報係の前で書いた上申書の範囲でしか罪を認めず、自分の都合のいいように弁解しようとしていることがわかってきている。

松尾は機転が利いて、相手の気持ちを読める男だ。それを素直だとか、もう落ちているのだと思い込んでかかると、ひどい目に遭う。上申書を引き裂いたのは、俺は情報係のように甘くはないぞ、と思い知らせ、松尾自身にすっかりあきらめさせることが狙いだった。

松尾はそれまで鈴木にも散々嘘をついていた。自分の父親に多額の隠し資産があり、競走馬の購入資金などはそこから賄っていた、という言い訳である。弁明は二転三転して、仏壇の裏に隠していたと作文したり、その遺産は三億円もあり、ジュラルミン製のケースに入れていた、と言ったりもした。

それらは中才が嘘と見破っていたし、鈴木もデタラメだとわかってはいたが、鈴木たちは一応、ジュラルミンケースにどれぐらい入るのか、確認せざるをえなかった。さらに、その遺産について、松尾のきょうだいたちから事情聴取を実施している。

その聴取の結果、松尾の抗弁はあっさりとひっくり返った。思った通りだ。父親の残した資産は時価換算にすると一億三〇〇〇万円近くに上ったが、その九割以上は自宅の借地権など土地関連で、金融資産は一二〇〇万円の定期預金があるだけだった。その預金もすべて妹や弟に分けられており、松尾の相続した資産は借地権など時価二八〇〇万円余に過ぎなかった。

上申書を破棄してからしばらくして、困ったことが起きた。

上司から、上申書を見せてくれ、と求められたのだった。萩生田は鈴木が破棄した意図がわかっていて、

「破った上申書でも、裏にセロテープでも貼りつけていればそれでいいんだ」

と思っていた。だが、そんなものを見せるわけにもいかない。

鈴木は開き直ってみせた。

「あんなの嘘だから破っちゃったよ。事件の筋がおかしくなっちゃうからね」

任意聴取の段階では、この上申書破棄の出来事以外に、松尾を怒鳴るようなことはなかった。いずれ、強制捜査となれば、お互いに極限のやり取りをしなければならないので、声を荒らげる必要もなかったのである。

そのうちに松尾が少しずつ心を開くようになっていた。

「私は課長クラスということもあって、事務次官や局長級の人たちとしょっちゅう賭け麻雀を

していたんです。一晩に何十万円も動くことがありました。外務官僚は麻雀好きが多くて、私は彼らから給料以上のカネを稼いで、後で部下に集金させることもありました。妻と別居中の時代は、給料が妻のところに振り込まれていたので、私は麻雀で食っていたようなものですよ」

そんな松尾の軽口の裏を取ると、確かにその通りだった。小林祐武は北米二課時代から、「小林、金集めに行ってこい」と言われ、毎月給料日になると、キャリアの席を回っていた。相手は課長やそれ以上の幹部だった。集金に行くと、お前は何をしに来たんだ、というような顔をされるので、

「（松尾の）遣いで参りましたー」

と言って、給料の三、四倍もの現金を集めていたという。

「差っ引き帳と呼ぶノートがあって、松尾がほぼ毎月勝つので、不思議でした。なぜこの人たちは負けるのわかっていてやってるんだろう、と。当時、松尾さんと麻雀を打っていたのは、川島裕さんや野上義二さん、谷内《やち》正太郎さん（いずれも元事務次官）たちでしたが、谷内さんは特にへたくそで話になりませんでしたが、川島さんが『谷内、来い！』と誘うと、行くしかなかったんでしょうね」

と小林は言う。また、松尾は競馬や女のことも詳細に話した。

「親父は馬が好きでね。小さいころ競馬場に連れていかれたことがあります。それで馬に興味

を持ったんですかね。小石川のマンションは、たまたまアケミとデートをしていましてね。彼女は寮に住んでいて、仕事もきつかったんですよ。そのデートの帰りに、たしか車で文京区を通っていて、『おっ、このマンション、売り出してるよ』という話になって、ちょっと見てみようか、とね」

「ふーん、お前は誰と付き合ってきたんだ」

「そんなことも話すんですか？」

「そうだよ。だいたいわかっているけどね」

そんなやり取りをしているうちに気付いたことがある。松尾がモテる理由だ。女にひどく優しい。相談されると嫌と言わない。ねだられるとプレゼントを次々に与える。交際していた女性について聞いていたときだった。

「おめえ、マザコンじゃないか」

「そうかもしれませんね」

「甘えさせてくれる女を求めているんだな。ぴたっと合うようなタイプを」

マザーコンプレックスの男には、母親の面影が付きまとう。すべてを受け入れ、包み込むような女性でなければ、松尾は長く付き合うことができないのだ、と鈴木は思った。そのうえに、女と別れた後の寂しさをこらえることができないから、迷路をさまよい、賭け事や競走馬にのめり込む。

松尾の母親が亡くなったのは一九八一年八月一五日、松尾がまだ三十六歳のときだ。多かれ少なかれ、男はそんな部分を残しているが、松尾は特に母親のような優しさを求めていたように見えた。

「俺だって同じようなものだよ」

松尾の言葉に話を合わせた。相手に同調して心を開かせるのは、古手の刑事の手法だが、実際に鈴木は父を早く亡くし、母や兄たちに育てられている。母は愛子といって、鈴木の心に深い思い出を刻んでいた。その一つは見合いのことだった。

「夜学を出たら結婚するよ」

と鈴木は母親と約束していたのだ。専修大夜間学部を卒業する年の正月三日に、母親から電話がかかってきた。

「警察の仕事はどうだい。学校も卒業だね。田舎からいっぱい見合い写真が来てるけど、どうする？」

「うん、そうだな」

「お見合いをしてみるかい」

「おう、その写真や釣書《つりがき》を送ってくれよ」

それから三日後、鈴木は名うての泥棒を捕まえていて、その男の頭を留置所で刈ってやっていた。泥棒の髪が伸び放題だったので、俺が切ってやる、と言ってバリカンを持ち出していた。ホシには情けをかけてやるものだ、と教えられ、それを守っていた。自分の部屋に戻ると、彼の机の上に香典が並べられていた。

「何だ、これは？」

すると、課長が調べ室に鈴木を引っ張っていき、静かに言った。

「お前のおふくろさん、亡くなったんだよ」

嘘だ、と言おうとする鈴木の眼を、課長は見返した。

留置所で彼が情けをかけている間に、「母親が心臓発作で急死した」という知らせが入った、というのだ。留置所に急報する手もあったのだろうが、課長はそうはせずに、すぐに同僚たちから香典を集めた。鈴木が〝仕事〟を終えるのを待っていたという。だから、刑事の仕事の重さと母の死は深くつながっている。葬儀のどさくさで結局、母が楽しみにしていた見合いは実現しなかった。

後になって、鈴木は六つ年下の女性警察官を妻にもらい、男女二人の子供に恵まれた。娘は嫁ぎ先で先方に、

「うちは母子家庭でした」

と言ったそうだ。それは同僚の中島の妻がこぼしていた言葉と同じだ。鈴木の妻はほっそりとした体形だが、〝父親不在〟の中で、子供たちには彼女が鈴木家の大黒柱と映っていたのであろう。

# 第八章
# 束の間の勝利

# 1　逮捕

二月二日から始まった任意の取り調べは月を跨《また》いでいた。

松尾がホテルオークラの一室に隠れ始めたころ、暗鬱な雲が垂れこめていた東京は今、淡くやわらかな光に包まれている。郊外の八王子では寒桜が開花し始め、早春の野を染めようとしていた。

調べ室に入ってから三十七日目の三月一〇日。世間は失言続きの総理森喜朗が前日に辞意表明したことで大騒ぎしていた。だが、次期総理に誰がなろうと、鈴木敏には関係のないことだった。一日の休みもなく調べ室に居て、季節の感覚を失っている。

命がけだ、と思っていた。小さな部屋に籠もっていると、気持ちが家族や心配事などに向かうこともない。警察共済組合のホテルと調べ室を行き来する鈴木のために、若い刑事がコインランドリーを見つけてきた。これで洗濯物を自宅へ宅配便で送る手間が省ける。

今日を起点に新たな丁場が開くのだ。

外務省の上空をこの日、報道のヘリコプターが舞っていた。朝刊は、今日にも松尾が逮捕される見通しであることを太い見出しで報じている。その直前、松尾自身が親しかった友人の自宅に、「もう俺は捕まる。今までありがとうな」と別れの電話を入れていた。

「今から迎えに行きましょうか。どこにいるんですか？」

驚いた友人はそう尋ねたが、「いや……。本当にありがとう」と繰り返して居場所は明かさなかった。覚悟をしているのだった。

どの新聞も警視庁や東京地検のリークを受け、その逮捕容疑は、外務省が告発した業務上横領容疑ではなく、詐欺容疑である、と断じていた。NHKも四日前に「外務省機密費　詐欺容疑で捜査」と報じ、テレビ報道の流れを決定付けている。松尾は公金詐欺の役人というわけだ。

それは違う、と松尾は思っていた。自分は詐欺なんか働いていない、と。

鈴木は松尾の前で「逮捕」という言葉を使うことは避けてきた。いつか来る苦痛であっても、それがいつなのかをあらかじめ知っておく必要はないのだ。昨日も調べが終わるときに、明日は午後一時ころに出てきてくれ、と告げただけだったのである。

捜査二課の吸出し班は、その日もマスコミの目をかいくぐって、松尾を調べ室に連れてきた。鈴木はすでに逮捕令状を手にしている。だが、表情を読ませないようにして、夕刊の締め切りが過ぎてしまうのを待っていた。ああだこうだと、時間稼ぎの芝居を打った。そして午後四時三十分になったのを確認すると、いきなり言った。

「逮捕令状が出たからね」

弾かれたように、松尾は令状を見た。

「詐欺容疑で逮捕するぞ」

令状を手渡すと、目の色が変わったのがわかった。逮捕が近いと心の用意をしていても、そのときになると平静ではいられないのだ。

松尾はその日も、外務省人事課長の齋木と連絡を取って情報を得ていたはずだった。齋木は後に外務事務次官に昇進した外務省のエリートだが、機密費詐取の裏側を知っており、捜査二課との連絡窓口ともなっていた。

鈴木は逮捕令状を松尾に確認させると、容疑事実を読みあげた。

松尾の容疑は、彼が総理に随行した四十六回の外遊のうち、一九九七年一一月に行ったサウジアラビア、九八年一二月のベトナム、九九年二月のヨルダンへの訪問を取り出し、官邸の首席内閣参事官から計約四二〇〇万円の機密費（宿泊費）をだまし取った、というものだった。

この三件は宿泊費の架空請求が明白なものばかりで、例えば、サウジアラビアでは一行の大半が無料の迎賓館に滞在していたし、ヨルダンではアンマンのホテルで休憩しただけなのに二泊分の差額を請求していた。差額を大幅に水増しした「宿泊費差額表」を使う典型的な詐欺――という構図である。

松尾は容疑事実が詐欺であることを確かめると、気色ばみ、激しく抵抗した。

「私はだましていません。そんなつもりは私にはなかったです」

詐欺罪の量刑が業務上横領罪と同じ「十年以下の懲役」であることは既に触れたが、水増し請求したことや一部の着服は認めているのに、国家公務員としてのプライドがあって「役人が国をだます」という構図が受け入れられないのだ。今さら何のためのこだわりなんだ、と鈴木は思っている。

「でもお前のやったことは、宿泊費差額表を偽造して、水増ししてるよね。水増ししてるっていうことは、最初から官邸の人をだまそうと思ったんでしょ」

「………」

「それが詐欺なんだよ！」

「でも、だまそうとしてやったわけではないんです」

そんなやり取りを深夜まで繰り返した。逮捕したその日に警察が被疑者の弁解を聞いて作成する調書を弁解録取書――略して「弁録」というが、松尾のそれは「だまし取ったことはありませんでした」という容疑否認のものになった。予想した通りだった。

翌日も翌々日も言葉を叩きつけあった。

「水増しの宿泊費差額表を見ろ。領収書も部下たちに偽造させているじゃねえか」

「偽造させたわけじゃないんですよ」

「お前の部下が水増しの指示を受けたと言っているんだぞ。水増し請求の積算書類にしても、作成が終わると証拠となるような書類はシュレッダーにかけさせているじゃないか。パソコンのデータも消去させている。わかっているんだよ」

「そんなつもりはありませんでした」

「だましたんじゃねえか」

「海外では領収書をもらえないカネや土産などにもかなり使っているんです。外遊先ではホテルマンにも一〇万円とか二〇万円のチップを払うんです。総理一行の大きな荷物を全部運んでもらいますから」

「馬鹿言ってるんじゃない。だまし取った金額はそんなものじゃないぞ」

「本当に使っているんですよ。電話代や飲食代、チップや土産代など正当な支出がたくさんあるんです。詐欺なんかではありません」

松尾の行為が詐欺なのか、それとも業務上横領なのか。正直に言えば、鈴木にはどちらでもいいことだった。それは水掛け論に似ている。犯した事実や量刑が変わるわけではない。しかし、今回の事件の舞台は外遊先であり、そこで証拠を集めるのは至難の業だから、捜査二課や東京地検としては、立件の手間のかからない詐欺で処理したいのである。問題は、詐欺の場合、その犯意が焦点となることだった。何としても「だまし取ろうとしました」という一言が欲しかった。

三日目は、松尾の着服した事実行為を丹念に突いていった。鈴木は当時の宿泊費見積書を突きつける。

「これは水増しされているね。作成を指示したのはお前だろう」

「違います」

「じゃあ、なぜ水増ししたものを提出したんだ。官邸の人間をだましたんだろう」

「…………」

「水増しして得たカネをどうしようとしたのか。競走馬の購入や女に使っているな。自分の懐に入れるつもりだったんだろう」

松尾は蒼ざめている。延々と同じやり取りを三日間も続けて疲れ切っているのだ。「三億円の父の遺産」の弁解も突き崩している。だまそうとしたのではありません、というオウム返しの弁解も弱々しかった。

鈴木は一枚の写真を取り出して、松尾に見せた。そこに松尾の両親の墓が写っていた。捜査員が撮ってきたのだ。

「嘘をついて、ご両親に恥ずかしくないか。お墓の下で泣いているんじゃないか」

鈴木がそう言った瞬間、「わーっ」という慟哭《どうこく》が調べ室に響き渡った。張りつめるだけ張りつめた胸の奥が破裂したのだ。机に突っ伏した松尾の両目から涙が噴き出した。

誰もが心の奥底に秘事や痛みを住まわせている。逃げ場のないところに人間を追い込み、その闇や弱点を突いて声掛けをすると、緊張の糸が切れ、抑えていた感情が悶え始める。そして本音が現れる。

捜査二課は松尾を自供させた後、ハイヤー代およそ二二〇〇万円を水増しした外務省経済局総務参事官室課長補佐の小林祐武を詐欺容疑で逮捕するが、小林が自供したきっかけは、刑事に「お前がしゃべらないのなら、田舎の母親の家を家宅捜索するしかない」と告げられたことである。両親に迷惑をかけたくないという気持ちは誰の心の中にもある。

そんな人間を何人も鈴木は取調室で見てきた。

「じゃあもう調書にするよ。認めたんだから」

鈴木は供述調書を下書きして、立ち会いの刑事にパソコンで整えさせ、松尾にボールペンでサインをさせた。

翌日は犯行の経緯、その次は動機について、供述調書を一本ずつ取っていった。

泥沼にはまったきっかけは遊興の誘惑である。馬主になりたいという夢があり、ゴルフをもっと楽しみ、女とも遊びたい、という欲があって、カネが必要になった。老後への漠然たる不安もある。そこに自らが扱う外務省機密費が目前にあり、それは内閣官房や外務省のチェックがないに等しい。着服し放題だったのである。その供述を、鈴木は次のような調書にまとめた。

「私は、ロジ室長（要人外国訪問支援室長）に就任した後、それまでは主管課の会計担当者が取り扱っていた宿泊費差額の請求や受領行為を自ら行うようになりました。細川護熙総理が平成六年三月に中華人民共和国に訪問したのですが、約五〇万円の水増しをして宿泊費差額を請求したところ、内閣官房がこれに気付かずに請求どおりの宿泊費差額を交付してくれました。

これに味をしめ、それ以来、退職後の自宅の購入資金やゴルフ会員権の購入資金、あるいは競走馬の馬主になるための資金や交際中の女性との交際費を捻出するため、犯行を続けていました」

「ばれると思わなかったのか」

鈴木の問いに彼はこう答えた。

「一九九六年にだまし取ったカネが一億円を超え、もう戻れないと考えるようになりました」

「それで？」

「ばれたらしようがない。そのときに考えればいい。このまま突っ走るしかないと……」

松尾はその後も調べ室で二度ほど涙を見せたという。それはどんなときなのか、捜査班の中で話題になった。鈴木の口が堅いので、上司たちは、それは松尾の子供のことか、愛人のことについて触れたときだろう、と見当をつけた。

そこが松尾の一番の弱みだったからである。松尾は別れた妻とともに去った子供たちのことを気にかけていた。また、愛人のアケミへの資金提供を問い詰められると、「彼女には悪いことをした。申し訳ない」と繰り返していたという。逮捕されるころまで付き合っていたのは、外務省勤務の女性だった。彼女はそのころのただ一つの救いだったはずだが、ホテルの部屋には「この事件を乗り越え、頑張って生き抜いてください」という女性の手紙が残されていたという。それは最後の女性からのものだったのだろうか。いずれにせよ、寄りかかっていた女性から手繰られると松尾は実に脆《もろ》いところがあった。

しかし、松尾が泣いた理由について、鈴木は最後まではっきりと明かさなかった。上司に何度聞かれても、

「もう落ちたんだから、それはどうでもいいじゃないか。これは俺と松尾が墓場まで持っていくことだからさ」

と言った。

## 2　最後のサンズイ

鈴木が松尾の供述調書を取っているころ、情報係主任の中才宗義は、その供述の裏付けに歩いていた。

このころ、警視庁刑事部は、知能犯事件としては未曾有の捜査員を外務省疑惑解明に投入していた。捜査二課の八十六人で始まった陣容は、刑事総務課特別捜査隊の応援を得て百三十人に膨らみ、六月には総勢百六十二人の大所帯になっていく。捜査二課の総勢は三百八十二人だったから、その半数近くを動員しようというのだ。

中才はこのうち特命班の一員だが、本来の事件情報収集を含めて、相変わらず独自の行動を

認められていた。

「松尾の供述だが、本当だと思うか」

調べ官である鈴木が抱いた疑問を投げかけられることもあった。中才はこの特異な外務官僚の正体を最もよく知る男だった。

ただし、鈴木の疑問や裏付け要請は、取調班と捜査本部事務局を仕切る萩生田勝や中島を通じて伝えられるだけで、中才と鈴木が直接、口をきくことはほとんどなかった。廊下でばったりと出会っても、

「おう、ビンちゃん、元気？」

「うん」

という程度で別れる。中才は鈴木に取り調べの成り行きを聞くことは失礼にあたる、とも思っていた。松尾の身柄は彼に託したのだった。だが、鈴木や萩生田から問われたことにはきちんと答えるように努めていた。

その日、中才は麴町の水野事務所に出向いていた。以下は水野の証言である。

松尾が総理の橋本龍太郎に自動麻雀台を贈ったという情報があった。それらしい体裁の領収書も出てきたという。その情報はつぶさなければならなかったが、相手は元総理である。上司に報告しても、「そんな大物には聴取の必要なし」と片づけられるだろう。

「センセイ、ちょっと助けてくださいよ」

中才は水野に相談した。

「この情報は、うちの課長や警視総監には上げられないんだ。どうしたらいいかね」

すると、中才の話を聞いていた水野がガバッと受話器を取り、いきなり橋本事務所に電話をし始めた。

驚いた中才は、やめてくれよ、と叫んだ。警視庁が捜査しているのを知って、橋本が怒りだしたりすると大騒ぎになりかねない。

しかし、水野は口に指をあて、黙っていろ、という素振りをした。俺に任せろ、というのである。

「橋本さんに麻雀台を贈ったという話があるんだけどねえ。ほら、外務省の松尾がね、贈ったと言っているらしいんだが」

そして、相手の返事を聞くと、

「そうか、街宣車の上か」

と電話口に向かって言った。橋本はたまたま自民党の選挙カーに乗って街宣の途中だというのだ。受話器を下ろすと、橋龍は麻雀をしないってさ、と水野は中才に告げた。

「麻雀台はもらっていないな。事務所はバカな話だと言っているよ」

こうした裏付け捜査のほかに、彼が追っていた疑惑がある。それはサミットの通訳をめぐる汚職疑惑であった。中才はまだサンズイへのこだわりを捨てきれずにいた。

通訳をめぐって不可解な出来事が起きたのは二〇〇〇年二月のことである。九州・沖縄サミットの通訳業務を受注した三社の幹部が、説明会を開くという名目で、松尾から呼びつけられた。松尾は、総務課機能強化対策室長と九州・沖縄サミット準備事務局次長を兼務している。外務省の一室で、松尾は理不尽な要求を持ち出した。松尾が通訳担当として採用した非常勤職員に対して、三社から一律三〇万円ずつ支援するよう要求したのである。非常勤職員は元僧侶だが、環境サミットや長野オリンピックでも通訳業務のコーディネートをしてきたという触れ込みである。

部下とともに同席した小林祐武によると、松尾は次のように迫った。

「あの住職に一〇〇万円ほど払ってやりたい。そこで、あんたら三等分して出してくれ」

唐突で理由のない要請だったので、小林も「いくらなんでもそれはまずいと思った」という。小林はいたたまれなくなって、その場から退席した。

非常勤職員といえども、公務員であることには違いない。業者三社が払った計九〇万円のカネを、中才や萩生田は通訳業者から非常勤職員、あるいは松尾側への不透明な資金提供と受け止め、賄賂にあたる可能性があると疑った。というよりも、この通訳疑惑を取っ掛かりにして、松尾や彼以外の役人への波及を狙ったのである。

ところが、この通訳疑惑が新聞に報じられ、衆議院外務委員会で問題になる。外務省は放置できずに独自に調査を始めた。そこで、中才たちの潜行した捜査は、マスコミ注目の公開捜査に近いものとなった。

外務省の調査に対し、三社側は「コンサルタント料のようなものと認識していた」と証言し、松尾はもちろん賄賂性を強く否定した。萩生田は「松尾はしぶとい」と思わず漏らした。そのうえ、機密費問題が報道された後、九〇万円は三社に返済されていた。

結局、通訳疑惑は立件されることがなかった。可罰性が薄いという検察庁側の判断もあり、機密費詐欺事件の規模が大きすぎて通訳業務に絡んだ九〇万円程度のカネに、多くの時間と人手を割いてはいられないという事情もあった。

他にも文房具業者らと松尾たちとの癒着疑惑があったが、何とか汚職を摘発したい、という古い瀆職刑事のこだわりよりも、今は松尾事件に捜査力を傾注すべし、という現実論の前に追及は見送られた。

捜査を指揮する立場から俯瞰すると、松尾の最初の逮捕容疑を固めるためだけでも、計五十七人もの参考人を各省庁から呼ばなければならなかったのである。総理外遊に参加した外務省関係者は今や四十七の在外公館に散っていた。参考人リストを見るたびに、その多さに萩生田がうんざりするほどだった。

その第一弾参考人として、官邸に詰めたりその一員として内閣に出向したりしていた役人が七人。彼らの多くは官邸の機密費の支出を決裁、交付するポストに就いており、松尾の水増し請求に気付いてもおかしくない立場にあった。

その中には、環境省事務次官になっていた太田義武（当時・内閣官房首席内閣参事官）や外務省条約局長の海老原紳（同・総理秘書官）も含まれ、内閣府大臣官房長に昇進した江利川毅（同・内閣官房首席内閣参事官）らも機密費支出のキーマンとして聴取は必須だった。

また、聴取対象には、首相外遊時の警備に携わる警察庁警備局の二人も含まれていた。さらに萩生田らは、警察庁国際部長や警視庁警備部の警護官（ＳＰ）らを次々と聴取している。警察関係者の参考人は合わせて八人に上った。松尾に渡された機密費の中には、「警察分（旅費）」が含まれており、その流れを捜査するためである。

捜査の実質的指揮を執る萩生田は、警備・公安幹部の強い反感を買った。警備部の課長とは言い合いになった。

「職務熱心なＳＰらが聴取まで受ける必要はない」

と言うのである。萩生田は引き下がらない。

「松尾は、総理一行に同行した警察官に宿泊代の上乗せ代を支給しただけでなく、寝酒用の高い酒やつまみを差し入れて相当のカネを使っている。一回につき一〇万、二〇万でも十回、二十回と重なれば一〇〇万円、二〇〇万円になるんだ。金銭的な世話を松尾から受けていたらよくないので、何人か調べたいと言っているんだよ」

警察官僚やＳＰらの聴取をおざなりにするようでは、官邸や外務省の官僚たちがおさまらない。裏付け捜査も行き詰まるだろう。二課長の樋口だけが、「（聴取は）どんどんやってください」と言った。

一方で松尾の機密費詐欺事件の被害額は追及が進むにつれ、次々に拡大していった。松尾を再逮捕しようとするたびに参考人の数は増えていき、最終的に調書を取ったり上申書を提出させた中央省庁の役人は七百三十五人に達した。もちろん、サミットに同行した他官庁の首脳たちもこの中に含まれている。

警視庁関係者によると、例えば、大蔵省国際金融局長だった黒田東彦《はるひこ》（現・日銀総裁）は参考人調書を二度取られ、上申書も少なくとも二度提出、「ミスター円」と呼ばれた大蔵省財務官の榊原英資《えいすけ》も調書を一度、上申書を三度も提出していた。他にも、警視庁の参考人リストには、内閣官房首席内閣参事官だった羽毛田《はけた》信吾（元宮内庁長官）や外務省総合外交政策局総務課長だった河相周夫《ちかお》（現・侍従長）、アジア局北東アジア課長補佐時代の城内《きうち》実（現・自民党衆院議員）らの名前が挙がっている。

この捜査のために投入された捜査員は応援の刑事総務課を含め、延べ一万九千四百四十一人に上る。事件に火を付けた中才もその一員に過ぎない。汚職疑惑がつぶれると、彼は再び松尾事件の裏付け捜査に戻っていった。

付言すると、捜査の起点は、中才が廣瀬日出雄から情報を入手した一九九九年一一月九日となっている。捜査終了時は、五度目の追起訴を終えた二〇〇一年六月二八日。捜査に五百九十八日も要したのは、詐取した金額が巨額であり、裏付けを終えると順番に逮捕容疑とし、それを起訴へと持ち込む間に、次の逮捕容疑を固めるという逐次前進の手法だったためである。

この間、松尾は十四回の外遊時に総額五億六六五万七五二〇円を詐取していたことを供述した。さらに、ノンキャリア職員の腐敗について、次々にその実態を明らかにした。自らの後輩である外務省課長補佐・小林祐武や、欧州局西欧第一課課長補佐・浅川明男の公金詐取を裏付ける供述もしている。この二人は、中才が二度目の報告書に上げた「三悪人」の残る二人だ。

小林と共犯の事務官、及び浅川の三人は松尾事件が一段落した二〇〇一年七月と九月にそれぞれ逮捕された。浅川は、一九九五年のAPEC大阪会議などの会場費を水増しし、約四億二三〇〇万円をだまし取ったという容疑である。

外務省OBの「半太郎」、つまり廣瀬日出雄が告発し、中才が追跡した事件は松尾ら四人を逮捕して終結した。外務省ではこの事件を契機に、七人を懲戒免職処分にし、三百八十七人を懲戒減給などの処分にしている。ただし、外務省が総懺悔し、膿を出し尽くしたかと言えばそうでもない。

それをよく示す例がある。元米国デンバー総領事の公金流用事件である。

発端は、デンバー総領事館の元公邸料理人が「総領事夫妻から、総領事館のパーティに使う機密費を夫妻の私的な食費に回せと指示されていた」と内部告発したことだった。二〇〇〇年六月には告発文書が複数の職員のほか、外務省在外公館課首席事務官の手元に届いていたが、全く放置された。

これが一年後、松尾事件の最中に新聞で報じられると、外務省はあわてて調査し、新聞報道の翌月、キャリア官僚で総領事だった水谷周《まこと》を懲戒免職処分にしている。不正経理で八万一六〇〇ドル（約一〇〇〇万円）の公金を流用したというのが処分理由である。

ところが、松尾の場合は懲戒免職と同日に刑事告発したのに対し、外務省が水谷を背任容疑で告発したのは、何と一年後の二〇〇二年八月三〇日だった。当時、事務次官であった川島裕は、「懲戒免職が揃えば自動的に（告訴する）という話ではないのだろうと思う」と語るのみで、「キャリアには甘い、不公平だ」という批判を顧みることもなかった（なお、水谷は二〇〇三年六月に起訴猶予処分とされた。弁済していることなどが考慮されたという）。

そして、外務省内には職員のこんな恨み節が残った。

「松尾が途中で自殺してくれていれば、みんなどんなに楽だったか。役所に迷惑をかけることもなかっただろう」

## 3　完落ち

捜査終結から約一ヵ月後、鈴木は捜査二課の部屋で、東京地裁一〇四号法廷からの報告を待っていた。松尾の初公判が七月三一日午前十時から開かれており、傍聴席で二課の刑事が公判の行方を見守っている。

気になることがあった。その少し前に、彼は勾留中の松尾に請われ、調べ室で会っていた。膨大な証拠品の整理を進めているころだ。いつもそうだが、追起訴の後もなかなか仕事は終わらなかった。松尾の裁判次第では補充捜査が必要になるかもしれない、と思っていた。

そのとき、松尾から初公判の罪状認否について相談を受けたのだった。松尾は接見に来た弁護士と二時間ほど話し合った。そこで公判では否認という方法もある、と聞かされたのだという。

「罪状を否認するとどうなりますかね。いい弁護士さんなんですよ」

否認するのはどうか、という話になったらしい。自供させた俺にそれを相談するのか、と鈴木は思った。

「だったら否認すりゃいいんじゃないの、あんたの弁護士なんだから。弁護士さんが言うようにすれば？」

語尾を上げて、突き放すように言った。

「はい……」

「でも、否認すりゃ、情状酌量はなくなるよ。デメリットとメリットとどっちが多いかね」

「そんなものでしょうか」

「刑が軽くなるのはどっちか？　それについては俺は全く専門外だから」

そんな問答があって、罪を認めるという話に落ち着いたようだったが、法廷に立てばどうなるか、わからない。だから、少し落ち着かなかった。

被告人と呼ばれるようになった松尾は、紺のスーツに白いワイシャツ姿である。サンダル履きが拘置所暮らしを物語っていた。俯いた目は充血し、白髪が目立った。罪状認否になると、松尾は一枚のメモを取り出し、それを早口で朗読した。

「私は宿泊費の差額を水増しした宿泊費差額表を内閣官房に提出し、各公訴事実に記載された現金を詐取したことは、起訴状記載のとおりであり、いずれも間違いありません。私は国民に奉仕する国家公務員であり、指導的立場でありながら、国民が納めた税金である公金を詐取し、私的な用途に費消したことは、いくらお詫び申し上げても許されない重大な罪と承知しております。

私の一連の犯行で、官邸、外務省、そして何より国民に多大なご迷惑をおかけし、大変申し訳なく心よりお詫びを申し上げます。このうえは、残る人生のすべてをかけて、本件の償いを続ける所存です」

それを法廷の一角で傍聴していた捜査員が警視庁に戻ってきた。

「松尾はすっかり認めていました。やつれていましたね」

その報告を聞いて、萩生田が言った。

「よかったな。ビンの調べはやっぱり違うな。完落ちしてるなあ」

だが、すべて本当のことを語ったかと言えば、疑問が残る。

彼が認めたのは自分と、自分と同じ立場にあるノンキャリア職員の犯罪だけなのである。

それからしばらくして、東京・麹町にある料理屋の大広間で、松尾事件の打ち上げ会が開かれた。

この事件には百六十二人の捜査員が投入されている。未曾有の捜査体制であった。この日は、そのうちの約百人が参加する大きな慰労会となった。

彼らは、松尾が総理官邸から受け取った一一億五七八六万七五一九円の行方を別表2（319ページ）のように解明していた。

| | | |
|---|---|---|
| 競走馬購入資金等 | エターナルホープ他二十二頭 | 三億四一一七万二一八三円 |
| ゴルフ会員権 | 双園ゴルフクラブ他四件 | 四一〇一万六六七三円 |
| 愛人関係 | アクセサリー等 | 一億三九四万三六一六円 |
| 飲食代金 | イタリアレストランサバティーニ等 | 四三九万二八二一円 |
| マンション購入資金 | グランヴェール小石川播磨坂 | 七八二一万一一四五円 |
| 養育費等 | 生活費・生命保険料等 | 一億四九二七万五二五六円 |
| その他　自動車・証券等（使途不明含む） | | 二億一七六四万八〇四一円 |
| クレジット海外利用分（公的含む） | | 二億二二二〇万七七八四円 |

別表2を見るとわかるように、この中には使途不明が含まれている。だから、厳密に言えば完全解明とは言えなかった。また、松尾はこの一一億五七八六万七五一九円のうち、宿泊費差額分として九億八七六六万七五二〇円を自らの口座に入れていたが、実際に起訴されたのはその五一％にあたる五億六六五万七五二〇円である。残る金額の多くは使途先が不明だったり、時効だったり、裏付けの手間がかかったりしたために立件対象から外されたのだった。

それでも公務員犯罪としてはありえない規模の事件である。さらに、官邸や外務省職員が資料を出し渋り、その捜査範囲が海外四十七ヵ国、国内は一都一道一府十五県にも及んだことを考慮すると、警視庁が立件を自画自賛するのも理解できないではない。警視庁が警察庁に提出した報告書にはこう記されている。

〈本件は国民が注視する官房機密費を巡る事案である。外務省、内閣官房のみではなく政官界にも大きな影響と反省を促した事件でもあり、逮捕者は一名であるが警察力が与えた影響は極めて大きい。

また、本件は国外における被疑者の宿泊費支払い状況、その他の経費支払い状況を証拠上立証する事案であり、外務省、内閣官房、他省庁七百三十五名の関係者から調書を作成した。特命全権大使、現職・元事務次官、各省庁局長クラスが多く、その取り調べは困難を極めたが克

## 別表2：外務省幹部職員による要人外国訪問を巡る 内閣官房報償費詐欺被疑事件

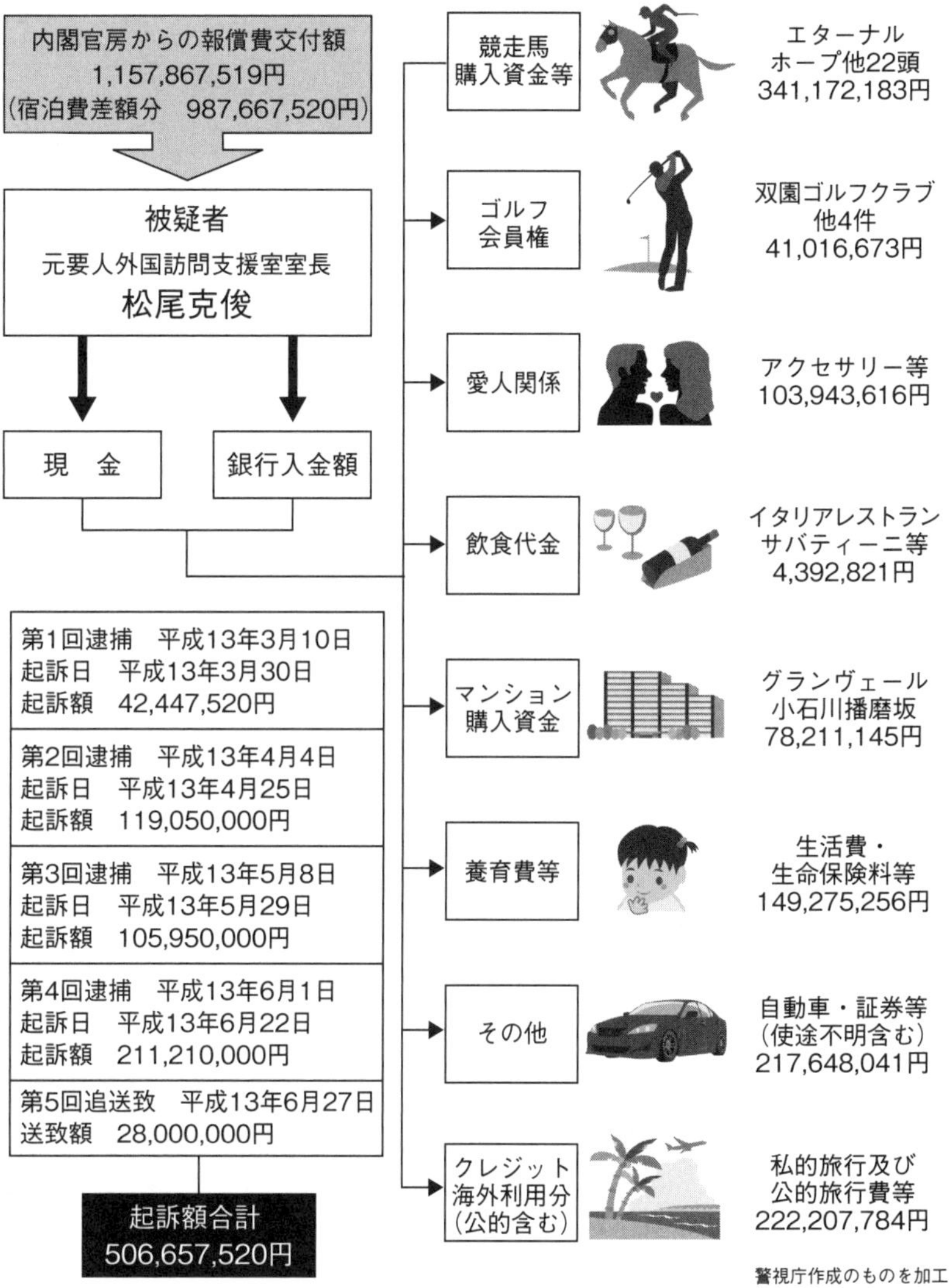


警視庁作成のものを加工

服した〉

慰労会の主役は、事件を掘り起こした中才と、松尾の調書を取った鈴木敏、そして彼らの上司である情報係長の中島政司、第四知能犯第三係長の萩生田勝である。

萩生田は、松尾を三度目の起訴に持ち込んだ五月、父親を突然、失っていた。その日も次の再逮捕に向けて忙しくホテルに泊まりこんでいた。早朝、妻の道子から電話があった。彼女は都立第五商業高校の四年後輩で、当時勤務していた自動車販売会社で盗難事件があり、臨場した三鷹署時代の萩生田と知り合ったのだ。夫が二ヵ月も三ヵ月も帰宅しないので、一人で一家を切り盛りしていた。彼女もまた「わが家は母子家庭だから」という言葉を口癖にしている。気丈なその道子が動転している。

「お義父さんが息をしていないみたいなんだけど」

父は七十二歳になる。肺がんの手術後、自宅療養をしていたが、前日には変わったことはなかったのだ。

「お前、オヤジが死んでるか、生きているかくらいはわかるだろう！」

電話口で怒鳴った。少し間があって、おろおろした声が返ってきた。

「死んでる。死んでるわ」

「すぐ救急車を呼べ。事情を話してな。俺も行くから」

そうして萩生田も搬送先の病院に向かったのだが、父親の最期に立ち会ったのは、通夜と葬式の二日間だけだった。「後は頼むぞ」と道子に任せ、仕事に戻ってきたのだった。刑事はホシを相手にするものだ、と自分に言い聞かせ、家族にはこんな話をした。

「おじいちゃんはえらいよ。苦しまないで一人で逝った。みんなにも苦労をかけなかったものな」

事件がすべて終わった九月に、その萩生田も過労や肝機能障害で倒れた。職場で苦しみ出し、二週間、病院のベッドの上にいた。「俺たちは命懸けだ」と鈴木は言っていたが、それは誇張ではなかった。鈴木は退職すると前立腺がんを発症して警察病院に通うことになる。頑健な体を削る日々だったのである。

鈴木は二〇〇〇年の九州・沖縄サミットに絡んで小林祐武らが多額のハイヤー代を詐取した事件や浅川明男の詐欺事件を担当してくれないか、と打診されていたが、「もう勘弁してくれ」と断っていた。くたくたに疲れ、その日々の終わりに虚脱感があった。

ただ、この夜ばかりは誰もが意気軒高だった。捜査二課長の樋口眞人だけでなく、警視総監の野田健や刑事部長、東京地検で事件を担当した検事の川原隆司までが顔を見せている。鈴木は刑事部長の真ん前の席に大きな尻を落とした。

その鈴木の背広のポケットには三万円が入っている。樋口が近寄ってきて万札をぎゅっとねじ込みながら言ったのだ。

「二次会は川原検事を誘ってやってくれよ」

——この後は新宿で朝まで飲もう。

少し羽目を外すことがあってもいい、と鈴木は思っていた。事件後、彼が取った休暇は四日ぐらいしかなかった。きっと川原さんもそうなんだろう。

その近くの席にいた中才宗義は上司たちから声をかけられている。

「これでやっと警視庁も、霞が関の警視庁になったねえ」

そのときだったか、総監の野田が、

「外務省の不正をやれるのは、あるいはこれが最初で最後だろうな。取れないぞ、こんな情報は」

と言ってくれた。嬉しかった。

警視庁の住所は、千代田区霞が関二丁目一番一号。中央省庁が立ち並ぶ霞が関の一角にある。だが、同じ霞が関にある東京地検が政財官界に睨みをきかせている——それも近年では伝説の類になろうとしているが——のに対し、警視庁が手掛ける知能犯事件は多くが小粒なものだった。都道府県警の一つに過ぎず、政官界に抗する力も弱い。実際にキャリアの警察官僚の一部には、それで良しとする、抑制的なところがある。

骨っぽい刑事たちはそうは思わない。要は、情報と指揮する者しだいなのだ。確かに、警視庁の一人ひとりの刑事の能力は検事たちに比べると劣っているように見える。自虐的な萩生田に言わせれば、石つぶてのように力ない集団だ。それでも彼らには蟻のような人海戦術がある。無名の石ころの力を集めることで、霞が関の底知れぬ腐敗に光を当てることができる。

打ち上げの座は早くも乱れ始めていた。あちこちで手柄話に花が咲いている。酒の飲めない中才には明るすぎる場だ。自分には内輪の席がずっと似合っていると思っていた。

彼の脳裏には、この打ち上げの前に捜査二課の部屋で開かれた「起訴祝い」の記憶があった。松尾の起訴を機に開かれた小宴である。第四知能犯の部屋に八十人ほどが集まって乾きものの袋を開け、ビールや酒を飲んだ。

「おい、中才！　今日はお前のあれなんだから、この机の上にあがって何か話しなさいよ！」

萩生田の太い声が響いた。中才に執務机の上に立って一言、挨拶をしろと言っているのだ。萩生田はほっとしていた。同時に腹の奥から苦いものもこみ上げてくる。

――俺は本当に仕事をやり遂げたのか。

だから、中才に向かってこんな言葉もかけた。

「お前だけだよ。ここで威張っていられるのは。だから、何か話せよ」

面を伏せたまま、中才はよっこいしょ、と机に上った。おおっ、というざわめきがあがった。

皆さんのおかげで、と彼は声を絞り出した。

「起訴までこぎつけてもらって――」

　その後に続く声は喧騒の中に吸い込まれた。

　中才は、外務省の腐敗を告発した廣瀬日出雄の言葉を思い出していた。彼はこう言った。うちの会社もやられるんだったら、どうぞやってください、と。あそこから始まったのだ。

　そして、約束通り、途中で放り投げることなく、ここまで来た。

　スチール机の上で、晴れがましい思いが中才の胸を浸していた。

## 4　敗北感

　暑い夏も果てるころから、中才は次々と表彰状を持ち帰った。

　九月一四日に警視総監表彰を受け、一〇月二四日には警視庁刑事部長賞と金メダル、それに飾り盾をもらい、一一月一二日には警察庁刑事局長賞を受け取って来た。

　警視総監賞の賞状には、〈君は卓越した捜査手法を駆使し事件解決に貢献した〉とあり、刑事部長賞は〈抜群の功労があった〉、刑事局長賞は〈検挙に功労があった〉と、賞状の言葉を少しずつ違えて、外務省事件を掘り起こした中才の功労に報いていた。ただ、仕事に口出ししない妻の恵子はあまり関心を示さなかった。

　わずかに興味を引いたと思われるのは、警視総監賞の表彰状がいつものB4サイズではなく

A3判の特大のものだったことだ。おぼろげな記憶だが、それには副賞の金一封が付き、五〇〇〇円が入っていたという。警察の金一封は、開けてみると一〇〇円玉一個ということが多く、今度の総監賞は特別なものであることがわかった。

実は、警視総監賞には「一級」「二級」「三級」という組織内部のランク付けがあって、中才のそれはめったに取ることのできない一級表彰である。一級の総監賞に輝くと、副賞の賞金が跳ね上がり――それでも金額は子供のお年玉程度に過ぎない――二、三級の賞状より二回り以上も大きい賞状を授与された。

この事件では中才以外に、鈴木敏も一級の総監賞を受賞している。取り調べにあたった中島や萩生田も警視総監賞をもらっているが、こちらの賞状は普通のサイズであった。

ちなみに、警察庁長官賞は功労のあった組織やチームに与えられることが多く、団体賞の色合いが濃い。だから同僚たちに言わせれば、中才と鈴木は「個人部門で金メダルの勲章を取った別格の刑事」なのだった。それは顔のない刑事が放った一瞬の光芒だった。

中才らの表彰が続いていたころ、捜査二課長だった樋口眞人は警察庁長官官房人事課監察官に異動し、後任として預金保険機構特別業務部次長だった安森智司が就いた。樋口の同期であり、ライバルである。

それ以外にも変わったことがいくつかあり、その一つはあまり仲の良くなかった萩生田勝と中島政司が一緒に飲むようになったことだった。もちろん係も違うのでたびたびあることではなかったが、情報係長がナンバーのうるさ型の係長と腹を割って話すようになったことは、係ごとに竪穴にこもって仕事をしている二課の面々にとっても喜ばしいことであった。

二人は根っからの酒飲みだが、通うところは新宿や新橋の、一本百円ほどの焼き鳥やもつ焼きを食わせるざっかけない店だ。二課刑事が行く店はカネや女の心配をせずに酔える店に限る、と彼らは思っている。

彼らは共通の悩みを抱え、同じような苦さを嚙みしめている。中島、萩生田、中才、鈴木の四人はいずれも男児に恵まれたが、一人として父の後を継ぐ、という子供はいないのである。薄給で過酷、そして母子は父親抜きで日々を送らなければならない。子供にすれば、とてもやってられない、ということらしい。愛すべき父であり職業なのだが、尊敬しきることができないのだ。

刑事という仕事はたいてい一代限りだ。中島は長男にこう言われたことがある。高校を卒業するころだった。

「大学もだめ、就職もだめだったら、仕方ないから警察官にでもなるよ」

「ばかやろう。ふざけんな!」

そう言いながら苦笑いが浮かんでいる。そうだろうな、と思うところが自分にもあった。息子はその後、自分で見つけた私鉄に入社し、駅の助役を務めている。面倒を見なくとも子は立派に育つということだが、それは親として少し哀しくもある。そんな話は、刑事仲間でしか愚痴ることができない。

口の悪い萩生田も酒が入ると優しくなって、飲んでいるとき、中島にぽつりと言った。

「あんたもいいとこあるね」

中島はハハハ、と笑い飛ばした。

「俺たちは感謝していますよ。あの事件は萩さんでなければやりきれなかった、間違いなく。萩さんは口だけがあれだから。あれがなければねえ」


萩生田は複雑な思いでいた。これで良かったのかどうか――。解放された心の底に敗北感が沈んでいて、時々それが顔を出す。

中才が当初、追及していたのは、外務省に絡む贈収賄事件である。それに加えて、鈴木や萩生田はキャリア官僚の腐敗を追っていた。

しかし、松尾が五億円を超える機密費詐欺や小林、浅川の巨額詐欺を認めてしまうと、その金額に比して職員の収賄疑惑の金額はあまりにも少なく、前記のようにいまさら追及するほどでもないとされた。外交族議員を巡る汚職疑惑も囁かれたが、その追及も進まなかった。計七百三十五人に上った役人の事情聴取や、松尾らノンキャリア職員の取り調べに捜査員の大半が割かれたことも痛かった。

萩生田は、松尾から外務省の高官に必ず金品が渡っていると睨んでいた。鈴木も「それはある」と言い、松尾を追及していたのである。

萩生田が特に不審に思っていたのは、一九九七年に松尾に内示されたタイ大使館への異動が途中で取り消されたことだった。自ら上層部に掛け合って白紙に戻したと言われていた。ノンキャリア職員の彼が、斎藤邦彦らの人脈に連なることで人事に強い発言を持っていたことは、省内でよく知られていた。

萩生田は、もし松尾が人事を動かすために上層部に金品を贈ったとすればそれは賄賂にあたるのではないか、と考えた。九七年のタイ人事は機密費詐欺事件の大きなターニングポイントにあたり、その人事が消えたために松尾は五年十ヵ月という長期にわたって要人外国訪問支援室長としてとどまり、一一億円余の機密費を差配できることになった。

傍証はあった。金品上納を示唆する資料の一つが警視庁に残されていた。

別表3はその一つから抜粋したものだ。これは松尾が要人外国訪問支援室長として関与した四十六回の総理外遊について、官邸から毎回、いくらの機密費が松尾に渡され、それを松尾がどこの銀行に入金して、どのクレジットカードで何を買ったのか——が一覧表にしてまとめられている。

この備考欄に「持ち帰り土産代」とあり、毎回、外遊のたびに松尾が、多いときには一度に八〇〇〇万円の土産を買ってきていたことが記載されている。

## 別表3：松尾克俊が機密費で購入した持ち帰り土産一覧

| 日付 | 総理 | 訪問先 | 持ち帰り土産代 |
|---|---|---|---|
| 1994年2月 | 細川 | アメリカ | 40万 |
| 同3月 | | 中国 | 20万 |
| 同5月 | 羽田 | 欧州 | 500万 |
| 同7月 | 村山 | ナポリサミット | 600万 |
| 同7月 | | 韓国 | 400万 |
| 同8月 | | 東南アジア | 300万 |
| 同11月 | | APEC | 300万 |
| 1995年1月 | | アメリカ | 400万 |
| 同3月 | | 社会開発サミット | 200万 |
| 同5月 | | 中国 | 400万 |
| 同6月 | | ハリファックスサミット | 500万 |
| 同9月 | | 中東 | 400万 |
| 1996年2月 | 橋本 | ASEM会合 | 300万 |
| 同4月 | | モスクワ | 400万 |
| 同6月 | | リヨンサミット | 800万 |
| 同8月 | | 中南米 | 800万 |
| 同9月 | | 国連総会 | 500万 |
| 同11月 | | APEC | 400万 |
| 1997年1月 | | 東南アジア | 500万 |
| 同4月 | | 米・豪・NZ | 500万 |
| 同6月 | | デンバーサミット | 500万 |
| 同9月 | | 中国 | 500万 |
| 同11月 | | ロシア | 311万 |
| 同11月 | | APEC | 175万 |
| 1998年4月 | | ASEM会合 | 414万 |
| 同5月 | | バーミンガムサミット | 300万 |
| 同9月 | 小渕 | 国連総会 | 800万 |
| 同11月 | | ロシア | 300万 |
| 同11月 | | APEC | 300万 |
| 同12月 | | ASEAN | 300万 |
| 1999年1月 | | 欧州 | 400万 |
| 同3月 | | 韓国 | 500万 |
| 同4月 | | 米国 | 500万 |
| 同6月 | | ケルンサミット | 500万 |

合計額　1億4060万円

| | | |
|---|---|---|
| 一九九六年六月 | リヨンサミット | 八〇〇万円 |
| 同八月 | 中南米 | 八〇〇万円 |
| 同九月 | 国連総会 | 五〇〇万円 |
| 同一一月 | ＡＰＥＣ | 四〇〇万円 |
| 一九九七年一月 | 東南アジア | 五〇〇万円 |
| 同四月 | 米・豪など | 五〇〇万円 |
| 同六月 | デンバーサミット | 五〇〇万円 |
| 同九月 | 中国 | 五〇〇万円 |
| 同一一月 | ロシア | 三一一万円 |
| 同一一月 | ＡＰＥＣ | 一七五万円 |
| 一九九八年四月 | ＡＳＥＭ会合 | 四一四万円 |

すべての持ち帰り土産代を合わせると、実に一億四〇六〇万円に達していた。

巨額の土産品はどこに消えたのか？

この中には、愛人へのプレゼントも含まれていたが、萩生田や鈴木らは官邸や外務省幹部、国会議員たちも松尾から土産品を受け取っていた、と見ていた。取り調べに対し、松尾は高級ワインからネクタイ、スカーフ、絵画、トラの敷物まで土産が多様であったことを認め、こんな趣旨の供述をしている。

「外務省幹部らの求めに応じたり、あの大臣はこういうものが好きだ、と忖度したりして、土産を買い、梱包させたうえで政府専用機で持ち帰りました」

実際に、他省庁から出向していたドイツの日本大使館員は、一九九九年六月のケルンサミットの際、松尾が十ダースの高級ドイツワインと六組の羽毛布団を大使館で梱包させたことを目撃していた。またナポリサミットでも、松尾は一〇〇本単位で高級ネクタイやスカーフ、絵画などを購入し、それを政府専用機で日本に運んでいる。

元外務省職員は次のように証言する。

「ナポリに行った帰りに、松尾さん用のブランドのネクタイがどかっと百本以上、一つずつ箱に入って置かれていました。とても高そうでした。ブランドのスカーフも大量にありました。どう考えたって自分ひとりじゃ使えないってわかります。それらはタグを付けられて政府専用機で運ばれ、空港から外務省や官邸などに配送されていました。私は総理や総理周りの人、政治家などに贈られるのではないかと推測していました。政治家から地元の支持者に渡ったのかもしれませんね。

一つ言いたいのは、本当に使われた土産代は計一億四〇六〇万円どころではありません。想像を超える金額が使われていました。

松尾さんは大使館員に『ネクタイとスカーフを揃えとけ。柄なんて適当でいいから』などと電話で指示していました。無防備すぎるほどでした。そのカネがどこから出たのか、誰でもおかしいと思うでしょう。そこで彼が言う言葉は一つしかないです。『官邸が必要だと言ってるんだから』。松尾さんにそう言われれば、まず黙りますもん」

松尾の不透明な支出に官邸が絡んでいるためか、警察庁や検察庁もこれ以上の追及には消極的だった。

前述の原資不明金に関する捜査資料には、松尾がもらったカネのうち数百万円を各国の日本大使館に渡していた、という記載がある。ホテル代とは別に、不透明な支度金や現地の大使館への心付けといった費用が含まれていた。大使館もまた、説明のつかない流用のおこぼれに与っていた疑いがあった。それでも、松尾の個人犯罪以外の事実をあからさまにするのは好ましくないという判断が働いていたという。

これに対し、萩生田は自分の捜査指揮にこそ問題があったと言う。

「あれはやっぱり私の考え違いで、松尾の事件を何とか成功させようという小っちゃい気持ちを持っちゃったから、外務省の本当の幹部にまで伸ばせなかった。外務省の局長クラスの捜査をしたことがばれたら、松尾事件の被害者である官邸や外務省が揺れてしまうから手を付けなかった。本当は松尾一人やるよりも外務省の高官をやりたかった」

鈴木も「本音を言えば悔しいよ。みんなそうなんだ」と漏らしていた。こうした責任を萩生田は一人で背負った。彼は二〇〇八年に出版した『警視庁捜査二課』(講談社)にこう書いている。

〈松尾はついに口を割りませんでした。ついに、松尾がロジ室に六年間も君臨できた理由について供述できる幹部を捕まえることはできませんでした。そして松尾は、調書の中で「事件の原因は、自分の独善的な性格にある」として、すべての責任を自分一人で被ろうという姿勢を貫き通しました。こうして、「絶対にある」と睨んでいた松尾と外務省幹部との間の金の流れの追及は頓挫しました。その点ではわれわれの敗北でした〉

「これは本当に突っ込んでやったら、奥の深い事件だった」と萩生田は言う。外務省幹部を捕まえられなかったことについて、悔しさを感じない捜査員はいなかった。

だが、自分たちの捜査を、あれは負けだった、と正直に認めたのは萩生田ただ一人である。

## 5　左遷

捜査二課長室前に陣取っている庶務担当の職員が、情報係長の中島の席にやって来た。二課長が呼んでいるというのである。

「背広を着て部屋まで来てください」

付け足した言葉が少し気になった。外務省事件から半年ほど過ぎた朝だ。

課長席に安森智司が座っていた。愛知県警捜査二課長を務めた後、建設省道路局路政課課長補佐や預金保険機構特別業務部次長を務めている。刑事捜査一筋というタイプではない。安森は淡々と告げた。

「人事の命免があります。情報係長を免じ、第四知能犯第三係の係長を命じます」

命免とは役所言葉で、言い渡しの意味である。

すっと血の気が引いた。

——左遷だ。どうして俺が飛ばされなければならないんだ！

情報係で成績も上げているではないか。なぜ、捜査二課の別の班に異動させられなければならないのか。納得できる説明もなく、いきなり「命免」を口にする上司の神経に、体が震えるのを感じた。

憤然と席に戻った。情報係で定例の朝会が開かれる時間だった。そこへ課長がやってきて、係員たちを前に、ちょっと話しておきたいことがある、と言い出した。

「情報係やナンバーの組織改革をやります。情報係を強くし、一方で強い情報マン、情報を取れる捜査員をナンバーに配置することによって捜査力を強化したいと思います」

何のことだ、と中才が思っていると、中島と自分の名前が飛び出した。

「その刷新にあたって、中島係長を第四知能犯第三係長に、中才主任には第四知能犯第一係に異動してもらいます」

たちまち中才の顔が歪んだ。俺は四知一係に、中島は三係に行かされるのか。

なぜ、なぜ、なぜ！

ナンバーは二課の看板だ。そこへ異動するのだから表向きは恰好の付いた人事だ。だが、中才は情報の世界に人脈を張って生きてきた刑事である。異動先の一係には四人ほど主任がいて満員の状態だということも知っていた。机だって空いていないところだ。

——なにが、「異動してもらいます」だよ。裸一貫、命懸けで仕事をやってきたのにどうしてこんな中途半端な時期に情報班から追い出されなければならないんだ。

信頼できる相棒だった二人は離ればなれに配置されるのである。同じ第四知能犯でも班が異なれば、まるで空気が違う。こんな意地悪な人事があっていいのか。憤怒で体が燃え上がった。

情報係を出る課長を廊下まで追いかけて、中才は課長に向かって怒声を浴びせた。

「そんなんだったら、警視庁から出しゃいいじゃないか、俺を！　所轄（警察署）にやれよ！」

出せるものなら出してみろ。その剣幕に小さな声が漏れた。安森は若いころ、キャリアの管理官として捜査二課で修業したことがあり、中才と知らない仲ではなかった。安森がその時代に結婚式を挙げたときには、彼らが「手叩き要員」と呼ぶ出席者の一人として式を盛り上げたこともある。

中才に思い当たるところがないか、と言えばそうでもない。彼は情報係の古参刑事の生ぬるさに腹を立てていて、少し前に、同じ係の刑事たちを調べ室に呼び出している。彼らの言葉で

「気合を入れる」というやつだ。そして、いつも部下にうるさく言っている言葉を浴びせた。

「お前ら、何やってんだよ。毎日。酒ばかり飲みやがって。ブラック筋だとかよ、そんなところから持ってきたネタばかりじゃねえか。生きてるネタ一つもないじゃないか」

先輩、同僚にも苦言を呈すべきなのだ、と当人は思っている。罵声を浴びる刑事たちにも言い分があるのだが、すさまじい勢いでまくし立てられ、睨みつけるしかなかった。

「二課には俺たちのような主任が百五十人もいる。主任はたいていが五年間は在籍するんだから、五年に一人が一件ずつサンズイを挙げたら百五十件だろう。一体どれだけのホシを挙げられるの？　それができない奴がいるんだ。他人の仕事で五年間も二課で過ごしていく。それでいいのか！」

中才は先輩どころか、幹部にも一言申さずにいられない質だ。外務省事件の真っ最中にもひと騒動あった。課長だった樋口が部下たちに、

「二課の情報がマスコミに漏れている。私は許さないよ」

と言った。中才はその言葉が情報係に向けられているような気がして、猛然と反論した。

「二課長だって記者に対応しているじゃないか。漏らせる権限というか、それがあるんじゃないの」

いかにも言い返してやった、という風に口を尖らせる所作を、職人気質と受け取るか、それとも反抗分子ととらえるかで評価は全く異なったものになる。樋口はそれを飲み込むことがで

きたが、後任の課長はそうではなかったのかもしれない。好き嫌いがはっきりした課長という評価があった。

中才が気合を入れた直後、その刑事たちは中島に食いついた。

「係長！　あれは何の真似だよ。中才のガス抜きをさせているのか」

こちらだって遊んでいるわけではない。同じ情報係の刑事なのにどうして頭ごなしに罵倒されなければならないのか——そう思ったに違いない。

中島は班をうまく統括する立場にあったのだが、そうしたいざこざは構わずにいた。中島は気性の激しい中才の良き理解者で、そのうちに自分の後任の情報係長になってくれればいいのに、とまで思っていたのだ。もちろん、中才が警部試験に合格すれば、という将来の話だが、中才は一生懸命やっているではないか。

だが、人事権は課長にある。安森は情報係の刷新を進めており、真意はともかく二人はその構想から外れていた。後任の情報係長には安森に近い人物が選ばれていた。外務省事件を契機に昇進した者がたくさんいたのに、結局、二人は「飛ばされた」のである。

鈴木敏はしばしば、

「事件を挙げたからといって、いいことなんて何もなかった」

と周囲に漏らしている。外務省事件を掘り起こした中才や中島も表彰以上のものはなかった。事件の情報をもたらした水野清の耳には、「中才は褒められるどころか、実際には上層部から怒られたらしい」という噂が入っている。事件に関与した警視庁の中堅幹部は次のように言う。

「俺たちは中才たちはよくやったと思うよ。だが、外事や警備、SPたちからは『あいつら、よくもやりやがったな』と憎まれていた。何しろ、ホテル代の水増しやら差し入れやら、つまり闇だな、それを松尾はやってくれていたんだが、それがなくなったわけだから」

警視庁にはこの二人を可愛がってくれる幹部もいたのだが、一度受けた内示は取り消されるわけがないと知っていたので、二人は悔しさを隠して情報係を後にした。

中才は四知一係のシマに机を一つこじ入れ、そこを自分の居場所にした。わかっていたつもりだったが、いざナンバーに腰を据えてみると、勝手が違うのに戸惑うことが多かった。電話と外回りで情報を集めていた日々が、調べ室で事件を仕上げるように求められる。それでも付き合いのあった元贈賄業者やブローカー、職業不明の男たちから電話がかかってくる。

「元気?」

「いや、ダメだよぅ。後でかけ直すから」

情報がありそうなときも自由には出られなくなった。

「中ちゃん、何か悪いことしたの?」

彼らは不躾に聞いてくる。コソコソと話す姿に同じ係の仲間も、お前は何をやってきたのだ、と思っていたことだろう。

四知第一係の係長は顔見知りで、

「あいつを連れて行ってやってくれないか。頼むよ」

と部屋の隅にいた若い女性刑事を顎で示した。木下しずか（仮名）といって、係長が人柄を見込んで二課に引っ張り上げたのだが、扱いに困っていたのである。

「ペアを組んでくれる奴がいないんだ。教えてやってくれよ」

所轄の警察から捜査二課に抜擢されて三年目という駆け出しだ。新婚ほやほやだという。そんな女刑事を連れて歩けば、行った先で冷やかされるし、色眼鏡で見る者も出てくる。男の相棒なら尿意を催してもまあどこでも用を足せるが、女性だとそうもいかないだろう。パチンコ屋のトイレでも使わせるのか。面倒だった。

それでも係長の求めに従った。ここでは新参者だ。中才が自分の机を一係のシマにこじ入れたために、彼女の机がそのシマから出っ張ってしまい、ますます一係の付け足しのような存在に見える。

「おう、よろしくな」

お盆のような円い顔に大きな瞳、ふっくらとした体形で、器量よしとは言えないが、陽気で厚手に仕立てられているようだ。所轄署の交通課から始め、誰もが嫌がる看守係まで務めていた。それも「看守係をやれば警視庁本部にすぐ行ける」と言われていたからだという。ド素人なので男社会の二課では相手にされず、先輩たちの事件チャートを作ったり、報告書をまとめたり、お茶くみをしたりしていた。つっけんどんに言い捨てても、「すいません」を連発して、行儀よく笑っている。刑事向きではあるのだ。

中才は「おい、俺について歩くのなら、三つのことを守ってくれ」と言った。

「一つ、嘘をつくな。二つ、ネタ元や情報をばらすな。三つ、今日どこで何を食ったか、聞かれても言うな」

木下が怪訝そうにしているので、中才はその理由を手短に言った。

「どこで昼飯を食ったか教えると、二課の刑事ならだいたいどのあたりを回っているのかわかるんだよ。情報源を大事にするなら、そんなことを悟られてはだめだ。係長でも課長でもだぞ。それが守れるか。守れなければ一緒に来るな」

中才は二課では伝説的な情報刑事として知られるようになっていた。だが、彼が誰と会ってどんな情報を得ているのか、誰も知らなかった。当時は、二課刑事が毎日報告を求められることはなかったのだ。ベテランぞろいでライバルでもある一係の同僚たちは中才の動きを気にしていた。

木下が中才と情報取りに回って本部に帰ると、中才が予言した通り、先輩刑事がさりげなく聞いて来た。

「しずかちゃん、今日はどこへ行った？　何食べたの」

——うざいなあ。

中才が言ったのは、つまりこういうことなんだな、と彼女は思った。

「マクドナルドです」と答えると、「どこの？」と畳みかけてくる。結局、忘れました、と言うことにした。なかなか気も強いのである。

初老の中才が毎日、二十歳以上も離れた若い女性と行き当たりばったりの店に入った。立ち食いそばやうどん、ラーメンをすすり、カレー屋のスタンドや定食屋でメシをかき込み、たまには女性好みのケーキ屋や喫茶店でひとときを過ごす。

そんな場所で、彼女は中才を「お父さん」と呼んだ。彼女は早くに父親を亡くし、パーマ屋の母親に育てられたらしいが、改まって聞いたことはない。知る必要もないと思っていた。ホテルニューオータニの喫茶室などで情報源と接触するときもあった。中才はホテルに入るとき、決まって渋い顔を作って言うのだった。

「こんなところでよ、フライデーされたら、俺は一巻の終わりだなあ」

しかし、神経を使っているのはむしろ、木下のほうだったのである。彼女は過労とストレスが重なり、全身に蕁麻疹《じんましん》が出て一時的に視力も失い、病院に運ばれた。退院した木下が「私はA型なんです。意外に神経質なんですよ」と弁解すると、中才は笑い飛ばした。

「そうか、A型か。俺はガタガタだよ」
四、五〇〇〇円のコンビニ弁当やホカ弁を、名高い不動産業者や消費者金融会社の社長室に持って行って食べるのも中才の流儀で、以前と違うのは弁当の数が彼女の分を足して三つになったことである。昼になって、「かけそばを取ってくださいよ」と言って居座ったこともある。彼女も酒は飲めないのだが、政治家の事務所などで無理にワインを飲まされ、真っ赤になって警視庁に戻ったりした。

中才は何にでも食いついてくる彼女にこう教えた。

「ネタ元とどうしても飯を食わなきゃいけないときもあるよな。でも一〇〇〇円ぐらいのカツ丼でも食ってしまうと、『あいつは刑事なのに、カツ丼をご馳走になっていたよ』と言われるんだ。おごられていると、情報を取ったってなんだかんだと言われるんだ。だから、カネを払うタイミングを失ったら、次の日に警視庁のグッズとか、警視庁の売店で焼酎とかを買って持っていけ。相手が忙しい人だったら、秘書に『昨日はご馳走様でした。会長にこれあげてくださいよ』と渡すんだぞ。絶対に後ろ指を指されるな」

捜査技術や人脈の継承が叫ばれ始めていた。後には警視庁に伝承官というポストも設けられる。

だが、中才は人脈は誰かにもらえるものではないと教え、薦める人があっても伝承官には就こうとしなかった。捜査技術など話したって無意味だ。見て覚えるしかないんだ。だいたい中才自身が、伝承官の講義の場にいても、「お前なんか、本当にホシを捕ったのか」と言ってしまうような人間で、そう思うと、若い刑事に話す気にならなかった。

自分で開拓するしかない。多くの人と知り合い、粘り強く付き合うことだ。特に強く言ったのはこんなことだった。

「付き合っていても情報がない人や、何一つ教えてくれない人もいる。けれど我慢しろよ。俺は三百人ほど知っているけど、二十年間、何のネタもない人もいるんだよ、それでも我慢して付き合うんだぞ。たった一年の付き合いで、ぽっと話をする人もいるんだからな」

木下と何杯の立ち食いそばを食ったのだろう、と思うようになったころ、警部試験に合格した。渋谷署に赴任し、二年後、機動捜査隊の班長を命じられた。二〇〇八年の秋葉原通り魔事件にも臨場している。

渋谷署のころに防衛事務次官だった守屋武昌の情報を仕入れた。防衛装備品の専門商社「山田洋行」の幹部たちから頻繁にゴルフ接待を受けているという情報だった。守屋は防衛省の事務方のトップで、開けっ広げな能吏として知られていた。重大なネタだったが、中才は捜査二課を離れていたので、その情報を木下に伝え、捜査を託した。

木下たちはその接待が事実であることを間もなく突き止めた。ゴルフ場での交遊は隠しようがなかった。現金授受の痕跡を追って出張を重ね、便宜供与など詰めを急いでいた。もう一歩だ――そんな知らせを中才が受けた後に思いがけないことが起きた。

上司から、うちでは捜査を控えろ、という指示が下りてきたのである。

――女性刑事のネタだからか、それとも相手が大物過ぎるという判断だったのか。

一生に一度あるかないかのネタかもしれなかった。彼女は中才のところにやってきて、捜査中止のいきさつを話し始めた。急に目に涙が盛り上がって、ボロボロと床に落ちた。

「私、悔しいです……」

声を絞り出して、涙でゆがんだ顔を上げた。

「泣くな、木下。一生懸命やったじゃねえか。無駄にはならんよ」

かつての相棒だった中島政司は時々、「刑事は苦しんだ分だけ人の信用を得るんだ」と言っていた。そんな言葉もかけられないほど憔悴していた。彼女に悪いことをした、という思いがこみ上げてきて、中才の心に深く沈んだ。

その守屋は二〇〇七年一一月、東京地検特捜部に収賄容疑で逮捕されている。山田洋行の元専務から納入に関する便宜を取り計らった見返りに、ゴルフ接待等で総額約一二五〇万円の利益供与を受けた疑いであった。また、国会の証人喚問で虚偽の陳述をしたことでも起訴され、収賄と議院証言法違反（偽証）で懲役二年六ヵ月の実刑判決を受けている。

中才と木下の見立て通りの事件だったのである。だが、いまさら自分たちも守屋を追っていたと言って何になるだろう――。

その悔しさを晴らすために、彼女はそれから九年を要した。

中才と木下が守屋の動向を注視していた二〇〇七年春、中島政司は刑事総務課管理官に就いていた。中島は外務省事件から三年後に警視に昇進し、第一機動捜査隊副隊長を経ている。この刑事総務課で、彼はこれまでの刑事警察の捜査手法を根底から覆す作業を命じられる。

刑事総務課は刑事部各課の庶務の総括に始まり、刑事部長特命の事件捜査、捜査支援、法令研究、刑事指導に至るまで、幅広く刑事部内のよろず後方支援を引き受ける部門である。

彼が指名されたのは、初代の「取調べ録音・録画担当」であった。取り調べの可視化を進める役回りである。

――ふざけんじゃない。そんなことをやればまともに捜査はできなくなる。

初めはそう思っていた。

その前年の二〇〇六年に、東京地検は試験的に取り調べの一部を録画・録音する方針を発表していた。捜査の可視化を日本弁護士連合会が求めたことや、二〇〇九年に始まる裁判員裁判に備え、「わかりやすい裁判」を実施するための第一歩だった。これに対し、警察側は当初、強く抵抗する。中島自身も反対論者の一人だった。可視化も初めは一部限定とされていたが、やがて全面解禁になるのは容易に予測できた。

警察庁のアンケート調査などによると、現場の反対論者の主張は次のようなものだ。

「容疑者がカメラを意識して真相を話さなくなる。また、自供しているところが映像や録音の形で残るとなると、容疑者が共犯者の報復を恐れて口を閉ざすだろう。

捜査員が萎縮することも懸念される。捜査員はカメラがあることで厳しい追及や説得をためらう可能性が強い。また、捜査員たちは取調室で容疑者と関係づくりをはかっており、カメラがあることでそれもできなくなる」

ところが、鹿児島県議選で公職選挙法違反の罪に問われていた元県議ら十二人全員が二〇〇七年二月、鹿児島地裁で無罪判決を受け、世論が大きく動いた。鹿児島県警が強引で弾圧的な取り調べによって買収の事実をでっち上げた、と認定されたのである。

これが追い風になり、同年十二月に民主党が提出した〈取調べの録画・録音による可視化法案〉が可決され、自民党内でも検討チームが発足していた。各地で署名運動も起こり、二〇〇八年三月、とうとう警察庁も試行として取り調べの一部を録画することを発表していた。

時代は、密室捜査から可視化捜査へと大きく転換したのである。その捜査手法の変わり目に、中島は調べ室の一部に録音・録画装置を導入し、誘導や強引な取り調べをなくす指導にあたれ、と命じられたのだった。

警察での可視化は現在、殺人事件や強盗致死、誘拐など裁判員裁判対象の重大犯罪だけに適用されているが、中島は重大事件の取り調べ手法が大きく変われば、それ以外の――例えば、汚職のように自白に頼っている事件の取り調べ手法も変わらざるを得ない、と考えていた。よく言えば慎重に、はっきり言えば、捜査が及び腰になる危険もはらんでいる。

既に記したことだが、汚職という密室犯罪は証拠収集が難しいために、容疑者を任意で連日呼び出し、時に怒鳴り畏怖させて内心を吐露させる手法が当たり前のように繰り返されてきた。二課刑事の中には「綺麗ごとを並べるだけで地位の高い役人のプライドを剝ぐことができるものか。苛烈な取り調べをするのは必要悪だ」という意識があった。

そうした懸念を抱く中島に、上司はこう説得した。

「お前しかいない。お前が言えば、刑事の多くがわかってくれる」

皮肉な巡りあわせである。彼はそう思いながら可視化の意義を説くため、刑事の講習に回り続けなければならなかった。


中島が刑事総務課で頭を抱えていた二〇〇七年八月、警視で、捜査二課立川分室管理官だった萩生田勝が定年まで二年半を残して突然、辞めた。辞表を提出したのだ。

それは本人の意思ではなかった。

彼は上司と激しく口論し、叱責を受けた後、その翌日には勤務先の立川分室に後任の管理官がやってきたという。そのとき、彼は中央省庁の局長クラスが関与する贈収賄事件を手掛けていた。前掲の著書『警視庁捜査二課』にこう記している。

〈この事件を扱うのに私では力不足だと上司が判断したのか、あるいは事件を潰すためになんらかの圧力がかかった結果なのか、私には分かりません。ただその後の経過を見れば、成功すれば警視庁でも十数年ぶりの大ヒットになる贈収賄事件がうやむやになったことだけは事実です。この事件を仕上げられなかったことは、非常に心残りです〉

当時、彼は上司と対立していた。警視庁詰めの記者と会って飲食したことを厳しく咎められた、と言う人もいる。ざっくばらんな萩生田は新聞記者にも人気のあった管理官だったが、警視庁幹部には許容できない行動に映ったのかもしれない。はっきりしていることは、彼のような型破りの刑事を抱え込む上司はいなくなっていたということだ。

彼の能力は警察の上層部にも評価されていた。萩生田が辞めたことを知った警視庁の元刑事部長は、中島にこう言ったという。

「警視庁も、あんなに優秀な男が辞め、馬鹿な奴が組織に残るようになってしまった」

# 事件の後で

築三十七年のしもたやは、西武池袋線の駅からゆったりとうねるような起伏を越えて、砂埃の舞う埼玉県南部の新興住宅地の中にある。その家の錆びついた門扉から玄関まで数歩の狭間に、睡蓮鉢や泡盛古酒の大甕《おおがめ》、苔生《こけむ》した陶磁器がすきまなく並んでいた。睡蓮鉢の水面に指先ほどのメダカがほんわりと浮かび、かすかな物音に驚いて音もなく潜んでいく。

中才宗義はうずくまって覗き込んでいる。直径六十センチの鉢や大甕の水をすかして見ると、彼が手をかけた小宇宙があった。

中才は新たな居場所を見つけられずにいた。六十五歳を過ぎ、東京タワーのふもとにある警視庁愛宕警察署を二〇一五年三月に退職している。それから三ヵ月が過ぎようとしているのに、就職先は決まらなかった。

その彼を「師匠」と慕う刑事らがいて、「この先どうされるのですか」と心配したり、「仕事を斡旋しましょうか」と申し出たりする者も少なからずいた。世話になろうか、と漏らせば何とかなったであろうが、ぐずぐずしたまま、睡蓮鉢がまだ夜露に濡れている時間から玄関先にいた。

六十五歳という年齢でおわかりだろうが、彼の再就職を巡って、周囲がやきもきするのは、実はこれで二度目なのである。最初は六十歳を過ぎた年の春、警視庁の定年を迎えたときのことだった。東京の不動産、証券、金融という大金の動く世界に人脈を広げていたから、退職後の再就職先は引く手あまただろう、と思われていた。

ところが、偏屈はいつまでたっても変わらなかった。「現役のころに知り合った会社に天下った」と陰口を叩かれるのが嫌でしかたなかったらしい。長い間、彼は天下りなど自由自在という収賄役人を追っかけてきた。それなのに、摘発する側の自分が人生の最後のほうになって、天下りしたと言われるようでは、二課刑事の誇りをドブに捨てるように思えたようだ。

その結果、周囲が気づいたときには、警視庁の嘱託職員として五年期限で再雇用されていた。長い間放ってきた妻の恵子と少しでも一緒にいたい、という気持ちもあったのだが、それは他人には漏らさず、心の中に仕舞っていた。

恵子は中才が捜査二課から渋谷署に異動した後、病魔に侵されていたことがわかり、手術をしていた。彼女が自分で異変に気付き、病院に行って見つけたのだ。そのとき、彼は妻をいたわることのなかった自分の罪に初めて気づいた。

「真面目に生きてきたのに……」

妻と泣いた。娘も涙を流した。そしてようやく、これからは妻との時間を増やそうと考えた。妻は転移を恐れ、治療と通院を続けている。爪が割れたり黒ずんだりするというのでマニキュアを始めていた。いじらしかった。

自分が苦労をかけたために妻は闘病生活を送ることになった、と中才はずっと自分を責めている。それで、定年近くになって上司から、「捜査二課に戻って来て最後の仕事をしろよ」と言われても断って、渋谷署勤務からきちんと休日の取れる機動捜査隊に移った経緯がある。

嘱託職員になると、週のうち水曜日と土、日を休み、月に十六日だけ、愛宕警察署で働いた。これで月給は一五万円程度。つましいが、給与の多寡で不満を漏らしたことはない。

再雇用の仕事は、犯罪被害者遺族の支援担当だった。公益社団法人「被害者支援都民センター」の手伝いである。東京タワーを仰ぎ見ながら警察署に通い、そこを根城に理不尽な殺人事件や交通事故死に遭遇した遺族たちと交流した。被害者支援都民センターなどとともに、遺族らとの座談会や講演会の開催にも携わっている。

すべての出来事には理由があるという。だが、彼が知った犯罪被害者は通り魔に襲われたり、落ち度なく交通事故に巻き込まれたりして、説明のつかない無念の死を迎えている。

中才の新たな仕事は、何十年経っても「いまが夢であってほしい」と念じるような遺族と深く触れあうことを意味し、汚職を掘り起こす警視庁の追跡捜査とは全く違って、胸の奥を衝かれる毎日であった。

遺族の世話をしていた二〇一四年一〇月、八十九歳で他界した前日本通関業連合会長の「お別れの会」がしめやかに開かれた。会場となった東京のグランドプリンスホテル新高輪には通関業界関係者ら約八百人が集まり、前会長で「日成」創業者の廣瀬日出雄の遺影に合掌し、焼香を上げた。

廣瀬は外務省事件の発火点となった、あの人物である。

だが、会場にその事実を知るものは、廣瀬の支援を受けていた元自民党総務会長の水野清以外にはいなかった。松尾をよく知る外務省職員たちの間では、「不倫を重ねた松尾が、彼の妻たちの怒りを買って密告されたのだ」と囁かれていた。

廣瀬の遺影は穏やかで、外務省の腐敗を告発したときの、火のような怒りはかけらさえも見えない。相手と刺し違えるほどの廣瀬の気迫に驚いた中才も、告別式の場にはいなかった。お別れの会の通知を受け取ったが、被害者支援の仕事と重なっていた。

「刑事はそっと見送るのがいい」という気持ちもあった。廣瀬は後年、風景写真の撮影を趣味にしており、自分で撮った写真をカレンダーに仕立てて、暮れになると中才に送っていた。それ以外、中才はかけそば一杯、ご馳走になったことはない。淡い付き合いを心掛けてきて、とうとうお別れのときが来た。

廣瀬の名は警視庁の記録にはない。外務省事件は「匿名の男性による情報提供が端緒」ということになっている。

中才の嘱託職員の期間が終わって、〝警察卒業〟の時期を迎えたのは二〇一五年春のことである。それで前記のように再々就職をどうするか、という難問を抱えたのだが、犯罪被害者遺族らと交流するうちに思うところもあったのか、「そのうちまた、職に就く」と後輩たちに告げて、自宅に引っ込んでしまった。

中才は毎日、数百匹の「楊貴妃」や「ダルマ」の世話をしている。楊貴妃は朱赤の少し高価なメダカ、ダルマは薄いピンク色のずんぐりしたメダカだ。近所の人から黒い雑種のメダカをもらったのがきっかけで、自分でもペットショップに行き、一匹五〇〇円の楊貴妃を六匹買ってきた。それを育てて五年になる。

散歩に行ったと思ったら、近所の見知らぬ老人を家に引き入れて、弁当を食わせたりしている。

「あのお弁当は私の昼食に買ってきていたのよ。警察を辞めてから、あなたは変わった」

恵子から呆れられたり、叱られたりしている。警視庁の捜査一課にいた幹部が退職して、「日曜はいいもんだな。コーヒーがうまいよ」とつぶやいていた。ようやく事件や仕事の重荷から解かれて、その心境がわかるようになった。

メダカたちは妻が陶芸教室で焼いた渋い器や大きな睡蓮鉢で飼っている。それが次々に水草に卵を産みつける。貧乏者の子沢山だ。そのまま放置すれば、卵は親メダカに食べられてしまう。

かわいそうだからな、とつぶやきながら、泡盛古酒の大甕、プラスチック容器、果ては何個もの発泡スチロールと、次々に銀河を広げているうちに、メダカは増え続けた。それを友人や近所の人々にせっせとくれてやっている。十数年来の知り合いは、

「メダカといっても、楊貴妃の中には血統書付きの種類もあるんだぞ。あんたにもあげるよ」

そう言われて、電車であぶなっかしく持ち帰った。彼は二リットルのペットボトル一杯に水を詰め、二十四の楊貴妃とダルマを入れた。そして、ボトルの蓋を緩めて、「空気を入れながら持って行ってくれ」と押し付けた。

元の仲間たちが携帯電話で近況を聞いたり、街へ出てこいと言うと、中才はメダカ飼育を語り、忙しいと答える。内心では、再就職話をしてくれるだけでありがたいと思っているのだろう。だが、相変わらず頭を下げられない。融通が利かないのだ。話をはぐらかせて息が詰まりそうになると、百二十五ccのオートバイをバタバタバタといわせてパチンコに出掛けたり、猫の額ほどの庭に植え付けたナスやキュウリを眺めている。

彼と親しい元上司はこんなことを漏らした。元上司は再就職先でも重宝がられている。

「中才は確かに刑事としては有能だが、民間会社ではあまり役に立たないだろうな。民間の仕事というのは八、九割が『まあいいか』と無理やり呑み込むようなことなんだ。あいつはその道の超有名人で、どんなところにも再就職ができたんだがな。まあ、清濁併せ呑むことを知らねえから、長くは務まらなかったかもしれないがね」

そんな中才のところに、警視庁捜査第二課の元部下がやってくる。例えば、第四知能犯警部補の木下しずかである。中才の身を案じ、同時に仕事に悩みも抱えている。中才が愛宕署で被害者支援をしているころから、「サンズイが挙がらない」とこぼしていた。愚痴る一方で、いいネタないですか、と情報や人脈を求めてくるので、苦しんでいるのがわかった。

中才の現役時代よりも、幹部や検察庁が摘発に対して慎重になっている。

「この事件は筋が悪い。着手は難しいな」とすぐ弱音を吐く幹部たちがいる。そもそも筋が良いサンズイなどがあるのか。贈収賄の現場を目撃している人がいたり、賄賂の動かぬ証拠が残っていたり、収賄の趣旨がはっきりしていたりする、そんなきれいな知能犯罪があるわけもないのだ。

中才はそうした愚痴を黙って聞いている。

「汚職事件が挙がらないから、私たち、税金泥棒と言われてるんです。恥ずかしいことで、すいません」

すいません、が木下の口癖である。丸い顔にいつも笑顔を含んで謝っている。二〇一四年に警視庁ではたった一件の贈収賄事件も摘発できなかったのである。十年ほど前は警視庁で摘発が十件を超えることもあったのだが、二〇〇五年以降は年間五件ほどに落ち込み、とうとう「年間摘発ゼロ」の不名誉な記録を作った。

「言わせておけよ。陰口を叩く奴には」

「そう言ったって、悔しいです」

そんなやりとりが、元師匠と弟子たちの間で続いた。

「新聞によると、『汚職摘発ゼロ』というのは、三十年ぶりの不名誉な記録だそうです。お父さんや先輩方に合わせる顔がないです」

記事を書いたのは、朝日新聞と東京新聞の警視庁詰め記者である。彼ら「番記者」は普通、情報を握る権力者や組織を傷つけるような記事は書かないものだ。批判すれば警視庁記者クラブの情報のサークルから締め出されかねないからである。それでもあえて書くということは、知能犯捜査に大きな異変が起きていることを、番記者も感じ取っていることに他ならない。

実は、警視庁だけが汚職を摘発できないのではない。全国の道府県警や検察庁も同様な傾向にある。警察庁資料によると、一九七二年には全国で百六十四件の汚職摘発があり、それ以降も減少はしたが二〇〇四年でも七十二件もあった。ところが、二〇〇九年に三十八件を記録し、五十件台を割ってしまうと一気に下降し、二〇一三年には摘発二十五件という過去最低記録を作った。

「しかたねえじゃないか。お前たちが事件を挙げていないんだから」

そう言って、中才は少しだけ昔話をしてやる。

「俺もね、ネタが取れないときがあったんだよ。みんな、苦しんできたんだ。俺は辞めてもいいと思っていた。いつも責任回避するなと言っていた。それでも気が狂ったように頑張らなきや、汚職なんて挙がらない」

しかし、中才はいくら後輩たちを励ましても、もうサンズイは容易に摘発することができないのではないかと危惧している。

捜査二課長を経験した元警察官僚の中には、「政治家や役人が身ぎれいになった」「検察側も及び腰というほど慎重になっている」と摘発ゼロの背景を説明する人がいる。

捜査員の質の劣化を指摘するマスコミもある。大蔵省接待汚職や外務省事件が摘発された後、汚職議員や収賄役人の手口が一段と巧妙化し、対する捜査員の情報収集能力や裏付けの技量が落ちたというわけだ。

それだけではない、と中才は考えている。

時代が変わって、警察組織や世間が、はみ出し刑事の存在を許さなくなった。

中才は有名な不動産業者や談合屋、国会議員らのもとに通って情報を得てきた。ヤクザや宗教団体、それに自分が捕まえた贈賄業者をネタ元にしていた同僚もいる。相手の懐に入り込み、社会規範すれすれのところで得た疑惑を、激しい取り調べで裏付けてきた。中才が飼っているメダカのように、少し濁った水の中で息をしていたのだ。そうしたはみ出し刑事を抱え込み、あえて見逃すのが良い上司だったのである。

しかし、今は警視庁も管理社会だ。現代の二課刑事は、どこを歩き、誰に会ったのか、毎日報告を求められる。国会議員に会うとなれば、それだけで課長決裁が必要なのだという。情報源と喫茶店で会うのも面倒になっている。少額でも相手に出させるわけにはいかない。飲食の接待を受けることはご法度なので、常に警視庁の予算内で代金を払うか、割り勘が求められる。はみ出し刑事を信じて泳がせ、「俺が責任をとる」という上司は絶滅寸前なのだ。

協力者の中には、自分の証言が上司に詳細に報告されることを知って、「そんなことをするなら、ここにはもう二度と来るな」と刑事を怒鳴った者もいる。

かつて二課刑事の世界には、「ネタがなければ銀座に立て」という言葉もあった。銀座は、役人接待に欠かせぬ場所であり、いつも公用車や業者差し回しのハイヤーであふれていた。だから、ベテラン刑事になると、銀座通りの車を整理する銀座のポーターやホステスを手なずけ、高級クラブに出入りする役人たちを歩道の陰や捜査車両に潜んでじっと見つめていた。そうした泥臭い潜伏捜査がはやらなくなっている。

その中にあって、木下と相棒は異端の側に属していた。彼女は部下の巡査部長と組んでいたのだが、その相方の男にあえて三つの誓いをさせた。

一つ、嘘をつくな。二つ、ネタ元や情報をばらすな。三つ、今日どこで何を食ったか、たとえ聞かれても言うな——。

摘発が激減したことについて、元刑事たちはどう考えているのか。中才の相棒であった中島は、組織と上司の問題だと言う。

「組織が『いいネタを頼むぞ』という空気に乏しくなった。以前は、お前がネタを取って戻ってくるまで、俺はここで待っているよ、という上司がいたが、そこまでいかなくなったと思う。腹を据えてやっているかどうかということだ。

サンズイ捜査は緊急逮捕と一緒なんだ。以前は贈賄側と収賄側を同時に叩くのが当たり前だったが、いまは贈賄側を叩いて、その結果を捜査二課長や検事に報告させ、それから収賄者を叩くことも多くなっているようだ。確かにそれだとリスクは半分になるよ。慎重にやりたいということだろう。けれども、証拠隠滅はやりやすくなって捜査が難しくなった」

彼は刑事総務課指導官を経て、二〇一〇年春に警視正に昇進して退官し、いまも都内で働いている。

萩生田は汚職事件を引き受ける検察の力の低下と、刑事の技の継承がうまくいかなかったのではないか、と考えている。確かに、摘発件数の減少は団塊の世代のベテラン刑事が辞めた時期と一致している。彼はこう語る。

「サンズイほど難しい事件はない。東京地検も特捜部検事ならばその難しさと摘発のコツが結構わかってるが、刑事部だと贈収賄を持ち込んでもどう壁を突破すればいいのかわからない検事がたくさんいる。どんな証拠、供述が出たら逮捕できるか、起訴へと持ち込めるか。そうしたことがわからない検事が増えた。

それに捜査力の伝承だ。腕のいい刑事というのは、意外と後輩に教えないものだ。私らもそうだったが、見て覚えろ、と言うだけで、親身に教えてくれる人というのはいなかった。取り調べの可視化など捜査環境が激変したところへ、ベテランの団塊の世代が辞めたことがいま大きな壁になっている」

萩生田の部下だった鈴木敏はノーコメントと言った。二〇〇九年に捜査二課の警部で定年を迎え、静岡県に引っ込んでいるという。外務省事件についても「とにかく取材に応じたくない」と言った。

その理由を萩生田に尋ねると、「あいつは罪を償った人間たちのことは悪く言いたがらないんだ」と言った。松尾は懲役七年六ヵ月の刑を終えて社会復帰している。推測だが、と前置きして萩生田は続けた。

「ビンは出所後の松尾とつきあっているんだよ。相談相手になっているのかもしれないな。そんな男だもの」

最近、鈴木は墓を建てたという。その墓標には「鈴木家」などという文字はなく、ただ「愛」と一文字が彫られている。母親の名前だからなのか、自分の信条なのか、鈴木が明かさないので、その理由はわからない。

＊　＊　＊

中才が警視庁愛宕署を去ってから一年八ヵ月が過ぎた、二〇一六年一一月下旬のことである。午前一一時過ぎに私の携帯電話が鳴った。

「おい、木下がやったよ！　とうとうやったよ」

中才の声が躍っていた。彼がはしゃぐのは珍しいことである。彼はメダカの世話だけでは時間を持て余したらしく、結局、ハローワークに通って自分の働き口を見つけ、週三、四日働いている。私は、曇り空から吹き下ろす強風に気を取られていて、中才が何を言っているのか、よくわからなかった。

「サンズイをやったんだよ」

「木下さんが？　汚職を摘発したんですか？」

「ほら、埼玉の浄水場の汚職だよ。知らねえのか」

それでようやく二週間ほど前に、新聞の社会面に載っていた事件のことを思い出した。小さな記事だった。警視庁捜査二課が埼玉県鶴ヶ島市の浄水場工事入札を巡る汚職事件を摘発したというのだった。水道企業団の主査が浄水場の設備改修工事に絡んで、水道関連工事会社の元社長から現金五〇万円をもらったり、約二四万円相当の飲食接待を受けたりしていた。その情報を木下しずかがつかみ、先輩刑事が取り調べて起訴まで持ち込んだという。

「たいしたもんじゃねえか」

その言葉の中に、とうとう女性が汚職を摘発する時代になった、という驚きがある。女性刑事がサンズイの情報をつかんでくるのは警視庁の歴史の中でたぶん、初めてのことだ。しかもそれは中才の教え子なのである。

警視庁の汚職摘発は二〇一五年に三件に戻ったが、二〇一六年は再びゼロに転落するところだった。〈警視庁捜査二課が再び不名誉記録へ〉と雑誌にも叩かれ、一一月になってようやくこの事件が挙がって、捜査二課は何とか面目を施している。

その木下は中才にメールを打っていた。

〈師匠の背中を追ってきてよかった〉

師匠に少し近づくことができた、と思っているのだ。中才はそのとき、九年前の防衛庁事件の屈辱を思い出していた。もう少しで着手できると思っていたときに、「内偵中止」の指示が下りた。刑事というものは、外務省事件のような賞賛の記憶よりも、頓挫した事件の悔恨を胸に刻むものなのだ。

彼は電話の後で、私にこんな短いメールを送ってきた。

〈実は、過去に守屋事務次官の捜査を、木下君にやってもらい、地検に取られた苦い記憶があって、今まで重荷を感じていました。それがこの事件で吹き飛びました。私に近づきたいと言っていますが、もう追い越されました〉

中才は調子を崩し、いまは病院に通っている。俺はもうだめだ、と言うようになっていたが、しばらくは弱音を漏らすことはないだろう。出世を望まずに悪戦を生きて、彼の場合はその技が伝えられている。

# あとがき

ことわるまでもないことだが、これは創作ではない。ありのままに書いたために、重い口を開いてくれた関係者が不当な批判を受けることを恐れるが、ほんの少し前、総理官邸や外務省を舞台に起きた未曾有の公金詐取事件と、それを掘り起こした刑事たちの日々を思い起こしてもらうためには、ノン・フィクションという形しか私には思いつかなかった。だから、登場する捜査員や告発者、容疑者、官邸や外務省の官僚たちの名前は、現職刑事一人を除いてすべて実名である。

冒頭に掲げた警察官からのメールは、約十五年前、福岡県下の交番に勤務していた友人から私に送られてきたものの一部だ。私は新聞記者で、お互いにもう人生の折り返しを過ぎていたが、彼はまだ巡査長という、兵隊で言えば二等兵の立場にいた。不器用で、思ったことを真っ直ぐ口に出すところが彼にはあり、出世から程遠い交番駐在に甘んじていた。

そのころ、警官による不祥事が立て続けに明るみに出ていた。たぶん、私が「最近の警察官は情けない」というようなことを言って、友人はそれに応えたのではなかったか。

友人のメールの一節を読んで、私は感銘を受けた。

〈それに対する見返りなど微塵も期待しない、歴史上に無名の士としても残らない、「石礫《いしつぶて》」

としてあったに過ぎない〉――。警察官とはそんな存在なのだろう。

私は地方支局の駆け出し時代に二年間、東京社会部でも四年間、警察回りを経験し、少しは警察官を知っていたつもりだったが、とても書けない文章だと思った。当時の私は記者として警察を含めた権力を監視する側にあり、彼とは立場を異にしたが、地方の交番勤務者にこんな奉職の覚悟を抱かせる警察組織とはたいしたものだとも考えた。

友人は、本書に登場する中才宗義氏ら四人の元刑事と同じ世代に属している。この本をほぼ書き上げたとき、公金詐取事件を巡って、一群の刑事が霞が関に投じた一石や刑事たちの存在自体もまた、「石つぶて」と呼ぶにふさわしいと考えた。同様な全国の無名の刑事と、その一人であった私の父にこの本を捧げたいという気持ちもあって、それを書名とした。


問題は、石つぶての後輩たちの成績が上がらないことである。彼らはしばしば「税金泥棒」と叩かれている。汚職摘発に執念を燃やす刑事たちは今も確かに存在し、それでいて近年急速に摘発数が減っていることに、私は懸念を覚えている。

汚職摘発数については本文中に記したが、激減しているのは世の中が清潔になったということなのか。「瀆職刑事」と呼ばれた男たちは暇を持て余しているのか。

どうもそうではなさそうだ。

この三年間、私はあちこちで聞き歩いたが、汚職がない世の中になったと信じる捜査関係者は見当たらなかった。それは、警視庁捜査二課で汚職専門に捜査する「ナンバー」の刑事が、いまも六班六十人いる（二〇〇〇年は九班百人）ことでもうかがえる。

「警察組織で管理化が進み、情報を一元化しようというあたりから、汚職捜査もおかしくなった」という元刑事の証言は示唆に富んでいる。時代が、取り調べの可視化や管理強化へと進み、型破りの刑事たちの存在を許さなくなっている。

「清濁併せ呑むようでないと、サンズイはできない。正義感だけしか持ち合わせていない刑事は枝葉末節に走って、本質を見失うことがある」という証言や、「犯罪捜査は管理しすぎてはできないところがあるものだ。管理化された捜査など意味がない」という古い刑事の話には耳を傾ける価値がある。汚職摘発が相次ぐ社会は不健康だが、摘発のない世界は嘘くさくて、うすら寒い。動くのは刑事だが、組織を変えるのは捜査官僚の仕事であり、国民の意志だ。

なお、ここに取り上げた方々の敬称は本文中では省略させていただいている。私は、巨大な組織の「餌付け」を拒んで生きる人々を、社会の片隅から見つけ出すことを仕事にしているが、無欲の元刑事たちに出会って「廉吏《れんり》」という古い言葉を思い浮かべた。そのお力添えに深く御礼申し上げたい。

二〇一七年五月

清武　英利

**【著者略歴】**

**清武英利（きよたけ・ひでとし）**

1950年宮崎県生まれ。立命館大学経済学部卒業後、75年に読売新聞社入社。青森支局を振り出しに、社会部記者として、警視庁、国税庁などを担当。中部本社（現中部支社）社会部長、東京本社編集委員、運動部長を経て、2004年８月より読売巨人軍球団代表兼編成本部長。11年11月、専務取締役球団代表兼GM・編成本部長・オーナー代行を解任され、係争に。現在はノンフィクション作家として活動。著書『しんがり　山一證券　最後の12人』（講談社＋α文庫）で2014年度講談社ノンフィクション賞受賞。主な著書に『プライベートバンカー　カネ守りと新富裕層』（講談社）、『奪われざるもの　SONY「リストラ部屋」で見た夢』（講談社＋α文庫）、『特攻を見送った男の契り』（WAC BUNKO）など。

---

**石《いし》つぶて　警視庁《けいしちょう》 二課刑事《にかでか》の残《のこ》したもの**

---

2017年７月25日　第１刷発行

著者……………………清武英利《きよたけひでとし》



発行者…………………鈴木 哲
発行所…………………株式会社講談社
東京都文京区音羽2丁目12－21［郵便番号］112－8001
電話［編集］03－5395－3522
［販売］03－5395－4415
［業務］03－5395－3615

印刷所…………………慶昌堂印刷株式会社
製本所…………………黒柳製本株式会社
図版作製………………朝日メディアインターナショナル株式会社



ISBN978-4-06-220687-7　N.D.C. 302 366p 19cm　JASRAC 出 1705678-701